Florian Blank (Hrsg.)

Vetospieler in der Policy-Forschung

Florian Blank (Hrsg.)

Vetospieler in der Policy-Forschung

VS VERLAG

Bibliografische Information der Deutschen Nationalbibliothek
Die Deutsche Nationalbibliothek verzeichnet diese Publikation in der
Deutschen Nationalbibliografie; detaillierte bibliografische Daten sind im Internet über
<http://dnb.d-nb.de> abrufbar.

1. Auflage 2012

Alle Rechte vorbehalten
© VS Verlag für Sozialwissenschaften | Springer Fachmedien Wiesbaden GmbH 2012

Lektorat: Frank Schindler | Verena Metzger

VS Verlag für Sozialwissenschaften ist eine Marke von Springer Fachmedien.
Springer Fachmedien ist Teil der Fachverlagsgruppe Springer Science+Business Media.
www.vs-verlag.de

Umschlaggestaltung: KünkelLopka Medienentwicklung, Heidelberg
Satz: text plus form, Dresden
Gedruckt auf säurefreiem und chlorfrei gebleichtem Papier
Printed in Germany

ISBN 978-3-531-17934-6

Inhalt

Einleitung: Vetospieler in der Policy-Forschung

Florian Blank

George Tsebelis hat mit seinen Analysen zur Rolle von Vetospielern in modernen Demokratien einen viel beachteten Beitrag zur vergleichenden Demokratieforschung geleistet (Tsebelis 1995, 2002).[1] Im Zentrum seiner Untersuchungen steht die Frage, inwieweit Anzahl, Konstellation und innere Verfassung einflussreicher Institutionen und Akteure – den Vetospielern – politischen Wandel *(policy change)* wahrscheinlicher oder unwahrscheinlicher machen, Reformen zulassen oder blockieren. Tsebelis geht grundlegend davon aus, dass unter der Annahme policy-orientiert handelnder, rationaler Akteure eine vergleichsweise große Anzahl Vetospieler in einem politischen System, eine geringe Nähe ihrer Policy-Präferenzen (Kongruenz) sowie eine hohe interne Geschlossenheit (Kohäsion) der Vetospieler zu Politikstabilität, zu einem Beharren auf dem Status quo führen und *vice versa*. Die zunächst für internationale Vergleiche von Regierungssystemen konzipierte Vetospielertheorie hat in der Folge auch Eingang auch in andere Forschungsbereiche gefunden: So weisen mehrere Einführungswerke zur Politikfeldanalyse Tsebelis dem einschlägigen Theoriekanon zu (Blum/Schubert 2011, Schneider/Janning 2006, van Waarden 2009). Das verwundert insofern nicht, da die Politikfeldanalyse zum einen ein äußerst breites Spektrum an Forschungsinteressen umfasst, was auch die international vergleichende Staatstätigkeitsforschung mit einschließt. Zum anderen nimmt Tsebelis „policymaking" und Policies zum Ausgangspunkt seiner Überlegungen (2002: 6) und untersucht vergleichend die Wirkungen der Vetospieler-Konstellationen auf die Gesetzgebung. Entsprechend wenden zahlreiche Untersuchungen die Vetospielertheorie empirisch politikfeldanalytisch an (u. a. Merkel 2003, Bandelow 2005, Busemeyer 2005, Fink 2009).

In der Tat bietet sich die Theorie Tsebelis' zur Nutzung auch bei von seinen ursprünglichen Intentionen abweichenden Untersuchungsschwerpunkten und -interessen an: Ihre Aussagen über den Einfluss von Vetospielern lassen sich in detaillierten Fallstudien auf Plausibilität prüfen; zugleich stellt sie ein Vokabular

---

1   Der Herausgeber dankt Sonja Blum, Jochen Dehling und Sylvia Pannowitsch für ihre hilfreichen Kommentare und Anmerkungen zur Einleitung und zum Schlusskapitel.

und ein Set an begründeten Annahmen über Akteure und ihre Interaktionen bereit, die – wenn sie denn nicht selbst einer direkten Prüfung unterzogen werden sollen – empirische Beobachtungen zumindest strukturieren helfen.

Der vorliegende Band versammelt Studien, in denen das analytische Gerüst, das Tsebelis bereitstellt, in politikfeldanalytische Fallstudien überführt oder – in dem Beitrag von *Dehling* – unter einem bestimmten konzeptionellen Blickwinkel auf seine Übertragbarkeit geprüft wird. Die Möglichkeit der Übertragung der Überlegungen Tsebelis' auf (Einzel-)Fallstudien wird von Tsebelis selbst zwar zugelassen (2002: 81), allerdings ist es nicht ganz unproblematisch, die „sparsame, schlanke" theoretische Konstruktion Tsebelis' (Merkel 2003: 255) auf einer anderen Untersuchungsebene neu fokussieren zu wollen. Dies deswegen, da eine solche Konstruktion in der Regel darauf ausgerichtet ist, Beobachtungen mit einer bestimmten Detailschärfe vorzunehmen – ein Wechsel der Untersuchungsebene birgt die Gefahr, dass das theoretische Instrument nur noch ein grobkörniges oder verschwommenes Bild zeichnet. Die Frage der Übertragbarkeit wird noch verschärft, wenn sich neben der Verschiebung von der vergleichenden Analyse zur (Einzel-)Fallstudie auch das Erkenntnisinteresse wandelt.[2] Die Studien in diesem Band beleuchten nicht mehr die allgemeine Reformfähigkeit und damit die Eigenschaften eines politischen Systems insgesamt, sondern rücken das Verständnis von einzelnen politischen Prozessen und ihren Ergebnissen in den Mittelpunkt. Das theoretische Konstrukt der Vetospielertheorie leitet und strukturiert diese Analysen zum einen, wird aber zum anderen – zumindest in Bezug auf Teilaussagen – einer Prüfung unterzogen. Diese Form der Anwendung der Vetospielertheorie zielt aber nicht auf eine klassische Prüfung der gesamten Theorie und ihrer Annahmen über Reformfähigkeit ab. Der theoretische Anspruch der Studien in diesem Band ist stattdessen eine Prüfung der Anwendbarkeit in einem veränderten Zusammenhang, was nicht auf Bestätigung oder Zurückweisung hinaus läuft, sondern auf Anpassung oder Ergänzung. Während Tsebelis im Vergleich von Staaten Aussagen über deren institutionelle Settings und Akteurssets und ihre wahrscheinlichen Auswirkungen auf quantitativ bestimmte Policy-Outputs treffen

---

2   Die Möglichkeit einer Übertragung der Überlegungen von Tsebelis wird von Merkel herausgestellt; er sieht „in einer Analyse mit begrenzten – nicht hohen – Fallzahlen […] entgegen der Erwartung und des Anspruchs von Tsebelis selbst die eigentliche Stärke seiner Theorie. Erst dann kann der analytische Vorzug seiner Theorie voll entfaltet werden, Reformschwäche und Reformstärke nicht allein aus Strukturen und Vetopunkten, sondern aus dem *Handeln* von Akteuren innerhalb dieser Strukturen zu erklären. Damit würde der institutionelle Strukturalismus mit der Handlungskomponente verbunden und mit erheblichem analytischen Mehrwert synthetisch ‚aufgehoben'" (Merkel 2003: 271).

möchte, geht es in den in diesem Band zusammengefassten Fallstudien um das Verständnis von spezifischen Outputs durch eine Analyse der Handlungen und Interaktionen von Akteuren innerhalb eines institutionellen Settings. Ein Werkzeug für eine eher statische Analyse von Strukturen wird also zur Analyse von dynamischen Prozessen verwendet, für die Strukturen letztlich den Handlungsrahmen bilden. Neben diesem theoretischen Anspruch, der die Beiträge vereint, haben sie gemeinsam, dass es ihnen jeweils auch um die rekonstruierende Analyse von Fällen geht, also ihnen jeweils auch ein konkretes empirisches Interesse zugrunde liegt.

Tsebelis selbst weist darauf hin, dass die von ihm zum Zwecke der vergleichenden Analyse gemachten Beschränkungen bei einer Anwendung in Fallstudien zumindest gelockert werden müssten: Er nennt hier konkret die Berücksichtigung von Akteuren, die in seinen vergleichenden Untersuchungen keine Berücksichtigung finden (2002: 81). Mit der Nutzung eines theoretischen Rahmens nicht nur für eine andere Analyseebene, sondern auch im Rahmen eines anderes Forschungsinteresses stellt sich jedoch die Frage, welche Änderungen und Anpassungen oder Ergänzungen nicht nur notwendig, sondern noch legitim sind, ohne dass die zugrunde liegende Ursprungstheorie vollkommen verwässert wird. Die Vetospielertheorie insgesamt wird im Folgenden als ein analytisches Instrumentarium betrachtet, mit dem politische Prozesse zu strukturieren und analysieren sind. Wenn das Instrumentarium durch seine Anwendung im Einzelfall an Grenzen stößt, wird das zum Anlass genommen, danach zu fragen, wie das Instrumentarium soweit ergänzt oder modifiziert werden kann, dass ähnlich gelagerte Fälle analysiert werden können. Dabei wird ein enges Verständnis von Vetospielern beibehalten. Für die Analysen bedeutet dies, dass zunächst die für den Fall relevanten Vetospieler identifiziert werden, wobei es hier um mit bestimmten, in der Regel institutionell begründeten Ressourcen ausgestattete Akteure geht, also *institutional* bzw. *partisan players* im Sinne Tsebelis (2002: 18–19). Andere Akteure können durchaus in den behandelten politischen Prozessen eine Rolle spielen, sie sind jedoch dann keine Vetospieler, wenn sie zwar Einfluss- und Protestpotential haben, sich dieses aber mangels faktischer Blockademöglichkeiten nur als Einfluss gegenüber den tatsächlichen Vetospielern bemerkbar macht. Allerdings wird auch gezeigt, dass sich die faktische Vetomacht eines beteiligten Akteurs auch auf materielle Ressourcen stützen kann oder aber sein Potential nicht zwangsläufig als tatsächlich ausgeübtes Veto zum Einsatz kommen muss.

Diese Beschränkung auf ein enges Verständnis der Vetospieler erscheint als notwendig, da das ursprüngliche Vetospieler-Konzept die institutionell begründete Fähigkeit zur Beendigung eines politischen Prozesses in den Mittelpunkt stellt. Ein Abweichen von diesem Verständnis würde zu der Frage führen, welche Spieler denn zu Recht als Vetospieler gekennzeichnet werden dürfen – wie viel Einfluss zählt als Veto? Dieses enge Verständnis korrespondiert mit Überlegungen in der Forschungsliteratur, einen differenzierten Vetospielerbegriff zu verwenden und andere politische oder gesellschaftliche Akteure wie Verbände als „indirekte" Vetospieler (Merkel 2003: 266), „societal veto players" (Fink 2009) oder „informal veto players" (Busemeyer 2005: 569) behandeln und von den „eigentlichen" Vetospielern abgrenzen. „Nimmt man die Vetospieler-Theorie ernst, kann Verbandseinfluss nur über eine Beeinflussung der Position der Vetospieler konzeptualisiert werden, sodass danach zu fragen wäre, unter welchen Umständen eine solche Einflussnahme gelingt, wie Vetospieler (üblicherweise wohl parteiliche Vetospieler) von Interessengruppen beeinflusst werden können" (Zohlnhöfer 2003: 257). Die darüber hinausgehenden Annahmen Tsebelis, die sich auf das Verhalten dieser Spieler und insbesondere ihre Interaktionen beziehen, bzw. wichtige Aspekte darüber ausblenden, werden in den Analysen jedoch der produktiven, d.h. korrigierenden und erweiternden Kritik ausgesetzt.

Dieses Verständnis der Vetospielertheorie wird auf Fälle aus der deutschen (und in einem Fall der kanadischen) Politik angewandt und auch in einer konzeptionellen Studie verwendet. Dabei liegt das Erkenntnisinteresse sowohl in der Analyse und Erklärung der einzelnen Fälle als auch in der methodischen Frage, an welcher Stelle die Annahmen Tsebelis', bspw. zu den Motiven und Präferenzen der Vetospieler, ergänzt werden müssen.

Im ersten Beitrag untersuchen *Regina Ahrens* und *Sonja Blum* zwei Aspekte der Familienpolitik in Deutschland. Sie beschäftigen sich einerseits mit den zwischenparteilichen, insbesondere aber den innerparteilichen Abstimmungsprozessen in der Familienpolitik zur Zeit der zweiten Großen Koalition, einem Politikfeld, in dem sich die Parteien lange Zeit durch sehr unterschiedliche Zielsetzungen auszeichneten. Zum anderen rücken sie die Rolle des Bundesverfassungsgerichts als Vetospieler in den Vordergrund, das nach ihrer Analyse durch eine besondere Form des Vetos in den politischen Prozess eingreift – anstatt Gesetze nach Prüfung einfach passieren zu lassen oder abzulehnen, kann das Gericht in Urteilen durch ein „Ja, aber…" den Entscheidungsspielraum für andere Akteuren abstecken.

Innerparteiliche Abstimmungs- und Aushandlungsprozesse sind ebenfalls das Thema von *Karen Bogdanski*, die den Entscheidungsprozess rekonstruiert, der zur Ablehnung des so genannten BKA-Gesetzes 2008 führte. Zu diesem Zeitpunkt verfügte die Große Koalition über Mehrheiten in Bundestag und Bundesrat – eine Situation, in der es laut der Absorptionsregel nach Tsebelis (2002: 26–30) nicht

zu einem Veto durch den Bundesrat hätte kommen dürfen. Bogdanski verweist
darauf, dass Parteien hochkomplexe Akteure sind, deren Haltung zu einem bestimmten Thema nicht für einen gesamten Politikprozess als konstant angenommen werden kann.

Die Interaktionen, die zwischen Vetospielern ablaufen, thematisiert *Sylvia
Pannowitsch*. Sie untersucht am Beispiel des Bikameralismus in Deutschland und
Kanada, warum es auch in Zeiten des *divided government* kaum zu einer Vetoaus-
übung kommt. Pannowitsch arbeitet detailliert die möglichen Beweggründe her-
aus, die neben einer reinen Orientierung an Policy-Präferenzen die Haltung von
Akteuren zu Policy-Veränderungen und Blockaden beeinflussen.

Solveig Randhahn untersucht am Beispiel der deutschen Bildungspolitik, wie
stark die realen Machtverhältnisse und das Set der Vetospieler tatsächlich durch
die Verfassung vorgeben sind. Dabei werden von ihr auch Folgen der Föderalismusreform für die Politikfähigkeit der maßgeblichen Akteure herausgearbeitet.
Hervorzuheben ist nicht zuletzt, dass in ihrem Fallbeispiel der verfassungsrecht-
liche Rahmen selbst einen dynamischen Charakter erhält.

Die Eigenschaften der von der Politik thematisierten Policies sind das Thema
von *Sebastian Nawrat*. In einer detaillierten Analyse der historischen Entscheidungen über die Rentenreform von 1957 und der Wiederbewaffnung 1955 arbeitet
er heraus, wie stark das Handeln der maßgeblichen Akteure und ihre Interaktion mit politischen Gegnern und gesellschaftlichen Gruppen durch die inhärente
Verhandelbarkeit der zu Debatte stehenden Policies geprägt war: Eine in vielfa-
cher Hinsicht modifizierbare Policy (Rentenreform) hatte einen anderen politischen Prozess zur Folge als eine Entscheidung, die nur ein „Dafür" oder „Dagegen"
kannte (Wiederbewaffnung).

Jochen Dehlings Beitrag hebt sich insofern von den anderen Beiträgen ab, als
das er anstelle einer Fallstudie konzeptionelle Überlegungen zur Bedeutung der
Richtung und der Reichweite eines Policy-Change anstellt. Ihn interessieren die
Eigenschaften des von Tsebelis verwendeten euklidischen Raummodells und besonders jene Aspekte, die aus Sicht der Politikfeldanalyse zumindest überprüft
werden müssen. Auch ihm geht es nicht um eine Zurückweisung der Theorie,
sondern um plausible Erweiterungen und Ergänzungen, die im Rahmen der
Grundannahmen Tsebelis' bleiben.

Im Schlusskapitel werden schließlich die Erkenntnisse aus den einzelnen Analysen zusammengeführt. Dabei wird insbesondere Wert darauf gelegt, herauszu-
arbeiten, welcher Nutzen vom institutionalistischen Ansatz Tsebelis' für die
Analyse politischer Prozesse zu erwarten ist. Die wesentlichen konzeptionellen
Erkenntnisse der vorangegangenen Studien resümierend, wird ein Fragenkatalog

identifiziert, der als eine Art Heuristik zur Analyse politischer Prozesse dienen kann. Die vorhergehenden Analysen sind damit nicht nur als empirische Analysen zu lesen, sondern als Beiträge zu einer Entwicklung und Illustration von Argumenten und Hypothesen zur Vetospieler-Theorie. In diesem Sinne ist jede Anwendung einer Theorie gleichzeitig ein Kommentar zur Theorie. Die Arbeiten dienen damit auch der Weiterentwicklung von Instrumenten der Policy-Forschung und letztens Endes vielleicht auch der von Tsebelis behandelten Demokratietheorie.

Literatur

Bandelow, Nils C., 2005: Kollektives Lernen durch Vetospieler? Konzepte britischer und deutscher Kernexekutiven zur europäischen Verfassungs- und Währungspolitik, Baden-Baden.

Blum, Sonja/Schubert, Klaus, 2011: Politikfeldanalyse, Wiesbaden.

Busemeyer, Marius R., 2005: Pension Reform in Germany and Austria: System Change vs. Quantitative Retrenchment, in: West European Politics, 28 (2005), 3, 569 – 591.

Fink, Simon, 2009: Churches as Societal Veto Players: Religious Influence in Actor-Centred Theories of Policy-Making, in: West European Politics, 32 (2009), 1, 77–96.

Merkel, Wolfgang, 2003: Institutionen und Reformpolitik: Drei Fallstudien zur Vetospieler Theorie, in: Berliner Journal für Soziologie, 13 (2003), 2, 55–274.

Schneider, Volker/Janning, Frank, 2006: Politikfeldanalyse: Akteure, Diskurse und Netzwerke in der öffentlichen Politik, Wiesbaden.

Tsebelis, George, 1995: Decision Making in Political Systems: Veto Players in Presidentialism, Parliamentarism, Multicameralism and Multipartyism, in: British Journal of Political Science, 25 (1995), 3, 289–325.

Tsebelis, George, 2002: Veto Players, How Political Institutions Work, New York/Princeton.

van Waarden, Frans (2009): Institutionen zur Zentralisierung und Kontrolle politischer Macht. In: Schubert, Klaus/Bandelow, Nils (Hrsg.): Lehrbuch der Politikfeldanalyse 2.0, München, 273–311.

Zohlnhöfer, Reimut, 2003: Einzelbesprechung von: Tsebelis, George: Veto Players. How Political Institutions Work, in: Politische Vierteljahresschrift, 41 (2003), 2, 255–258.

Zwischen Stau und Stimulus: Hemmende und fördernde Vetospieler in der Familienpolitik

Regina Ahrens und Sonja Blum

1   Einleitung

Wenige politikwissenschaftliche Theorieansätze haben im medialen und politischen Sprachraum solche Beliebtheit entfalten können wie das Vetospielertheorem. Berichte über „Parteiblockaden" oder „Reformstau" werden heute gern um das entsprechende Fachvokabular ergänzt. So schimpfte der Juso-Vorsitzende Böhning in Richtung der Bundesländer: „Es kann nicht angehen, dass die Schizophrenität einzelner Ministerpräsidenten hier Vorrang hat vor politischen Entscheidungen". Offenbar seien die Ministerpräsidenten „so etwas wie Vetospieler innerhalb der Union" (Spiegel Online 2006). In der Welt (2004) stand zu lesen, im internationalen Vergleich erscheine „Deutschland eher als ein ‚semisouveräner' Staat, in dem eine Unzahl von Vetospielern Reformen verhindern oder verwässern". Unterschwellig wird das Vetospielertheorem so auf folgende Formel verkürzt: Je mehr Vetospieler, desto kräftiger der Reformstau. Dass dieser Erhalt des Staus quo negativ zu beurteilen und die Zahl der Blockierenden im „Land der Vetospieler" zu hoch sei, gilt dann als evident.

Dieser Beitrag geht der Frage, inwiefern sich der für den politischen Systemvergleich entwickelte Vetospieleransatz für die Policy-Analyse nutzen lässt, auf dem Feld der Familienpolitik nach. Im Speziellen fragt er danach, ob ein *Mehr* an Vetospielern notwendigerweise hemmend auf Policy-Veränderungen wirkt, oder ob es diese auch befördern kann.[1] Für diese Betrachtung ist das Feld Familienpolitik besonders geeignet, da hier einerseits die traditionell hohe Ideologisierung bei den parteipolitischen Präferenzen lange Zeit Reformen hemmte und andererseits das Bundesverfassungsgericht (BVerfG) wiederholt politische Entscheidungsdefizite ausgeglichen und politische Reformen angestoßen hat. Für die Parteien der zweiten Großen Koalition (2005–2009) sowie für das BVerfG wird jeweils im Rah-

---

1   Benz (2003: 230) hat darauf hingewiesen, dass Vetospieler z. B. die Unterstützungsbasis für Reformen vergrößern oder Reformen irreversibel machen können.

men von illustrierenden Fallstudien den Fragen nachgegangen, wie diese Vetospieler Reformen „hemmen" bzw. „fördern". Ehe wir zur Erläuterung dieser Begriffe kommen, werden im Folgenden kurz die Grundannahmen des Vetospielertheorems und die diesbezüglichen Besonderheiten der Familienpolitik dargestellt.

Allgemein definiert Tsebelis (1995: 293) Vetospieler als diejenigen individuellen oder kollektiven Akteure, deren Zustimmung für eine politische Entscheidung erforderlich ist. Der Fokus seines Theorems liegt auf der Wahrscheinlichkeit, mit der es in einem politischen System entweder zu *policy change* oder zu politischem Stillstand *(policy stability)* kommt. Anhand dreier Parameter lasse sich diese Wahrscheinlichkeit messen: (1) Anzahl, (2) Kongruenz und (3) Kohäsion der Vetospieler. Es existieren zwei Vetospielertypen: Institutionelle Vetospieler (z. B. zweite Kammern) sind durch die Verfassung gegeben, während sich partisane Vetospieler (z. B. zwei Parteien einer Koalitionsregierung) durch die politischen Prozesse herausbilden. Darüber hinaus existieren additionale, teils politikfeldspezifische Vetospieler; z. B. die Sozialpartner für die Tariffindung oder eben das BVerfG. Diese additionalen Vetospieler werden zwar nach Tsebelis' Zählweise aus Gründen der Komplexitätsreduzierung nicht erfasst. Allerdings weist er auf deren zentrale Bedeutung im Kontext von Fallstudien hin (Tsebelis 1995: 308). Wichtig erscheint hier, dass diese additionalen Vetospieler, zumindest im engeren Sinne der Theorie, nicht nur über Einfluss, sondern auch über tatsächliches Veto-Potential verfügen müssen.

Bei der Identifikation von Vetospielern greift die sog. Absorptionsregel, d. h. Tsebelis erkennt nur solche institutionellen Vetospieler als vorhanden an, bei denen eine andere als die Regierungspartei(en) die Mehrheit innehat: „Two institutional veto players with different political compositions should be counted as two distinct players. [...] If this composition is identical, the two veto players are identical and should be counted as one" (Tsebelis 1995: 309 f.). Verfassungsgerichte würden in den allermeisten Fällen von den Regierungsparteien absorbiert und bildeten demnach keine Vetoposition (Tsebelis 2002: 227).

Bezüglich der drei oben genannten Parameter stellt Tsebelis nun Hypothesen über deren Zusammenhang mit *policy change* bzw. *policy stability* auf: Er nimmt an, dass mit steigender (1) Vetospielerzahl auch die Policy-Stabilität steigt und Veränderungen unwahrscheinlicher werden. In puncto (2) Kongruenz wird die Annahme formuliert, dass die Policy-Stabilität zunimmt, wenn auch die inhaltliche Distanz zwischen den Vetospielern steigt. Dies leuchtet intuitiv ein: Wenn die inhaltlichen Positionen der verschiedenen Akteure nah beieinander liegen, werden sie sich leichter auf eine Änderung des Status quo einigen können als im Konfliktfall. Bezüglich (3) der internen Kohäsion wird formuliert, dass sie in steigendem Maße politische Veränderungen unwahrscheinlicher macht. Denn, so die

Annahme, je inhaltlich geschlossener ein Akteur steht, umso besser wird er sein Vetospielerpotential verwirklichen und umso erfolgreicher eine Reformpolitik verhindern können.

Bezüglich der Vetospielerzahl stellt die Familienpolitik keinen Sonderfall dar, was die institutionellen und partisanen Vetospieler im engeren Sinne angeht. Werden allerdings im Rahmen von Fallstudien auch additionale Vetospieler berücksichtigt – bspw. in den Politik-Prozess einbezogene Interessenverbände – sind allerdings besondere Bedingungen für das *policy making* festzuhalten: Wirkliche Vetospieler gebe es auf diesem Politikfeld (zumindest derzeit) nicht, konstatiert Gerlach (DVPW 2006). Und auch Clasen betont, dass die Familienpolitik im Politikfeldvergleich äußerst geringe institutionelle Manövrierhemmnisse aufweist:

> „Family policy is less institutionally entrenched than pension or labour-market policy. […] It left governments more of an ‚open field' and thus choice for designing new types of public intervention and deciding on their scope" (Clasen 2005: 182).

Hinzu kommt, dass Familieninteressen über eine geringe Organisations- und Konfliktfähigkeit verfügen und entsprechende Interessengruppen eine hohe Schwäche und Zersplitterung aufweisen (Gerlach 2005). Dennoch haben diese für eine Regierung guten Voraussetzungen für eigenständige, von Außen unbeeinflusste Aktivitäten über lange Zeit hinweg nicht dazu geführt, dass mehr oder weiter reichende familienpolitische Reformen durchgeführt worden wären.

Seit einigen Jahren jedoch ist in fast allen europäischen Wohlfahrtssystemen ein Bedeutungszuwachs von Familienpolitik feststellbar, der vielerorts auch mit tiefgreifenden Restrukturierungen einhergeht. Für Deutschland sind diese Reformen sogar als Systemwandel der traditionell familialistischen Familienpolitik gewertet worden (z. B. Leitner 2007). Auch wenn verglichen mit anderen sozialpolitischen Feldern weniger Vetospieler existieren, werden in diesem Beitrag mit den Parteien und dem BVerfG doch zwei von ihnen behandelt, die für die Reformen eine wesentliche, aber unterschiedliche Rolle, gespielt haben: Oft haben sich die politischen Parteien eher als „hemmende", das BVerfG hingegen als „fördernder" Vetospieler für die Familienpolitik dargestellt. Was ist mit diesen beiden Termini gemeint?

Vetospieler wirken – wie der Begriff schon sagt – nach Tsebelis' Theorie *grundsätzlich* hemmend auf Policy-Change. Dem entspricht auch seine oben genannte erste Hypothese: Mit steigender Vetospielerzahl werden Policy-Veränderungen unwahrscheinlicher. Blicken wir auf die partisanen Vetospieler, die in den Fallbeispielen im ersten Teil dieses Beitrags behandelt werden, so lässt sich dies aus ihrer

„Vetologik" erklären: Auf der Policy-Ebene haben nicht nur die traditionell ausgeprägten ideologischen Parteiendifferenzen familienpolitische Reformen lange
gehemmt. Hinzu kommt, dass – in Ergänzung der Annahmen Tsebelis' und teils
auch im Widerspruch zu ihnen – partisane Vetospieler auch *vote- and office-seeking*-Strategien verfolgen (Müller/Strøm 1999)[2]. So herrscht nicht selten z. B. eine
hohe *inhaltliche* Übereinstimmung zwischen Regierung und Opposition, aber letztere stimmt einem Gesetzentwurf trotzdem nicht zu, um einen Reformerfolg der
Regierungspartei zu verhindern. Partisane Spieler setzen ihre Vetomacht also oft
strategisch ein, wenn sie z. B. eine Reform aufgrund der öffentlichen Unbeliebtheit
von Blockadepolitik gar nicht verhindern *wollen,* aber dennoch mit einem Veto
drohen, um bestimmte Interessen durchzusetzen (Benz 2003). Die *vote-and-office-
seeking*-Logik unterwirft partisane Spieler einer oft hemmenden Vetologik, die von
Aushandlungsprozessen, Machtpositionen und Wahltaktiken geprägt ist und das
in Fällen, wenn ein *winset* im Sinne von Tsebelis vorliegt.

Das BVerfG hingegen unterliegt einer vollkommen anderen „Vetologik", die
es in unserem Fall zu einem „fördernden" Vetospieler macht. Verfassungsgerichte folgen, wie sich auch an den untersuchten Fallbeispielen zeigt, von ihrem
Selbstverständnis her tatsächlich Policy-Motiven – im Sinne einer Verfassungskonformität – und können sich somit den Parteien gegenüber durch eine höhere
Sachorientierung auszeichnen. So hat das BVerfG sich in zahlreichen Entscheidungen für die Vertretung familialer Interessen im Sinne von Art. 6 GG ausgesprochen und somit Reformen vorangetrieben bzw. angestoßen. Aber mehr noch:
Im Gegensatz zu den anderen, „klassischen" Vetospielern tritt das BVerfG nicht
in Verhandlung mit der Umwelt und verfügt somit auch über kein *winset* als Verhandlungsmasse mit anderen Vetospielern. Verfassungsgerichtsentscheide folgen
keiner bimodalen „Ja/Nein"-Vetologik, sondern sie können z. B. auch eine Verfassungskonformität unter *Auflagen* feststellen und somit politikgestalterisch tätig
werden: In gewissem Sinne grenzt das BVerfG hierdurch einen Raum als *winset*
ein, in dem dann – unter Vetoandrohung bei Überschreitung bestimmter Grenzen – für die anderen Akteure freie Wahl zur Umsetzung gilt. Auch dies ist in der
Familienpolitik wiederholt der Fall gewesen.

Als „hemmend" bezeichnen wir die partisanen Vetospieler also deshalb, weil
sie durch ihre Vetologik mit steigender Anzahl *policy change* unwahrscheinlicher
machen. „Fördernd" ist eine Vetologik dann, wenn das Hinzukommen eines Veto-

---

2   Es ist häufig am Vetospielertheorem kritisiert worden, dass es diese *vote-* und *office-*Motive igno-
    riert (Stoiber 2008; Merkel 2003) und generell davon ausgeht, dass sich die Wahrscheinlichkeit von
    Stabilität oder Wandel nach dem gemeinsamen *policy-winset* der Vetospieler entscheidet.

spielers, der dieser Logik folgt, *policy change* im gerade genannten Sinne *nicht* unwahrscheinlicher macht. Ein Beispiel liefert das BVerfG für die Familienpolitik. Neben dieser Analyse zur ersten Hypothese von Tsebelis, fragen wir bei der folgenden Analyse der familienpolitischen Vetorolle der Parteien insbesondere nach den Parametern Kongruenz und Kohäsion. Es wird gezeigt, dass Tsebelis' Annahmen bzgl. der Kongruenz für die untersuchten Fallbeispiele (Elterngeld, Betreuungsrechtsanspruch) zutreffen. Bei der Kohäsion widersprechen sie allerdings den theoretischen Annahmen: Eine Betrachtung der Entscheidungsprozesse zeigt, dass die wachsende ideologische Nähe zwischen Union und SPD zulasten der innerparteilichen Kohäsion der Union ging, was den Politikwandel nicht beförderte, sondern seine Reichweite abschwächte. Wir argumentieren daher, dass es für Fallstudien nicht ausreicht, neben Anzahl und Kongruenz allein die interne Kohäsion als Parameter heranzuziehen. Vielmehr muss (zumindest) auch die generelle Befürwortung oder Ablehnung von Reformen des gegenwärtigen Status quo berücksichtigt werden.

Zur Einschätzung der Rolle des BVerfG fragen wir anschließend nach der Übertragbarkeit der tsebelischen Absorptionsregel. Wir kommen zu dem Ergebnis, dass sie – neben den oben genannten Gründen einer Policy-orientierten Vetologik und seiner Unabhängigkeit von anderen Akteuren bei der Bestimmung eines *winset* – in den untersuchten familienpolitischen Urteilen auch deshalb nicht greift, da die Senate auf der Basis von inoffiziellen Regelungen zwischen Union und SPD paritätisch besetzt werden und somit nicht von sich wandelnden Regierungsmehrheiten geprägt sind. Daher ist eine Absorption des Verfassungsgerichts durch parteipolitische Vetospieler nur wesentlich seltener möglich, als von Tsebelis angenommen und das BVerfG kann sich als politikgestalterischer, Reformen anstoßender Akteur behaupten.

2 Parteipolitische Vetospieler in der Familienpolitik

In diesem Kapitel werden eingangs einige theoretische Punkte bezüglich partisaner Vetospieler und Policy-Veränderungen geklärt (2.1). Anschließend werden kurz die Entwicklung der Policy-Präferenzen von Union und SPD in diesem Bereich nachgezeichnet und dann die Fallbeispiele des von der Großen Koalition eingeführten Elterngelds sowie des Betreuungsrechtsanspruchs ab dem ersten Lebensjahr untersucht (2.2). Darauf folgen die Schlussfolgerungen zu den Auswirkungen der Kohäsion partisaner Vetospieler (2.3).

2.1   Parteipolitische Vetospieler und Policy-Veränderungen

Im Gegensatz zu institutionellen Vetospielern, die durch die Verfassung vorgege-
ben sind, bilden sich parteipolitische Vetospieler als Ergebnis politischer Prozesse
heraus: Bei einer Einparteienregierung gibt es nur einen partisanen Vetospieler,
bei einer Zwei- oder Dreiparteienregierung entsprechend zwei oder drei. Innerhalb einer Regierungskoalition wiederum entscheidet die Kongruenz zwischen
den beiden Parteien über die „tatsächliche Vetospielerzahl", d. h. die beiden Regierungsparteien können sich mitunter so geschlossen zeigen, dass die Regierung de
facto nur einen einzelnen Vetospieler darstellt.[3] Anzahl und Bedeutung partisaner
Vetospieler für die Wahrscheinlichkeit politischer Veränderungen können entsprechend zu- oder auch abnehmen. Wie einleitend erläutert, identifiziert das Vetospielertheorem drei Parameter für die Wahrscheinlichkeit von Politikwandel. In
der Rezeption allerdings wird dieser Bezug häufig auf den ersten dieser drei Parameter verkürzt wiedergegeben:

> „Grundsätzlich gilt: Je weniger Vetospieler existieren, desto größer ist die Steuerungsfä-
> higkeit eines politischen Systems. […] Je mehr Vetospieler existieren, desto größer ist
> die Konsensfähigkeit und desto geringer ist die Steuerungsfähigkeit, und umgekehrt"
> (Strohmeier 2003).

Merkel (2003: 166) betont jedoch, dass je nach Ausprägung der Parameter Kongruenz und Kohäsion ein Politikwandel bei einer hohen Anzahl von Vetospielern
wahrscheinlicher sein kann als bei einer niedrigeren. Tsebelis selbst (2002: 12) hält
ideologische Nähe und innere Geschlossenheit für unverzichtbare Parameter und
weist darauf hin, dass eine alleinige Fokussierung auf den Parameter „Vetospielerzahl" leicht zu Fehlschlüssen führen kann. Er hebt weiterhin hervor, dass die Kongruenz zwischen parteipolitischen Vetospielern in aller Regel niedrig liegt: „Cases
in which nearly identical policy positions are advocated by two different parties
are rare" (Tsebelis 1995: 309). Dass Parteien über Policy-Unterschiede ihre Allein-
stellungsmerkmale deutlich machen, ist hinsichtlich des elektoralen *vote-seekings*
auch eine Notwendigkeit.

Insofern überrascht die Beobachtung, dass die Parteienkongruenz in der Familienpolitik stetig zugenommen hat und inzwischen auf sehr hohem Niveau liegt.

---

3   Dies gilt allerdings nicht aus Sicht der Theorie, denn für partisane Vetospieler greift in Tsebe-
     lis' Ansatz überraschenderweise nicht die Absorptionsregel, die für institutionelle Vetospieler gilt
     (Merkel 2003: 173).

Seit der Jahrtausendwende, so auch die Einschätzung der familienpolitischen Forschung (Gerlach 2004b: 132), existieren die stark ideologisierten Parteidifferenzen zwischen Union[4] und SPD nur noch in Ausnahmefällen, z. B. bezüglich der Gleichstellung gleichgeschlechtlicher Lebenspartnerschafen mit der Ehe, und folgen selbst hier dem allgemeinen Approximierungstrend. Dennoch waren Unterschiede, z. B. in den Parteiprogrammen zu den Bundestagswahlen 2002 und 2005, klar erkennbar. Dass jeweils noch kurz vor den Wahlen deutliche Präferenzunterschiede zwischen den Parteien herrschten, berechtigt zu der Annahme, dass die vom Führungspersonal ausgehandelte „Kongruenz" im Regierungsprogramm zu Lasten der innerparteilichen Geschlossenheit ging und verdeutlicht die *vote*- und *office*-Motive partisaner Vetospieler. Die interne Kohäsion von parteipolitischen Vetospielern zu messen ist allerdings schwierig und kann in diesem Rahmen nicht im engeren Sinne operationalisiert werden[5], weshalb wir Indikatoren (z. B. offen ausgetragene Konflikte) für einen Plausibilitätsnachweis nutzen.

2.2 Parteipolitische Vetospieler und die Familienpolitik der Großen Koalition

Als die zweite bundesrepublikanische Große Koalition aus CDU/CSU und SPD am 22. November 2005 ihre Arbeit aufnahm, waren damit familienpolitisch keine großen Hoffnungen auf weitreichende Policy-Veränderungen verbunden. Klassischerweise sind die positionellen Unterschiede zwischen Christ- und Sozialdemokraten auf diesem Politikfeld so hoch, dass nach ihnen sogar zwei grundlegend verschiedene Typen der betriebenen Familienpolitik bezeichnet wurden, nämlich die Institutionenpolitik einerseits und die Familienmitgliederpolitik andererseits. Auch wenn die Grenzen zwischen diesen beiden kontrastiv betriebenen Familienpolitiken bereits seit den 1980er Jahren aufweichten, war das Politikfeld doch „bis weit in die 90er Jahre hinein durch eine starke parteipolitische Lagerbildung bis hin zur Ideologisierung gekennzeichnet" (Gerlach 2006: 93), was auch für die kritische Einschätzung der Reformfähigkeit in diesem Politikfeld ursächlich war.

---

4   Im Folgenden werden CDU und CSU als ein Vetospieler behandelt.
5   Am Abstimmungsverhalten im Parlament lässt sich die interne Kohäsion der Parteien z. B. kaum messen, denn hier greift in aller Regel die Parteidisziplin.

2.2.1 Entwicklung der familienpolitischen Parteienkongruenz

Die Familienpolitik der christdemokratischen bzw. christdemokratisch-liberalen Regierungen der 1950er und 1960er Jahre zielte darauf, die Familie insgesamt als Institution zu stärken. Der erste Bundesfamilienminister, Franz-Josef Wuermeling (1953–1962), sah dies, neben den Kinderfreibeträgen und dem den „Familienlohn" ergänzenden Kindergeld ab dem dritten Kind, in erster Linie als eine rhetorische und bewusstseinsbildende Aufgabe an. Unter seinem Nachfolger Bruno Heck (1962–1968) kam dann verstärkt eine materielle Sicherung hinzu, z. B. durch die Einführung eines universalen Zweitkindergeldes im Jahr 1965. Idealtypisch[6] unterschieden sich die Ziele dieser Institutionen- stark von der ab 1969 von der sozialliberalen Regierung betriebenen Familienmitgliederpolitik. Diese suchte, insbesondere auf rechtlicher Ebene, die im Normalfamilienmodell der Institutionenpolitik eher Benachteiligten, nämlich Frauen und Kinder, emanzipativ zu fördern (Bleses 2003: 191). Beispielhaft sei hier die Reform des Ehe- und Scheidungsgesetzes 1977 genannt, durch die u. a. bei Scheidungen das Schuld- vom Zerrüttungsprinzip abgelöst wurde und somit das Unterhaltsrecht nur noch von wirtschaftlichen und sozialen Kriterien und nicht von Schuldfragen abhängig war.

Diese Dichotomie von christdemokratischer Institutionen- und sozialdemokratischer Familienmitgliederpolitik spiegelte sich auch in den im Bereich der Elternzeit vertretenen Positionen wider. Als erste Maßnahme führte die sozialliberale Regierung 1979 einen bis zu sechsmonatigen Mutterschaftsurlaub bei gleichzeitigem Kündigungsschutz ein, der mit einer monatlichen Zahlung von 750 DM ausgestattet war. Hierbei handelte es sich um eine ausschließlich erwerbstätigen Müttern zugängliche Leistung, die damit Erwerbsanreize setzte und von der Opposition als normativ-selektiv kritisiert wurde. Die CDU/CSU konnte sich nun als „Verteidigerin der Belange der Familie" (Münch 1990: 57) profilieren und postulieren, dass die SPD mit ihrer die einzelnen Mitglieder der Familie stärkenden Politik mit zu deren Krise beigetragen habe. Unter Familienminister Heiner Geißler (1982–1985) wurden daher die neuen, diesmal universalen Instrumente des Erziehungsurlaubs, Erziehungsgelds und der parallelen Anrechnung von Kindererziehungszeiten in der Rentenversicherung ausgearbeitet und 1986 von seiner Nachfolgerin Rita Süssmuth (1985–1988) implementiert. Der in den kommenden

---

6   Bei vielen Maßnahmen lässt sich die Abgrenzung von Institutionen- und Familienmitgliederpolitik nicht klar bzw. nur für die Output- und nicht für die Outcome-Ebene vornehmen (Bleses 2003: 192): Denn auf die Institution Familie gerichtete Instrumente können auch deren einzelnen Mitgliedern zugute kommen und umgekehrt.

Jahren von zehn Monaten auf drei Jahre ausgeweitete Erziehungsurlaub wurde mit einem Erziehungsgeld von 600 DM begleitet und bildete somit eine, wenngleich auch nur symbolische, Anerkennung der Familienarbeit. Die Erziehungsgeldzahlung wurde zwar von anfangs zehn Monaten bis 1993 auf 24 Monate ausgedehnt, ihr Niveau jedoch auch in den kommenden Jahren nie erhöht. Diese familienpolitischen Leistungen sollten die Vereinbarkeit von Familie und Beruf erleichtern, waren dennoch auf eine weibliche Inanspruchnahme und eine zumindest zweijährige Betreuungsleistung in der Familie ausgerichtet. Sie entsprachen somit ganz überwiegend einer Institutionenpolitik, zeigten jedoch auch Öffnungsprozesse, z. B. indem die Leistung von beiden Eltern bezogen werden konnte und durch spezielle Maßnahmen für Alleinerziehende auch von der Normalfamilie abweichende Familienformen gefördert wurden.

Dies war die Situation als die erste rot-grüne Bundesregierung 1998 ihre Arbeit aufnahm. Entsprechend der Parteiendifferenzthese wurde von ihr ein weitreichender Wandel in der Familienpolitik erwartet (Gerlach 2004a: 411). Dem noch in den Parteiprogrammen zur Bundestagswahl als sehr wichtig herausgestellten Thema Familienpolitik stand mit den oft wenig spezifizierten Vereinbarungen im Koalitionsvertrag[7] bereits eine Ernüchterung entgegen, die sich dann in Gerhard Schröders Abwertung des Ressorts Familie als „Gedöns" (vgl. Ristau-Winkler 2005: 21) bestätigt sah. Die in der Folgezeit häufig vorgenommene Gleichsetzung dieses Ausspruchs mit dem Stellenwert des Politikbereiches in der ersten rot-grünen Legislatur ist mit Sicherheit überspitzt, denn die Reform des Erziehungsurlaubs zur Elternzeit im Jahr 2001 umfasste durchaus wichtige Veränderungen und auch Verbesserungen: So war nun eine gleichzeitige Inanspruchnahme durch beide Eltern möglich, die Teilzeiterlaubnis wurde von 19 auf 30 Wochenstunden erheblich ausgeweitet und ein Anspruch auf Arbeitszeitreduzierung eingeführt. Dennoch trifft die „Gedöns-Wertung" insofern zu, als dass die Reform in mehreren Punkten ambivalent und hinter den Erwartungen weit zurück blieb, vor allem da die Höhe des Erziehungsgeldes mit 307 Euro unverändert niedrig blieb und die zusätzlich eingeführte Budgetvariante ihr Ziel einer schnelleren Wieder-

---

7   So stand z. B. im SPD-Parteiprogramm: „Wir werden alles unternehmen, damit Deutschland wieder ein familien- und kinderfreundliches Land wird. [...] Wir geben der Familienförderung einen neuen Stellenwert" (SPD 1998: 26). Konkreter wurde die Koalitionsvereinbarung bezüglich der Entlastung von Familien durch die Steuerreform sowie der geplanten Erziehungsurlaubsreform. Im Hinblick auf die Vereinbarkeitsproblematik und die klaffenden Betreuungslücken war jedoch darin lediglich festgehalten: „Ein ausreichendes Angebot an Kindertagesstätten und Ganztagsbetreuung ist zu gewährleisten" (SPD-Bündnis 90/Die Grünen 1998). Angaben wurden somit weder bezüglich föderaler Verantwortlichkeiten noch konkreter Ziele getroffen.

eingliederung von Müttern in den Arbeitsmarkt wenig konsequent verfolgte. Zwar ermöglichte sie es, statt zwei Jahren nur ein Jahr lang Elterngeld zu beziehen. Die monatliche Geldleistung betrug dann jedoch 450 und nicht etwa 614 Euro, so dass die Familie bei dieser Lösung insgesamt Geld verlor. Entsprechend wurde die Budgetvariante kaum gewählt, zumal ein korrespondierender Ausbau der Kleinkindbetreuung, der die Rückkehr auf den Arbeitsmarkt überhaupt erst ermöglicht hätte, vorerst nicht erfolgte.[8]

In der zweiten Legislaturperiode erfuhr die Familienpolitik jedoch einen immensen Bedeutungsaufschwung, charakterisiert durch die Schlagzeile „Vom Gedöns zur Chefsache". Allerdings schlug sich dieser Bedeutungszuwachs weniger in legislativen Maßnahmen nieder: In den Jahren 2002 bis 2005 wurden auch für den Bereich der Elternzeit neue Instrumente geplant, aber nicht mehr verabschiedet. Während sich also die CDU/CSU in ihrer Regierungszeit partiell von der Institutionenpolitik löste und öffnete, zeichnete sich nun auch die Familienpolitik der SPD durch eine überraschende Kontinuität mit der Vorgängerregierung aus (Bleses 2003: 200): Die familienpolitische Kongruenz der beiden Volksparteien hatte beständig zugenommen.

2.2.2 Fallstudien – Elterngeld und Betreuungsrechtsanspruch

Die steigende Parteienkongruenz führte zwar dazu, dass die unterschiedlichen Policy-Präferenzen weniger direkt erkennbar waren. Im Detail bestanden jedoch weiterhin teils erhebliche Differenzen, wie auch ein Blick in die Wahlprogramme von SPD und CDU/CSU zu den Bundestagswahlen 2002 eindrücklich verdeutlicht. Die SPD bezeichnete in ihrem familienpolitischen Programm ein bedarfsgerechtes Kinderbetreuungsangebot als „dringlichste Aufgabe" (SPD 2002). CDU/CSU hingegen vertraten zu diesem Zeitpunkt noch ihr sog. „Familiengeld-Modell": Das Familiengeld war als Zusammenfassung von Erziehungs- und Kindergeld konzipiert und sollte während der ersten drei Lebensjahre des Kindes 600 Euro, bis zum 18. Lebensjahr 300 Euro und 150 Euro für jedes nach dem 18. Lebensjahr noch in Ausbildung befindliche Kind betragen. Interessanterweise wurde auch 2004 noch dieses deutlich re-familialisierend orientierte Modell vertreten, im Bundestagwahlkampf 2005 jedoch bereits nicht mehr.

---

8   Der erste wichtige Schritt zum Ausbau der Betreuungsinfrastruktur erfolgte 2005 in der zweiten rot-grünen Legislaturperiode mit dem Tagesbetreuungsausbaugesetz (TAG).

Angesichts der so unterschiedlichen Parteitraditionen sowie der auch in den Wahlprogrammen 2005 nach wie vor identifizierbaren Policy-Differenzen[9] wurden mit dem Antritt der Großen Koalition keine großen familienpolitischen Bewegungen erwartet. So stünde es zu „vermuten, dass die Familienpolitik ein potentielles Konfliktfeld für die Koalitionsverhandlungen zwischen CDU, CSU und SPD dargestellt hat" (Leitner 2007: 22). Diese Erwartungen der Parteiendifferenzthese jedoch wurden keineswegs erfüllt: Mit dem Elterngeld wurde überraschend eine weitgreifende Reform auf den Weg gebracht, welche die Familienministerin Ursula von der Leyen selbst zu Recht als „Paradigmenwechsel" bezeichnete. Dieser Fall soll nun im Hinblick auf parteiliche Kongruenz und Kohäsion analysiert werden.

Die ehemalige Familienministerin Renate Schmidt (2002–2005) veröffentlichte im Juli 2004 erste Pläne zur Einführung des einkommensabhängigen Elterngelds nach schwedischem Modell, die jedoch erst nach den Bundestagswahlen 2006 geplant war.[10] Dass die schwarz-rote Regierung nach den vorgezogenen Wahlen 2005 die Elterngeldidee bereits im Regierungsprogramm verankerte, überraschte. Denn das nur noch einjährige Elterngeld, während dessen Bezug bis zu 30 Wochenstunden gearbeitet werden kann, setzt sowohl im Hinblick auf außerhäusliche Betreuung, eine schnelle Berufsrückkehr der Mütter als auch für die geschlechtliche Arbeitsteilung neue Anreize.[11] Letzteres betrifft zum einen die Tatsache, dass die vollen 14 Monate Elterngeld nur bezogen werden können, wenn jeder Partner mindestens zwei Monate in Anspruch nimmt. Über die Lohnersatzfunktion ist es aber erstmals auch finanziell realistisch, dass der Vater in Elternzeit geht. Entsprechend ist das Elterngeld als Systemwandel der familialistischen deutschen Familienpolitik gewertet worden (Blum 2008; Leitner 2007). Neben der Tatsache, dass

---

9   Diese sind natürlich nur dort erkennbar, wo Wahlprogramme über allgemeine Rhetoriken zur Wichtigkeit von Kinderbetreuung, Vereinbarkeitsmaßnahmen oder Familienförderung hinaus konkret werden. Solche Punkte betreffen z. B. das explizite Festhalten der CDU/CSU (2005) am Ehegattensplitting oder die Forderung der SPD (2005) nach einem Betreuungsrechtsanspruch ab dem ersten Lebensjahr, den die CDU/CSU regierten Länder erst wenige Monate zuvor, in der TAG-Konzeptionsphase, im Bundesrat scheitern ließen.

10 Es hätte ausreichend Zeit zur Einführung in der bestehenden Legislaturperiode gegeben. Es kann vermutet werden, dass die SPD sich die bei der Bevölkerung äußerst populäre Maßnahme (vgl. Allensbach-Umfrage 2005) für den Wahlkampf aufsparen wollte. Dass die Partnermonate nicht schon früher eingeführt wurden, kann außerdem auf die Angst vor der konservativen Opposition zurückgeführt werden (Leitner 2008: 218).

11 Die Bezugszeit der Leistung wurde vom Erziehungsgeld zum Elterngeld halbiert und setzt somit den Anreiz, nach einem Jahr Familienzeit in den Beruf zurückzukehren. Es sind darüber hinaus verschiedenen Modelle der partnerschaftlichen Arbeitsteilung vorstellbar: Eltern können z. B. gleichzeitig zuhause bleiben und sieben Monate zusammen Elterngeld beziehen oder die Monate in verschiedenen Zeitabschnitten untereinander aufteilen.

Deutschland als konservativ-korporatistischem Wohlfahrtssystem allgemein eine ausgesprochene Reformstarre attestiert wurde, verwunderte hierbei vor allem die Tatsache, dass der Systemwandel unter konservativer Führung erfolgte.

Die parteipolitische Annäherung ist so deutlich zu erkennen, dass Merkel (2007: 39) in einem Vergleich der Parteienpositionen in unterschiedlichen Politikfeldern der Großen Koalition sogar zu dem Schluss kam: „In der Familienpolitik sind die Divergenzen am geringsten." Über Parteigrenzen hinweg Konsens bildend wirkte in der Policy-Dimension eine ökonomische Argumentation (Leitner 2007: 23) sowie sicher auch die oben genannten *vote*-Motive aufgrund der Popularität des Elterngelds, die neben rein inhaltliche Überlegungen traten. Dies ging jedoch, so unsere These, mit einer sinkenden innerparteilichen Kohäsion einher, wie der Verlauf der Elterngeldeinführung von den Koalitionsverhandlungen bis zur politischen Entscheidung demonstriert.

Im Koalitionsvertrag von CDU/CSU und SPD (2005) heißt es zum Elterngeld: „Die zwölf Monate des Bezugszeitraums können zwischen den Eltern aufgeteilt werden. Zwei Monate bleiben dem Vater, zwei Monate der Mutter reserviert". Regierungsprogramme jedoch werden vom Koalitionsausschuss ausgehandelt, nicht von den Parteien. Im Koalitionsausschuss der Großen Koalition saßen 2005 für die CDU/CSU Angela Merkel, Edmund Stoiber, Volker Kauder und Peter Ramsauer, für die SPD Franz Müntefering, Matthias Platzeck und Peter Struck. Auf Grundlage von Aussagen der Beteiligten und späterer Konflikte zwischen ihnen lässt sich vermuten, dass die Christsozialen Ramsauer und Stoiber gegen die Einführung des Elterngeldes votierten, während die Christdemokraten Merkel und Kauder sehr nah bei den Vertretern der SPD waren[12]. Dies könnte erklären, weshalb das Elterngeld originalgetreu aus den SPD-Plänen übernommen wurde und sich nicht auf eine Verhandlungslösung in der Mitte geeinigt wurde (z. B. höhere Zahlung für zuvor nicht Erwerbstätige).

Dieser im Koalitionsausschuss gefasste Beschluss führte jedoch in der ersten Jahreshälfte 2006 zu so großem Streit, dass die Reform daran beinahe gescheitert wäre. CSU-Landesgruppenchef Ramsauer prägte den Begriff eines „Wickelvolontariats", das den Vätern durch die Partnermonate oktroyiert würde[13]. Die „erzwunge-

---

12 Hierfür sprechen auch spätere Aussagen Merkels und Kauders, die deutlich machen, dass es sich ihrerseits nicht um ein Zugeständnis an die SPD handelte. So explizierte Kauder beispielsweise, er wolle das geplante Elterngeld vorwiegend Doppelverdiener-Haushalten zugute kommen lassen (Reutlinger General-Anzeiger 2006).

13 Interessant und nicht ganz frei von Ironie ist, dass, als von der Leyen Mitte 2008, nach anderthalb Jahren Elterngeld und positiven Evaluierungen den Vorschlag ankündigte, die Vätermonate von zwei auf vier Monate auszuweiten, abermals Ramsauer der erste war, der reagierte. Diesmal aller-

nen Vätermonate" seien eine Bestrafung für alle Eltern, die andere Lebensmodelle realisieren wollten (Süddeutsche 2006a). Diese Kritik teilten auch innerhalb der CDU viele Politiker bis in die Fraktionsspitze hinauf. Parteidisziplin mag hier zwar drastische Äußerungen verhindert haben, aber es ist aussagekräftig, wenn z. B. Innenminister Schäuble konstatiert, in seiner Partei sei die Akzeptanz eines neuen Frauenbildes vielen schwer gefallen: „Deshalb muss Ursula von der Leyen jede Woche einmal antreten" (Frankfurter Rundschau 2008). Der „Reformerflügel" innerhalb der CDU war jedoch auf die Stimmen seiner Partei angewiesen, denn aus verschiedenen Gründen[14] stimmten die Oppositionsparteien geschlossen gegen das Elterngeld. Somit war die Reform nur durch ein Zugeständnis an die eigene Partei umsetzbar, das am 2. Mai 2006 wiederum im Koalitionsausschuss ausgehandelt wurde. Die Presse sprach von einem „Kuhhandel" (z. B. Süddeutsche 2006b): Die beiden Partnermonate wurden durch eine Ausweitung der max. Bezugsdauer auf 14 Monate „erkauft". Im Fall der Partnermonate verlief der Streit also nicht zwischen den Parteien, sondern „zwischen der Familienministerin bzw. der CDU und CSU" (Gerlach 2006: 101). Am 29. September 2006 verabschiedete der Deutsche Bundestag das Elterngeld, das zum 1. Januar 2007 in Kraft trat.

Ein knappes Jahr nach diesem ersten innerparteilichen Streit über die Familienpolitik kam es zu einer „Neuauflage". Im Juli 2007 führten von der Leyen und Christa Müller – familienpolitische Sprecherin der saarländischen Linkspartei – ein Streitgespräch im Spiegel. Auf die provokante Frage hin, ob von der Leyen den „Vollzeitmuttis" noch nicht einmal die von der CSU geforderten 150 Euro Betreuungsgeld[15] gönne, bezog die Familienministerin klar Stellung gegen die Anreizstrukturen dieser Geldleistung:

> „Mit dem Betreuungsgeld verstärken wir den Teufelskreis, in dem Kinder, die von zu Hause keine Chance auf frühe Bildung, gute Sprache, wenig Fernsehen, viel Bewegung haben, vom Kindergartenbesuch ausgeschlossen werden, weil ihre Eltern mit 150 Euro lieber ihre Haushaltskasse aufbessern" (Spiegel 2007a).

---

dings teilte er dem Tagesspiegel am Sonntag mit: „Für die nächste Legislaturperiode wäre diese Überlegung ohnehin fällig gewesen, schließlich haben die Partnermonate am allerbesten in Bayern eingeschlagen."

14 Die Oppositionsparteien (Linke, Grüne und FDP) kritisierten, mit verschiedenen Schwerpunkten, die Einkommensersatzfunktion, den niedrigen Grundbetrag bei zuvor nicht bestehender Erwerbstätigkeit sowie den mit dem TAG vorerst noch zögerlichen Ausbau der Kindertagesbetreuung (Henninger et al. 2008: 296).

15 Das Betreuungsgeld ist als Geldleistung in Höhe von 150 Euro an all diejenigen Eltern konzipiert, die ihr ein- bis dreijähriges Kind zu Hause selbst betreuen und keine anderen Betreuungsdienstleistungen (z. B. Tagesmütter, öffentliche Einrichtungen) in Anspruch nehmen.

Der bayerische Ministerpräsident Stoiber warf daraufhin der Familienministerin vor, das Betreuungsgeld „ideologisch zu diffamieren" (Süddeutsche 2007). In
Richtung Berlin drohte er, darüber werde es noch „eine intensive Diskussion mit
unserer Schwesterpartei" geben. Die konflikthaften Positionen lagen so weit auseinander, dass eine Einigung nicht in Sicht schien. Doch nach wenigen Monaten
verständigte sich die eingerichtete Bund-Länder-Arbeitsgruppe auf die Einführung des Betreuungsgeldes; Ende Oktober 2007 brachte von der Leyen den entsprechenden Gesetzentwurf auf den Weg.

Die Ministerin ging diesen Kompromiss ein, um den mit dem Gesetzentwurf ebenfalls festgezurrten Rechtsanspruch auf einen Betreuungsplatz ab dem
ersten Lebensjahr gegen die innerparteilichen Widerstände durchsetzen zu können. Es kann zwar argumentiert werden, dass von der Leyen das Betreuungsgeld
auch als strategisches *buying-out*-Konzept zu nutzen verstand: „Die Option, ein
Betreuungsgeld einzuführen, [diente] als Köder, um die Unterstützung der CSU
zu erkaufen" (Henninger/von Wahl 2009). Diese Strategie war jedoch weitgehend
alternativlos: Im Frühjahr 2007 hatte sich die Große Koalition auf den ab 2013
geltenden Rechtsanspruch und den dazugehörigen Ausbau der Betreuungsinfrastruktur geeinigt, doch im schriftlichen Beschluss dieser Koalitionsrunde wurde
eben auch das Betreuungsgeld erwähnt. Während die SPD diese „Herdprämie"
von Beginn an rigoros ablehnte und allenfalls als Prüfauftrag verstanden wissen
wollte, argumentierte die CSU, man habe sich doch bereits abschließend geeinigt
und könne davon nicht zurücktreten. Sonst, so kündigte der bayerische Ministerpräsident Günther Beckstein an, werde „der bayerische Löwe seine Krallen sehr,
sehr deutlich zeigen" (Zeit Online 2008). Entscheidend war aber letztlich nicht
allein die bayerische Vetoandrohung, sondern diejenige der CDU selbst. So verabschiedete im September 2007 eine Gruppe aus CSU- und CDU-Politikern ein Papier mit dem Aufruf, das Bürgerlich-Konservative als Alleinstellungsmerkmal der
Union dürfe nicht verloren gehen (FAZ 2007). Zu den Unterzeichnern gehörten
u. a. CSU-Generalsekretär Söder, Junge-Union-Chef Mißfelder und der nordrhein-
westfälische CDU-Generalsekretär Wüst. Die Programmdebatte wurde mit kla-
rem Blick auf die „neue Familienpolitik" angestoßen. Weiterhin warnte Mappus,
Vorsitzender der baden-württembergischen CDU-Fraktion, von der Leyen wolle
„Fundamente wegreißen" und der sächsische Kultusminister Flatz fürchtete gar
eine Rückkehr zur DDR und zur Übereignung der Kinder an den Staat (Spiegel
2007b). Dies macht deutlich, dass die Spaltung keineswegs entlang der CDU-CSU-
Grenze, sondern quer durch die Unionsparteien verlief.

Es handelte sich somit bei der Reform „Rechtsanspruch plus Betreuungsgeld"
wiederum um eine Paketlösung, die kein Zugeständnis an den „Vetospieler Ko-

alitionspartner", sondern an den „Vetospieler eigene Partei" darstellte. Eine weiter reichende, stimmigere Policy-Veränderung wurde in beiden Fällen durch die
niedrige innerparteiliche Kohäsion verhindert. Dass die steigende Kongruenz mit
einer sinkenden Kohäsion einherging, wurde nur für die CDU/CSU diskutiert und
scheint sich auf den ersten Blick nicht für die SPD zu bestätigen. Eine so hohe Parteienkongruenz, wie sie sich derzeit in der Familienpolitik findet, ist jedoch dauerhaft unwahrscheinlich, da Parteien – zumal auf einem in Wahlkämpfen hoch
relevanten Politikfeld – auch ihre Unterschiede deutlich machen müssen. Auch in
Anbetracht der Verteilungswirkungen der derzeitigen Familienpolitik könnte die
Kohäsion der SPD diesbezüglich in Zukunft sinken. Denn über die Lohnabhängig-
keit wirkt das Elterngeld im Gegensatz zu früheren Regelungen eben auch sozial
selektiv, insbesondere gar nicht oder gering Verdienende sind deutlich schlechter
gestellt. Leitner (2007: 27) geht sogar so weit festzustellen, dass weniger die Frage
sei, „warum die Unionsparteien diese Familienpolitik mittragen, sondern welche
sozialdemokratischen Ziele eigentlich die SPD in der Familienpolitik verfolgt".
Dies könnte eine Diskussionslinie sein, auf der parteipolitische Unterschiede in
der Familienpolitik zukünftig wieder stärker prononciert werden.[16]

2.3   Kohäsion partisaner Vetospieler und Policy-Veränderungen

Im Folgenden werden vor dem Hintergrund der Fallbeispiele die theoretischen
Annahmen des Vetospieleransatzes bezüglich des Einflusses der Kohäsion der
Spieler auf Policy-Veränderungen diskutiert. Wie eingangs erläutert, stellt Tsebelis
die Hypothese auf, dass mit abnehmender interner Kohäsion politische Veränderungen wahrscheinlicher werden[17] und umgekehrt bei steigender Kohäsion die
Policy-Stabilität zunimmt: „As the size of the yolk of collective players who are re-
quired to agree for a movement of the status quo increases, the [...] policy stability decreases" (Tsebelis 1995: 301). Diese Vermutung erscheint erst einmal plausibel,
da in sich gespaltene Spieler schwieriger von ihrem Vetopotential Gebrauch machen und somit eine Reformpolitik schlechter verhindern können. Zugleich bietet

---

16 In unserem Beitrag haben wir nur die Entwicklungen bis zum Ende der 16. Wahlperiode aufge-
    nommen.
17 Allerdings differenziert Tsebelis danach, ob Entscheide innerhalb der kollektiven Vetospieler nach
    absoluter oder nach qualifizierter Mehrheit fallen. Werden sie einstimmig getroffen, sei das genaue
    Gegenteil der Fall, d. h. mit abnehmender Kohäsion werde eine Entfernung vom Status quo un-
    wahrscheinlicher. Bei den folgenden Überlegungen wird also von einem Mehrheitsentscheid in-
    nerhalb des partisanen Vetospielers ausgegangen.

geringere Kohäsion, also eine diffusere Haltung mit Blick auf den eigenen politischen Standpunkt, mehr Möglichkeiten, mit anderen Vetospielern eine gemeinsame Politik zu vereinbaren.

In den untersuchten Fällen war jedoch das genaue Gegenteil der Fall: Die geringe innerparteiliche Kohäsion in der CSU/CSU hat die Reichweite der Policy-Veränderung abgeschwächt und hätte beide Male fast zu einem Scheitern der Reform geführt. Es stellt sich demnach die Frage, ob es sich hierbei um empirische Ausnahmen handelt, die innerhalb des Vetospielertheorems vernachlässigt werden können, oder ob nicht vielmehr die Kohäsionshypothese allgemein überdacht bzw. angepasst werden muss.

Wir formulieren hierzu die Annahme, dass die Folgen der Stärke innerparteilicher Kohäsion sowie ihrer Ab- bzw. Zunahme nicht losgelöst von der generellen Haltung des Spielers zur diskutierten Reform bzw. zum Status quo betrachtet werden können. Im Zuge der internen Auseinandersetzungen über Policy-Präferenzen (d. h. über den Idealpunkt des Vetospielers) kann sich ein Vetospieler *reformbefürwortend* oder *reformablehnend* positionieren. Diese Positionierung ist bei der Analyse der Kohäsion eines Spielers mit zu berücksichtigen.

Schaubild 1 stellt vier verschiedene Fälle dafür dar, auf welche Idealposition sich der partisane Vetospieler in der internen Debatte einigen wird. Wir gehen in diesem ersten Schritt – analog zu Tsebelis – davon aus, dass der partisane Vetospieler seine Policy-Präferenz nach Policy-Motiven und nach qualifizierter Mehrheit festlegt (vgl. Fn. 17).

Im Fall 1 handelt es sich um einen kohäsiven Vetospieler, was durch die räumliche Dichte der gemeinsam den Vetospieler darstellenden Dreiecke illustriert wird. Tsebelis (1995: 311) expliziert, dass Kohäsion sich auf die Positionsunterschiede in einer Partei *vor* den internen Aushandlungsprozessen und Diskussionen bezieht (und somit getrennt von der Parteidisziplin behandelt werden muss). Die gestrichelte Linie im Schaubild zeigt diejenige Policy-Präferenz, auf die sich der partisane Vetospieler infolge der internen Aushandlungsprozesse und -mechanismen einigen wird. Nach Annahme des Vetospielertheorems müsste nun in *allen* drei anderen dargestellten Fällen, in denen die Kohäsion dieses Vetospielers abnimmt, ein Policy Change *wahrscheinlicher* werden. Wir argumentieren jedoch demgegenüber, dass auch die Haltung der Akteure im partisanen Vetospieler (bzw. des gesamten Players) zu Reformen und ihrer *Richtung* betrachtet werden muss. Dies lässt sich, im Rahmen einer so allgemeinen Überlegung, am ehesten als Nähe zum Status quo ausdrücken. Hierfür stellen wir dem Fall 1, also dem kohäsiven Vetospieler, die anderen möglichen Fälle gegenüber.

Schaubild 1   Kohäsion parteipolitischer Vetospieler und Policy-Veränderungen

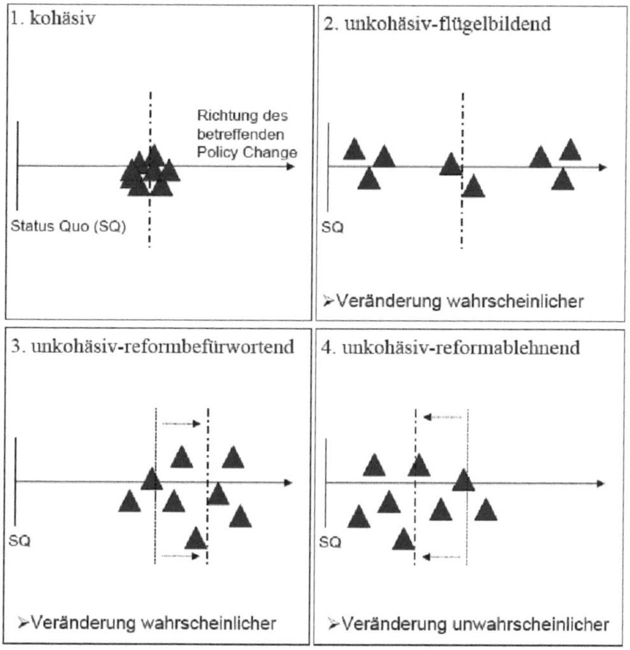

Quelle: Eigene Darstellung

Fall 2 stellt einen unkohäsiven Vetospieler mit starker Flügelbildung dar. Hier wird es bei der internen Debatte um die inhaltliche Ausrichtung ex post zwar davon abhängen, welche Gruppen sich innerhalb der Partei mit ihren Policy-Präferenzen durchsetzen konnten, wodurch der Position des Agenda Setter eine entscheidende Rolle zukommt (wenn nicht die Position tatsächlich einen Mittelwert der Einzelpositionen abbildet). *Vor* diesen Diskussionen trifft jedoch Tsebelis' These, dass Policy Change wahrscheinlicher ist als in Fall 1, zu: Wenn intern mit Mehrheit entschieden wird, wird eine Veränderung des Status quo mit zunehmend starker Flügelbildung um den hier fixen Idealpunkt wahrscheinlicher.

Die starke Flügelbildung ist jedoch, auch wenn sie häufig exponiert betrachtet wird, nicht die einzige Möglichkeit eines unkohäsiven Vetospielers. Fall 3 stellt einen unkohäsiven Vetospieler dar, bei dem einzelne Gruppierungen der Partei in die Richtung einer Reform – d. h. weg vom Status quo – abweichen und damit unter den gegeben Annahmen auch den gesamten Spieler (und seinen Idealpunkt) in diese Richtung verschieben[18]. Auch hier trifft, wie in Fall 2, die Annahme des Vetospielertheorems zu: Die politische Veränderung wird durch abnehmende Kohäsion wahrscheinlicher, weil sich die Mehrheit der Akteure innerhalb des Vetospielers von Status quo weg bewegt.

In Fall 4 jedoch geht die geringere Kohäsion zulasten des Politikwandels, denn die Mehrheit der Akteure innerhalb des partisanen Vetospielers weicht in die Richtung des Status quo ab. Diese Situation entspricht den im vorigen Abschnitt untersuchten Fällen, den Partnermonaten beim Elterngeld und dem Betreuungsgeld, die den Vorstellungen einer signifikanter Teile des partisanen Vetospielers zuwiderliefen. Für den Fall 4 ist daher unser Hinweis relevant, dass nicht die Kohäsion allein für die Wahrscheinlichkeit politischer Veränderung herangezogen werden kann, sondern immer im Zusammenhang mit der Positionierung des gesamten Spielers und seiner Elemente zu Reformen und zum Stand der Dinge betrachtet werden sollte.

Hinzu kommt: Diese Überlegungen beziehen sich auf eine *Momentaufnahme*, d. h. zu einem bestimmten Zeitpunkt im Policy-Prozess, *vor* den Aushandlungsprozessen zwischen den Vetospielern, positionieren sich die in ihnen vertretenen Akteure, legen eine Idealposition (Policy-Präferenz) fest und setzen sich damit in Beziehung zum Status quo und zu möglichen Reformen und Reformrichtungen (vgl. Schaubild 1). Nun ist es aber unwahrscheinlich, dass partisane Vetospieler ihre Policy-Präferenz zu einem bestimmten Zeitpunkt aushandeln und diese dann stets über den gesamten Policy-Prozess hinweg fix bleibt. Vielmehr verändern sich die Positionen partisaner Vetospieler über den politischen Prozess hinweg (z. B. aufgrund neuer inhaltlicher Erkenntnisse, veränderter Machtpositionen in der Partei, aber auch in der Auseinandersetzung mit dem politischen Gegner). Tsebelis ist häufig der Vorwurf gemacht worden, sein Vetospielertheorem sei „zu statisch, um Veränderungen in diesem Bereich angemessen zu berücksichtigen" (Muno 2002). Die Analyse der Kohäsion kann Aufschluss darüber geben, mit welcher Wahrscheinlichkeit Veränderungen der partisanen Policy-Präferenzen über den politischen Prozess hinweg zu erwarten sind. Tsebelis selbst möchte also eine *Vorhersage* über die zu erwartenden Dynamiken treffen: „If we know the preferences of veto players, the position of the status quo and the identity of the agenda setter (the sequence of moves of the different actors) we can predict the outcome of the policymaking process quite well" (Tsebelis 2002: 3). Für prozessuale Policy-

---

18   Diese Gruppierungen weichen nicht symmetrisch um die – in allen vier Fällen gleich positioniert bleibende – Führung hin ab. Für diesen Fall argumentiert Tsebelis (1995: 311) nämlich ohnehin, der Vetospieler sei dann trotz hoher inhaltlicher Distanz seiner Mitglieder nicht unkohäsiv.

Analysen hingegen reicht eine bloße Vorhersage nicht aus: Hier müssen die Veränderungen der partisanen Policy-Preferezen sowie der Interaktion von Kohäsion und Kongruenz über den Policy-Prozess hinweg beobachtet werden.[19]

Wie sich anhand der Fallbeispiele gezeigt hat, folgen Parteien eher *vote and office-* als *policy-seeking* Motive. Daher kann es trotz hoher Kongruenz und einer niedrigen Kohäsion zu einem Veto bzw. der Verhinderung einer Reform kommen. In diesem Fall treten die Parteien in Bezug auf *policy change* als hemmende Spieler auf. Diese Erkenntnis lässt sich allerdings nicht ohne Weiteres auf andere Vetospieler übertragen. Die folgenden Ausführungen zeigen, dass der Einfluss von Vetospielern nicht unbedingt hemmend auf Policy-Veränderungen sein muss, wie bei Tsebelis und vor allem im öffentlichen Diskurs gerne angenommen. Vielmehr können z. B. eine spezielle Vetologik oder ein nicht vorhandenes *winset* dazu führen, dass ein Vetospieler *policy change* herbeiführt und damit als fördernder Vetospieler bezeichnet werden kann, wie wir am Beispiel des Bundesverfassungsgerichts und seiner Funktion im Bereich der Familienpolitik aufzeigen werden.

3   Institutionelle Vetospieler in der Familienpolitik: Das Bundesverfassungsgericht

Tsebelis betont, wie eingangs angesprochen, dass bei Fallstudien auch Vetospieler identifiziert werden müssen, die sein auf den Systemvergleich angelegtes Theorem vernachlässigt. Strohmeier (2003) schließt daher in seine Definition auch diejenigen Akteure ein, die eine Änderung des Status quo verhindern können, wie z. B. das BVerfG oder mächtige Interessenverbände auf einem Politikfeld. Im Folgenden verstehen wir daher das BVerfG als institutionellen Vetospieler. Zwar erkennt auch Tsebelis (2002: 227) Verfassungsgerichte grundsätzlich als Vetospieler an, stellt aber sogleich klar, sie würden mehrheitlich von parteipolitischen Vetospielern absorbiert und seien demnach in diesen Fällen nicht als eigenständige Vetospieler anzusehen. Nur in Ausnahmefällen, beispielsweise wenn die Interpretation

---

19   Der im *winset* liegende Punkt, auf den sich die Vetospieler einigen, wird damit neben den vor dem Prozess festliegenden Punkten Status quo und Idealpunkt/Yolk zu einer bestimmten Größe für den weiteren Prozess, da sich die Bestandteile der kollektiven Vetospieler zu diesem Punkt ins Verhältnis setzen. Mit anderen Worten: eine Policy-Änderung kann für einen Spieler insgesamt eine Verbesserung darstellen, für signifikante Teile des Players aber in die falsche Richtung gehen, wodurch geringe Kohäsion eine andere politische Relevanz gewinnt, nämlich entgegen den Annahmen von Tsebelis zu einer Politik-Blockade führen kann.

der Verfassung sie zu einer gegenteiligen Meinung als die der Regierung kommen lässt, könnten Verfassungsrichter als Vetospieler auftreten (Tsebelis 2002: 228).

Bei der Anwendung der Überlegungen Tsebelis' auf die Policy-Forschung zeigt sich allerdings, dass eine solche Absorption des BVerfG durch partisane Veto-spieler weitaus seltener möglich ist, als von Tseblis angenommen. Als notwen-dige, jedoch nicht hinreichende Bedingung für eine Absorption des BVerfG gilt die parteipolitische Prägung dieses Akteurs. Denn als Voraussetzung dafür, dass das Gericht „located inside the unanimity core of the other veto players" ist, wie von Tsebelis (2002: 227) angenommen, muss von einem politischen Einfluss auf die Entscheidungsfindung der Verfassungsrichter bzw. von deren freiwilliger Bin-dung an Parteienmeinungen ausgegangen werden. Vor dem Hintergrund der Tat-sache, dass die Verfassungsrichter von Bundestag und Bundesrat gewählt werden und ihnen zudem eine Parteizugehörigkeit nicht untersagt ist, wird diese Annah-me tatsächlich sowohl in weiten Teilen der Literatur (z. B. Hönnige 2007), als auch in politischen Kreisen (Landfried 2006: 234) formuliert. Folglich liegt in der Tat die Vermutung nahe, der institutionelle Vetospieler BVerfG verhalte sich analog zu den jeweiligen Regierungs- bzw. Bundesratsmehrheiten und werde von ihnen ab-sorbiert. In diesem Fall müssten zwischenparteiliche Kongruenz und innerpartei-liche Kohäsion das BVerfG in einem ähnlichen Maße beeinflussen wie in Kapitel 2 in Bezug auf die parteipolitischen Vetospieler dargestellt. Wir stellen allerdings die These auf, dass die Ergebnisse des vorangegangenen Kapitels nicht mit der Be-gründung einer Absorption des BVerfG auf dasselbe übertragen werden können und argumentieren vielmehr, dass das Gericht in Bezug auf die Familienpolitik einen eigenständigen (zudem fördernden, da Reformen anstoßenden) Vetospieler darstellt. Dies begründen wir mit der Tatsache, dass aufgrund der zwischen den beiden Volksparteien ausgehandelten paritätischen Besetzung der Senate, Regie-rungs- und Bundesratsmehrheiten und damit sich verändernde parteiliche Veto-spielerkonstellationen bei Entscheidungsprozessen im BVerfG keine Rolle spielen. Zudem scheint ein anderes Selbstverständnis – geprägt durch die Verfassungsbe-zogenheit und eine damit einhergehende notwendige Neutralität gegenüber tages-politischem Geschehen – zu herrschen. Verdeutlicht wird dies anhand zweier Beispielurteile zum familiengerechten Umbau des sozialen Sicherungssystems von 1992 und 2001.

Die Operationalisierung der Annahmen erfolgt über eine Analyse der Senats-zusammensetzung zum Zeitpunkt der beiden Beispielurteile. Darüber hinaus werden eine Analyse der Regierungs- und Bundesratsmehrheiten bei den Geset-zen, über die in den jeweiligen Urteilen verhandelt wurde, sowie der den Verfas-sungsentscheiden vorausgegangenen Voten von Bundesministerien (welche in den Urteilen ausgeführt werden) darüber Auskunft geben, inwieweit das BVerfG in den Beispielurteilen als eigenständiger Vetospieler auftritt, also absorbiert wird oder nicht.[20]

3.1   Das Bundesverfassungsgericht im politischen Prozess

Die Verfassungsgerichtsbarkeit – also die Überprüfung von Gesetzen auf ihre Verfassungskonformität durch die Justiz – entstand Anfang des 19. Jahrhunderts in den USA. Dort sprach sich der Supreme Court mit der Entscheidung „Marbury vs. Madison" (1803) selbst die Kompetenz des „judicial review" zu und maß erstmals ein Gesetz an den Grundsätzen der Verfassung (Vallée 2008: 6). In Europa wurde diese Idee erst in den Anfängen des 20. Jahrhunderts aufgegriffen und nach Ende des Zweiten Weltkriegs systematisch umgesetzt. Im deutschen Grundgesetz nimmt das BVerfG eine Sonderstellung ein.[21]

Eine Vernetzung zwischen Verfassungsgerichtsbarkeit und Politik ist in Deutschland insofern gegeben, als dass die Richter der beiden Senate des BVerfG je zur Hälfte von einem Richterwahlausschuss des Bundestages und zur Hälfte in direkter Wahl vom Bundesrat gewählt werden. Diese gesetzlichen Regelungen führen zur Befürchtung einer *Politisierung der Justiz*. Dem gegenüber steht die unter dem Begriff der *Justizialisierung* zusammengefasste Annahme einer bedeutenden Einflussnahme der Verfassungsgerichtsbarkeit auf politische Entscheidungen. Das Verhältnis zwischen BVerfG und Politik wird demnach durch diese zwei Seiten

---

20   Besonders berücksichtigt werden sollten hierbei eigentlich auch abweichende richterliche Meinungen, da sie „die älteste Antwort auf die Frage, ob und inwiefern die persönlichen Positionen von Verfassungsrichtern eine Rolle spielen", darstellen, wobei davon ausgegangen wird, dass Verfassungsrichter nur dann eine abweichende Meinung verfassen, „wenn sie die Position der unterlegenen Partei teilen und von dieser nominiert wurden" (Hönnige 2007: 201). Mit Blick auf die beiden ausgewählten Urteile von 1992 und 2001 zeigt sich allerdings, dass in beiden Fällen keine Sondervoten veröffentlicht wurden und eine Analyse derselben daher nicht möglich ist. Dies heißt jedoch nicht, dass automatisch davon ausgegangen werden kann, dass bei der Erarbeitung der Urteile wirklich Einstimmigkeit herrschte (Lietzmann 2006).

21   In Art. 94 Abs. 2 GG wird der Bundesgesetzgeber beauftragt, die Organisation und das Verfahren des BVerfG zu regeln. Alle andere Verfassungsorgane bestimmen entweder selbst ihre Organisation und Verfahren in eigenen Geschäftsordnungen oder aber diese werden direkt von der Verfassung bestimmt. Neben der Tatsache, dass das BVerfG nur auf Anrufung tätig werden kann, ist es aufgrund dieser gesetzlichen Regelung eigentlich kein selbständiges Verfassungsorgan (und damit streng genommen auch kein *institutional veto player*). Auf der anderen Seite sprechen seine Kompetenzen – u. a. die Möglichkeit, Entscheidungen von Verfassungsorganen aufzuheben – dafür, es dennoch als Verfassungsorgan und damit als institutionellen Vetospieler anzusehen.

einer Medaille beschrieben und ist konstituierend für die Frage, ob eine Absorption des BVerfG durch parteipolitische Vetospieler überhaupt möglich ist. Denn nur wenn eine politische Einflussnahme vorhanden ist, kann eine Absorption überhaupt in Betracht gezogen werden.

Bezogen auf den erstgenannten Aspekt der Politisierung waren die Regelungen zur Wahl der Bundesverfassungsrichter aus Art. 94 GG und § 3 bis 10 BVerfGG „bereits im Gesetzgebungsverfahren strittig und sie [sind] es bis heute geblieben" (Neumann 1999). Die Tatsache, dass die Phase der Vorentscheidung der Richterwahl gesetzlich nicht geregelt ist und „seit den 70er Jahren […] nicht mehr vom Wahlausschuß selbst, sondern von einer Arbeitsgruppe getroffen [wird], in der die Fraktionsführungen einen größeren Einfluß als die Mitglieder des Wahlausschusses zu haben scheinen" (Neumann 1999; vgl. Landfried 2006: 233 f.), wird oft als „Hinterzimmerpolitik" (Gusy 1989: 1633) bezeichnet. Eingespielte Arrangements zwischen den beiden Volksparteien führen zudem dazu, dass CDU/CSU und SPD sich ein Besetzungsrecht für je vier Stellen in jedem Senat zugestehen, wobei ein Übereinkommen besteht, „dass von den vier Stellen drei mit Parteiangehörigen und die vierte mit einer parteilosen, aber der jeweiligen Partei nahestehenden Person zu besetzen sind" (Neumann 1999).[22] Die Berücksichtigung der Interessen der kleineren Parteien erfolgt in Absprache mit den beiden großen (siehe Fußnote 31). Lamprecht (1996: 72) beschreibt Wahl und Auswahl der Richter treffend:

> „Der Weg der Richter nach Karlsruhe ist geheimnisumwittert. Ihre Auslese ist streng vertraulich, ihre Biographie der Öffentlichkeit oft unbekannt, ihre Wahl wird in kleinem Kreise abgesprochen: Wenn die höchsten Richter der Republik neu zu bestimmen sind, wird […], wie manche Kritiker meinen, die Verfassung vorübergehend außer Kraft gesetzt."

Kerschner (1998) geht sogar soweit, die Wahl der Bundesverfassungsrichter als „undemokratischer als die Papstwahl" zu bezeichnen.

Neben diesen Wahlmechanismen, welche die Verflechtung zwischen Politik und Justiz aufzeigen, kann auch die Analyse richterlicher Handlungsmotive Hinweise auf politische Einflüsse im BVerfG geben. Unter anderem aufgrund der Tatsache, dass das BVerfGG (§ 18) es den Verfassungsrichtern nicht untersagt, Mit-

---

22 Dieser Proporz kann als Hinweis darauf gelten, dass die beiden Volksparteien beabsichtigen, „Richter der eigenen gesellschaftspolitischen Grundeinstellung für das Gericht auszuwählen" (Landfried 2006: 234) und ist somit auch ein Hinweis darauf, dass in politischen Kreisen davon ausgegangen wird, dass parteiliche Zugehörigkeiten oder die Unterstützung durch eine Partei die Urteilsfindung der Verfassungsrichter beeinflussen können.

glied einer Partei zu sein, müssen neben anderen Faktoren auch parteipolitische Präferenzen als Entscheidungsgrundlagen in Betracht gezogen werden. Empirisch konnte die Bedeutung dieser Präferenzen u. a. anhand einer Studie von Landfried (1984) belegt werden.[23] Zudem geht Hönnige (2007: 201) davon aus, dass sich auch anhand der Verwendung des Minderheitenvotums Rückschlüsse auf den Einfluss politischer Zugehörigkeit oder Nähe zu einer Partei ziehen lassen und vermutet, dass „politische Einstellungen der Richter am Bundesverfassungsgericht [...] für die Urteilsfindungen eine zentrale Rolle spielen".[24]

Der somit unterstellten politischen Prägung der Justiz steht die These der Justizialisierung der Gesetzgebung gegenüber. Mit ihr ist die „Verlagerung politischer Entscheidungsfunktionen auf das BVerfG" gemeint (Landfried 1984: 10). Jedoch ist nicht allein die Tatsache, dass Verfassungsgerichte über die Zulässigkeit von Gesetzen vor dem Hintergrund verfassungsmäßiger Dispositionen entscheiden, für die Annahme einer Justizialisierung der Politik ausschlaggebend, sondern vielmehr diejenige, dass die Judikative sich mittelbar aktiv am Gesetzgebungsprozess beteiligen kann, indem sie dem Gesetzgeber inhaltliche und zeitliche Vorgaben macht. „Damit werden zwar erneute Niederlagen des Gesetzgebers vor dem Bundesverfassungsgericht vermieden. Auf die Dauer gesehen kann aber der Gesetzgeber seine politische Verantwortlichkeit verlieren und unter die Vormundschaft des Bundesverfassungsgerichts geraten" (Starck 1976: 27).

Relativiert wird die Hypothese durch die Tatsache, dass die Exekutive selbst bei einem großen Einfluss des Gerichtes nicht machtlos ist, da sie sehr wohl die Möglichkeit hat, ihre Entscheidungen so auszugestalten und juristisch prüfen zu lassen, dass die Chance einer Niederlage vor dem Verfassungsgericht minimiert wird (Landfried 1984). Auch Verhandlungen mit der Opposition oder der Bundesratsmehrheit können darüber hinaus eine Klage verhindern (Vanberg 1998). Außerdem besteht für die Regierung die Möglichkeit, die Umsetzung verfassungsgerichtlicher Rechtsprechung hinauszögern, indem sie die Urteile nicht oder in verzögerter Weise implementiert (Vanberg 2005; Epstein/Knigt/Shvetsova 2001).

---

23   Interviews mit Verfassungsrichtern aus dem Jahr 1983 ergaben, dass die Mehrheit der Befragten (11 von 16) der Ansicht war, dass persönliche Einstellungen Einfluss auf richterliche Entscheidungen haben. Neun der befragten Richter gaben zudem an, dass ihrer Meinung nach auch politische Wertvorstellungen in Entscheidungsprozesse einfließen (Landfried 1984: 43). Diese Wertvorstellungen sind allerdings nicht mit einer Fixierung auf parteipolitische Grundsätze gleichzusetzen (Spiegel 2010: 39; Zeit Online 2010).

24   Hönnige stellte fest, dass in 77 % der von ihm analysierten Fälle „die abweichende Meinung von Richtern geschrieben [wurde], die von der unterlegenen Partei nominiert wurden, jedoch in keinem Fall von einem Richter, der von der siegreichen Partei nominiert wurde" (Hönnige 2007: 201).

Stimmt zudem die Annahme, dass Verfassungsrichter von parteipolitischen Präferenzen beeinflusst werden, könnte die Regierungsmehrheit über die Fraktionsführungen (Neumann 1999) zudem über die Wahl der Richter indirekt Einfluss auf Entscheidungen des BVerfG nehmen (Hönnige 2007: 19) und damit einer befürchteten Bevormundung durch die Justiz entgegentreten.[25] Insgesamt kann jedoch davon ausgegangen werden, dass Verfassungsgericht und Gesetzgeber sich gegenseitig ergänzen:

> „Schließlich ist die Verfassungsgerichtsbarkeit der Umschlagplatz, auf dem begründete Ergebnisse der Wissenschaft vom öffentlichen Recht Einfluß auf die Verfassungspraxis gewinnen. Denn das Gerichtsverfahren ist dafür geeignet, rechtswissenschaftliche Überlegungen zu verarbeiten. Dazu sind die politischen Instanzen im Staat wegen des bestehenden Problem- und Entscheidungsdrucks und der ganz anders gearteten Verfahren regelmäßig gar nicht oder nur sehr schwer in der Lage" (Starck 1976: 12).

Bezogen auf die Frage nach dem Einfluss politischer Einstellungen auf die Entscheidungsfindung der Verfassungsrichter gehen wir davon aus, dass ein solcher nur teilweise vorhanden ist und sehen diese für die Absorption des BVerfG notwendige Bedingung daher als teilweise erfüllt an. Wie der folgende Abschnitt anhand zweier Beispielurteile zeigt, reicht die Annahme, dass Verfassungsrichter wenigstens teilweise in ihren Entscheidungen von politischen Affinitäten beeinflusst werden aber nicht aus, um das BVerfG – wie von Tsebelis mit Verweis auf seine Absorptionsregel vorgeschlagen – als Vetospieler zu vernachlässigen. Wir zeigen vielmehr auf, dass selbst in solchen (seltenen) Fällen, in denen Regierungsmehrheit bzw. Bundesratsmehrheit und die Mehrheit der von einer Partei nominierten oder ihr zugehörigen Bundesverfassungsrichter übereinstimmen, das BVerfG dennoch als Vetospieler auftreten kann und keineswegs zwangsläufig absorbiert wird.

Das BVerfG nimmt in der Familienpolitik eine herausragende Stellung ein. Gerlach (2000; 2004b: 363) spricht in diesem Zusammenhang von einer „Ersatzgesetzgebung" des BVerfG, als dessen Ursache sie ein Gestaltungsdefizit der Legislative in familienpolitischen Fragestellungen sieht (vgl. Starck 1976: 24).[26] In sei-

---

25 Dieser Einfluss wird natürlich dadurch geschmälert, dass die Hälfte der Richter vom Bundesrat gewählt wird und Mehrheiten im Bundestag und Bundesrat nicht unbedingt übereinstimmen. Das informelle Arrangement der Volksparteien spricht zudem gegen eine solche Möglichkeit der Einflussnahme.

26 Hierbei muss natürlich berücksichtigt werden, dass das BVerfG nicht selbständig, sondern nur auf Anrufung tätig werden kann. Diese kann initiiert werden über individuelle Verfassungsbe-

ner Rechtsprechung betonte das Gericht seit seinem ersten familienpolitisch relevanten Urteil von 1957 (BVerfGE 6, 55) folgende Argumentationslinien (nach
Gerlach 2000):

- den Schutz der Familie (Art. 6 GG),
- die Gleichheit zwischen den Geschlechtern, Eltern und Kinderlosen sowie zwischen Verheirateten und Ledigen,
- die Erfordernis einer horizontalen Steuergleichheit (bei gleicher Leistungsfähigkeit wird die gleiche Höhe an zu zahlenden Steuern fällig),
- die Erfordernis einer vertikalen Gleichheit (höhere Steuern werden fällig, sobald die Leistungsfähigkeit steigt),
- die Abgrenzung von kinderbezogenen Kosten und privat verursachten (ver-
  meidbaren) Kosten sowie
- den familiengerechten Umbau der sozialen Sicherungssysteme.

Zudem lassen sich zwei Entwicklungslinien bei den Entscheidungen des BVerfG
ausmachen: Bis Ende der 1980er Jahre stellte das Gericht zwar Verbesserungsbe-
darfe fest, überließ dem Gesetzgeber allerdings die inhaltliche und zeitliche Ausgestaltung der notwendigen Gesetzesänderungen weitestgehend. In den 1990er
Jahren wurde die Rechtsprechung des BVerfG in Bezug auf familienpolitische Belange dann konkreter und beinhaltete verbindliche inhaltliche und zeitliche Vorgaben. So definierte es u. a. in seinem Urteil zum Kinderleistungsausgleich von
1998 die genaue Höhe des Existenzminimums, das von der Besteuerung freizustel-
len war (BVerfGE 82, 60). Parallel zur zweiten Entwicklungslinie stellte das Gericht
ab den 1990er Jahren in mehreren Urteilen die familienorientierte Reformbedürf-
tigkeit des sozialen Sicherungssystem dar, so z. B. 1992 bezogen auf die Gesetzliche
Rentenversicherung und 2001 im Pflegeversicherungsurteil. Anhand dieser beiden
Urteile wird im Folgenden die Rolle des BVerfG als Reformen fördernder Vetospieler im Bereich der Familienpolitik analysiert.

---

schwerden oder solche von Gemeinden und Gemeindeverbänden. Außerdem können die Bundesregierung, Landesregierungen, der Bundesrat, ein Drittel der Mitglieder des Bundestages oder die
Volksvertretungen eines Landes das BVerfG anrufen (Art. 93 GG).

3.2   Fallstudien – Urteile zum familiengerechten Umbau
des sozialen Sicherungssystems

Bis Mitte der 1980er Jahre sah die gesetzliche Hinterbliebenenversorgung keine
eigenständigen Rentenansprüche für nicht berufstätige Mütter vor. Das Hinter-
bliebenen- und Erziehungszeitengesetz (HEZG) vom 11. 7. 1985 führte schließlich
zur Anerkennung unbezahlter Familienarbeit – analog zur Erwerbsarbeit, allerdings in geringerem Umfang – in der gesetzlichen Rentenversicherung (GRV)
(Leicht-Scholten 2000: 137 f.).[27] 1992 kam es nach einer Verfassungsklage[28] zu
einem Urteil des BVerfG im Hinblick auf das HEZG und das Kindererzie-
hungsleistungsgesetz (KLG) und auf die darin verankerte Anerkennung von
Kindererziehungszeiten. Das BVerfG erklärte in seiner Entscheidung (sog. Trüm-
merfrauenurteil) die genannten Gesetze zwar für verfassungsgemäß, verpflichtete
den Gesetzgeber allerdings in seiner Urteilsbegründung dazu, „den Mangel des
Rentenversicherungssystems, der in den durch Kindererziehung bedingten Nach-
teilen bei der Altersvorsorge liegt, in weiterem Umfang als bisher auszugleichen"
(BVerfGE 87, 1). Es unterstützte damit die durch die Anklage aufgeworfene Beanstandung einer unzureichenden Anerkennung von Erziehungszeiten in der GRV
(Leicht-Scholten 2000: 138), indem es argumentierte, die fehlende Unterscheidung
zwischen Personen, die aufgrund von Kindererziehung ihre Erwerbstätigkeit un-
terbrechen oder aufgeben und allen anderen Nicht-Erwerbstätigen in der GRV sei
unzulässig, da die Erziehung von Kindern eine „bestandssichernde Bedeutung für
das System der Altersversorgung" habe (BVerfGE 87, 1).[29]
    Die Beschäftigung des BVerfG mit der Anerkennung von Kindererziehungs-
zeiten setzte sich in späteren Urteilen fort, so auch in seiner Entscheidung vom
3. April 2001, in dem allerdings nicht die GRV, sondern die Pflegeversicherung

---

27 Das HEZG wurde vom Gesetzgeber aufgrund der vorangegangenen Entscheidung des BVerfG vom
    12. März 1975 (BVerfGE 39, 169) verabschiedet.
28 Zwei Frauen hatten geklagt, dass in der Rentenversicherung der Kindererziehung ein zu geringer
    Stellenwert beigemessen werde. Sie argumentierten, dass Erziehungszeiten vor dem Hintergrund
    des Generationenvertrags als Basis der GRV „eine den monetären Beiträgen gleichwerte Beitrags-
    form" darstellen (BVerfGE 87, 1).
29 Zu kritisieren ist das Urteil insofern, als dass es nur Elternteile berücksichtigt, die wegen der Kin-
    dererziehung ihre Erwerbstätigkeit unterbrechen, einschränken oder ganz aufgeben, nicht aber
    solche, die Kindererziehung und Berufstätigkeit miteinander vereinbaren wollen. Es fördert damit
    „nur die traditionelle Familienform und lässt gesellschaftliche Entwicklungen, die bei der Verfas-
    sungsinterpretation nach eigener Aussage zwingend zu berücksichtigen sind, vollkommen außer
    Acht." (Leicht-Scholten 2000: 168 f.). Das BVerfG schob also mit diesem Urteil familienpolitische
    Reformen mit re-familiarisierendem Schwerpunkt an.

Gegenstand der Betrachtung wurde.[30] Hier erklärte das BVerfG die Regelungen des Pflegeversicherungsgesetzes, die einen einheitlichen Beitragssatz für Kinderlose und Eltern vorsahen, als unvereinbar mit Art. 3 Abs. 1 i. V. m. Art. 6 Abs. 1 GG und damit als verfassungswidrig (1BvR 1629/94, Abs. 42). Die Begründung: Zwar könne auch von Eltern ein Beitrag verlangt werden. Dieser dürfte allerdings nicht mit dem Kinderloser übereinstimmen, denn „der Gleichheitssatz ist verletzt, wenn der Gesetzgeber es versäumt hat, Ungleichheiten der zu ordnenden Lebenssachverhalte zu berücksichtigen" (Abs. 43). Grund für die Verfassungswidrigkeit der Regelungen sei die Tatsache, dass „der generative Beitrag nicht mehr in der Regel von allen Versicherten erbracht" wird und dies „zu einer spezifischen Belastung kindererziehender Versicherter" führe (Abs. 61).

Wichtig zur Beantwortung der Frage, ob das BVerfG in den Beispielfällen von parteilichen Vetospielern absorbiert wird, oder ob es vielmehr als eigenständiger Vetospieler auftrat, ist nun die Frage, unter welchen Bedingungen die beiden Entscheidungen (jeweils vom Ersten Senat des BVerfG) getroffen wurden. Eine Analyse der Entscheidung von 1992 zeigt, dass sich zum Zeitpunkt des Urteils zwar nur Verfassungsrichter im Ersten Senat befanden, die unter christlich-liberalen Regierungs- und Bundesratsmehrheiten nominiert worden waren. Allerdings war der Senat aufgrund der zwischen den beiden großen Parteien ausgehandelten Proporz-Regelung (Neumann 1999) dennoch paritätisch zwischen der jeweiligen Regierung und der Opposition bzw. der Bundesratsmehr- und -minderheit zum Zeitpunkt der Richterwahl besetzt.[31]

Eine Absorption durch die zum Zeitpunkt der Gesetzesverabschiedung resp. der Urteilsverkündung bestehende Regierungsmehrheit ist daher unter der Annahme, dass die richterlichen Entscheidungen teilweise von ihren parteipolitischen Affinitäten beeinflusst werden, bei der oben dargestellten Besetzung des Senats auszuschließen. Zudem wurden die beiden Gesetze, um die es in der Entscheidung von 1992 geht, unter christlich-liberalen Regierungs- und Bundesratsmehrheiten verabschiedet. Zum Zeitpunkt des Urteils bestand eine Regierungsmehrheit

---

30   Die eingereichte Verfassungsklage wandte sich gegen die Tatsache, dass sich Betreuungs- und Erziehungszeiten bei der Bemessung des Pflegeversicherungsbeitrags nicht auswirkten, so dass Kinderlose und Eltern den gleichen Beitragssatz zahlen mussten (1 BvR 1629/94, Abs. 1).

31   Wie sich in beiden Beispielurteilen zeigt, hat die CDU/CSU-Fraktion der kleineren Koalitionspartei FDP (zum Zeitpunkt der Richterwahl) den Vorzug bei einer Richterstelle gewährt. Auf ähnliche Art und Weise wurde im Jahr 2001 unter einer rot-grünen Regierungskoalition dem kleineren Koalitionspartner ein Richterplatz zugesprochen, der momentan von Brun-Otto Bryde besetzt wird. Er wurde von Bündnis 90/Die Grünen nominiert.

Tabelle 1   Richterliche Parteizugehörigkeit und Nominierung
                     bei der Entscheidung BVerfGE 87, 1

Parteizugehörigkeit/Nominierung	Parteizugehörigkeit/Nominierung
Henschel (FDP)	Dieterich (SPD)
Herzog (CDU)	Grimm (nominiert durch SPD)
Seidl (nominiert durch CSU)	Kühling (SPD)
Söllner (CDU)	Seibert (SPD)

Quelle: Landfried 2006: 237

aus CDU/CSU und FDP, die sich allerdings nicht im Bundesrat widerspiegelte.[32]
Im Vorfeld der Entscheidung erklärte zudem der Bundesminister für Arbeit und
Sozialordnung, Norbert Blüm (CDU), die Regelungen des HEZG und des KLG
verstößen *nicht* gegen das Grundgesetz.[33]

Vor dem Hintergrund einer von uns angenommenen hohen ideologischen zwischenparteilichen Distanz zum Zeitpunkt sowohl der Gesetzesverabschiedung als
auch der Urteilsfindung sowie der Vermutung einer (wenigstens teilweisen) Beeinflussung richterlicher Entscheidungen durch parteipolitische Präferenzen, kann
die Tatsache, dass das Gericht die relevanten Gesetze zwar als verfassungskonform ansieht, dem Gesetzgeber aber dennoch eine schrittweise Verbesserung der
Stellung von Familien in der GRV auferlegt, als Zugeständnis der beiden „Flügel"
innerhalb des Ersten Senats an den jeweils anderen gedeutet werden. Der möglicherweise auf diese Art ausgehandelte Konsens kann daher auch als Erklärung
dafür dienen, dass kein Sondervotum veröffentlicht wurde.[34]

Das BVerfG tritt in diesem Fall durch die Erklärung der Verfassungskonformität des KLG und des HEZG zwar nicht als *„legislation crushing"* (Lhotta 2003: 318)

---

32 Im Gegensatz zum Zeitpunkt der Verabschiedung der beiden relevanten Gesetze stimmten zum
    Zeitpunkt der Urteilsverkündung (1992) Bundestags- und Bundesratsmehrheiten zwar nicht über-
    ein, allerdings ist für die Frage nach der Absorption des BVerfG auch stärker Frage von Bedeutung,
    ob die Mehrheitsverhältnisse zum Zeitpunkt der Gesetzesverabschiedung und der Senatsbesetzung
    zum Zeitpunkt des Urteils übereinstimmen. Dies ist aufgrund der Absprachen der großen Partei-
    en nicht der Fall.

33 Diese Stellungnahme verwundert nicht, da beide Gesetze unter demselben Minister verabschiedet
    wurden.

34 Wir können an dieser Stelle nur annehmen, wie der Entscheidungsprozess abgelaufen sein könn-
    te, da über die internen Prozesse im BVerfG nur wenig bekannt ist. Tsebelis (2002: 228) bezeichnet
    richterliche Entscheidungsprozesse zutreffend als „black box". Allerdings bezieht er Aushandlungs-
    prozesse und Kompromissfindungen auch nicht in seine Überlegungen ein (Merkel 2003: 187).

veto player auf, sondern fungiert vielmehr durch sein „Ja, aber …" als Agenda Setter, indem dem Gesetzgeber den Auftrag zur Optimierung bestehender Regelungen gegeben wird.[35] Bei einer Nicht-Einhaltung der Vorgaben kann allerdings mit einem Veto des BVerfG (nach erneuter Anrufung) gerechnet werden. Das Verfassungsgericht steckt somit quasi das *winset* ab, im Bereich dessen anschließend Verhandlungen anderer Spieler stattfinden können. Die Tatsache, dass das Verfassungsgericht hier nicht als „gesetzesvernichtender" Vetospieler auftritt, kann allerdings nicht damit begründet werden, dass es absorbiert würde, wie die Zusammensetzung des Senats gezeigt hat. Die Analyse bestätigt also unsere Vermutung, dass das BVerfG, unabhängig von Regierungs- und Bundesratsmehrheiten, als familienpolitischer Vetospieler anzusehen ist. Die Besonderheit bezogen auf die Wirkung seiner Urteile besteht darin, dass es – wie am vorangegangenen Beispiel deutlich wurde – eher politikgestaltend als gesetzesvernichtend tätig wird. Zudem kann es nicht mit anderen Spielern verhandeln und scheint nur in geringem Maße Parteilogiken unterworfen zu sein.

Anders als 1992 bestand zum Zeitpunkt des Urteils von 2001 im entscheidenden Ersten Senat ein Ungleichgewicht zugunsten des „Mitte-Rechts-Flügels", welches durch das frühzeitige Aussteigen des Richters Kühling (SPD) verursacht wurde (1 BvR 1629/94, Abs. 75).

Das in der Entscheidung diskutierte Pflegeversicherungsgesetz wurde am 22.4.1994 unter einer informellen Großen Koalition zwischen christlich-liberaler Bundestagsmehr- und Bundesratsminderheit verabschiedet. Das Urteil erfolgte umgekehrt unter rot-grüner Bundestagsmehr- und Bundesratsminderheit.[36] Die beiden Ministerien, die ihre Stellungnahme abgaben, waren SPD-geführt (Bundesministerium für Arbeit und Sozialordnung – Walter Riester, SPD, und Bundesministerium für Gesundheit – Ulla Schmidt, SPD). Beide hatten das Gesetz zur sozialen Absicherung des Risikos der Pflegebedürftigkeit als verfassungsgemäß bezeichnet (Abs. 18 ff.).

In seinem Urteil gab das BVerfG der Anklage statt und erklärte die bestehende gesetzliche Regelung zur Beitragsbemessung in der Pflegeversicherung als verfassungswidrig. Es ging jedoch nicht soweit, eine Entlastung von Familien durch die Erlassung der Beitragspflicht zu erzwingen, wie es von der Anklage gefordert wor-

---

35 Solche „Ja, aber …"-Entscheidungen finden sich regelmäßig in den Urteilen des Bundesverfassungsgerichts, zuletzt z.B. im Lissabon-Urteil vom 30. Juni 2009 (Spiegel 2010).

36 Die Mehrheitsverhältnisse im Bundesrat entsprachen zwar nicht dieser Konstellation, allerdings gehen wir analog zum ersten Urteil davon aus, dass auch hier die Mehrheitsverhältnisse zum Zeitpunkt der Gesetzesverabschiedung und der Senatsbesetzung zum Zeitpunkt des Urteils ausschlaggebend für die Frage der Absorption sind.

Tabelle 2 Richterliche Parteizugehörigkeit und Nominierung
bei der Entscheidung 1 BvR 1629/94

Parteizugehörigkeit/Nominierung	Parteizugehörigkeit/Nominierung
Papier (CSU)	Hohmann-Dennhardt (SPD)
Haas (CDU)	Jaeger (SPD)
Hömig (nominiert durch FDP)	Hoffmann-Riem (nominiert durch SPD)
Steiner (CDU)	–

Quelle: Landfried 2006: 237

den war (Abs. 16) und gestand dem Gesetzgeber zudem eine Frist von 45 Monaten zur Beseitigung der verfassungswidrigen Regelungen zu (Abs. 69). Hätten die Richter an ihren unterstellten parteipolitischen Präferenzen festgehalten, hätten sie das Gesetz als verfassungskonform einstufen müssen, da es unter einer konservativen Regierung verabschiedet wurde und SPD-geführte Ministerien es als verfassungsgemäß eingestuft hatten. In diesem Fall hätte u. U. von einer Absorption des BVerfG durch die parteipolitischen Vetospieler gesprochen werden können. Obwohl die Regierungsmehrheit zum Zeitpunkt der Gesetzesverabschiedung und die Mehrheit der Richter bei der Ausarbeitung des Urteils übereinstimmten, wurde das BVerfG – entgegen Tsebelis' Annahme (2002: 227) – aber nicht absorbiert und trat vielmehr als eigenständiger, wenn auch kompromissfreudiger Vetospieler auf. Die Erklärung der Verfassungswidrigkeit durch alle Richter des Senats (ohne Veröffentlichung von Sondervoten) deutet zudem darauf hin, dass parteipolitische Einflüsse zwar eine Rolle spielen können, aber nicht als ausschlaggebend für die Entscheidungsfindung gesehen werden dürfen. Lhotta sieht auch in dieser Entscheidung „eine der vielfältigen Tenorierungspraxen, mit denen das BVerfG es seit jeher vermeidet, bloßes *legislation crushing* und damit tatsächliches *veto playing* zu betreiben" (Lhotta 2003: 318).

Die Besonderheit des BVerfG als Vetospieler besteht demnach darin, dass es nicht dem klassischen Verhalten von Vetospielern entspricht, bei denen ein Veto mit einem „Nein" gleichzusetzen ist. Vielmehr existiert im Fall des BVerfG eine differenziertere Vetologik, in der auch ein „Nein, aber …" sowie ein „Ja, aber …" möglich sind. Es kann vermutet werden, dass sich diese unterschiedliche Vetologik durch das spezielle Selbstverständnis der Verfassungsrichter erklären lässt, durch das sie auch zu betonen versuchen, dass ihre Entscheidungsfindung nicht allein auf ihre parteipolitische Affinität zurückzuführen ist. Während die parteipolitischen Vetospieler also eher Aushandlungsprozessen, Wahltaktik und Kompromissen *(vote and office seeking)* unterliegen, dominiert im BVerfG eine Sachorientierung *(policy seeking)*. Oder wie es der Präsident des BVerfG, Andreas Voßkuhle, formuliert: „Wir denken in der Codierung: verfassungsgemäß und nicht verfassungsgemäß. Der binäre Code der Politik heißt dagegen: Wahlen gewinnen – und Verantwortung tragen – oder verlieren" (Spiegel 2010: 40). Dies ist allein schon durch die Tatsache begründet, da die Grundlage ihrer Entscheidungen das Grundgesetz und nicht ein tagespolitisches Geschehen bildet. Zudem ist es dem Bundesverfassungsgericht im Gegensatz zu anderen Vetospielern nicht möglich, durch Aushandlungsprozesse mit anderen Spielern zu seiner Entscheidung zu gelangen. Es richtet sich demnach bei seinen Urteilen nicht nach einem *winset*, sondern bestimmt dies teilweise mit seinen „Ja, aber …" oder „Nein, aber …"-Entscheidungen selbst.

4   Fazit

Unsere Analyse hat demnach gezeigt, dass partisane und institutionelle Vetospieler sich in der Familienpolitik durch ihre hemmende bzw. fördernde Wirkung auf *policy change* sowie durch unterschiedliche Vetologiken auszeichnen. Angewandt auf Tsebelis' Ansatz haben diese Ausführungen sichtbar gemacht, dass eine Verzahnung zwischen den beiden Vetospielertypen existiert (u. a. auch über die – allerdings nicht wie vom Theorem angenommen anwendbare – Absorptionsregel). Für das Verhältnis zwischen dem BVerfG als institutionellem und den Regierungsparteien als parteipolitischen Vetospielern sind in der Familienpolitik allerdings stärker die Unterschiede bezogen auf ihre Vetologik konstituierend. Diese begründen sich auf unterschiedliche Selbstverständnisse und daraus resultierenden Vetologiken der beiden Vetospielertypen: Während die Parteien eben nicht nur – wie von Tsebelis vereinfacht angenommen – nach *policy,* sondern auch nach *vote* und *office*-Aspekten entscheiden, ist beim BVerfG eine stärkere *policy*-Ausrichtung bzw. Sachorientierung zu beobachten. Natürlich wird auch im BVerfG ausgehandelt und bei den Parteien nach Sachfragen entschieden. Aber die Gewichtung scheint eine andere zu sein. Zudem kann das BVerfG im Gegensatz zu den Parteien einer „Ja, aber …" bzw. „Nein, aber …"-Logik folgen und dadurch das *winset,* welches sich bei den partisanen Vetospielern normalerweise in Verhandlungsprozessen herausbildet, abstecken. Dieses *winset* gilt anschließend – unter Vetodrohung bei der Überschreitung der aufgezeigten Grenzen – als Verhandlungsmasse für die anderen Vetospieler. Daher ergeben sich auch für die Familienpolitik unterschiedliche Konsequenzen im Sinne einer fördernden oder hemmenden Auswirkung der

Entscheidungen der beiden Vetospieler. Dies konnte anhand der untersuchten Beispiele verdeutlicht und sollte bei einer Übertragung des Vetospielertheorems auf Policy-Analysen berücksichtigt werden.

Im Hinblick auf parteipolitische Vetospieler in der Familienpolitik haben wir zudem festgestellt, dass die hohe zwischenparteiliche Kongruenz als Grund dafür gewertet werden kann, dass zwei durch ihre ideologische Aufladung auf Reformen hemmend wirkende Vetospieler in einem gewissen Maß auch zu fördernden Vetospielern werden können, wie sich am Beispiel der Großen Koalition gezeigt hat: Entgegen der Parteidifferenzthese wurden seit 2005 weiter reichende Reformen durchgeführt, als unter vorangegangenen Koalitionen, in denen die beteiligten Parteien eine stärkere ideologischen Nähe aufwiesen. Der von uns herausgestellte *vote-seeking*-Aspekt in der Entscheidungsfindung der parteipolitischen Vetospieler hat allerdings auch gezeigt, dass die Kongruenz im Wahlkampf niedriger ausfallen kann, als in anschließenden Koalitionen. Zudem führt die grundsätzlich konstatierte erhöhte Kongruenz auch zu einer geringeren Kohäsion, wodurch die Bereitschaft zur Veränderung des Status quo verringert werden kann.

In Bezug auf den institutionellen Vetospieler BVerfG konnten wir mit unserer Analyse aufzeigen, dass die von Tsebelis angewandte Absorptionsregel aufgrund der paritätischen Besetzung der Senate relativiert werden muss. Zudem haben die Fallbeispiele gezeigt, dass die binäre Vetologik (zwischen einem klaren „Ja" und einem klaren „Nein") nicht die einzige Möglichkeit eines Vetos darstellt. So kann selbst ein „Ja" als Veto gedeutet werden, sobald es, wie im untersuchten Beispiel des Urteils von 1992 vom BVerfG in ein „Ja, aber …" umgewandelt wurde. Somit kann das BVerfG sowohl durch ein „Ja", als auch durch ein „Nein" zum relevanten Gesetz politikgestaltend wirken und ist damit auf jeden Fall mehr als ein „Quasi-Vetospieler".

Die Ergebnisse dieses Beitrags können auch für die Übertragung auf andere Politikbereiche oder andere Wohlfahrtssysteme hilfreich sein. Denn einige von der Vetospielertheorie aufgeworfene Elemente sind noch immer nicht ausreichend empirisch untersucht. Bezüglich der Kohäsion von Vetospielern konstatiert Jochem (2003: 19) beispielsweise: „The internal cohesion (in the words of Tsebelis) seems to be one of the most urgent research questions in the contemporary research of welfare state reforms". Auch für den Bereich der Kongruenz sollten Forschungen aus anderen Wohlfahrtssystemen einbezogen werden. Im Fall der schwedischen Familienpolitik bestehen beispielsweise weiterhin recht hohe Parteidifferenzen. Bis zur Einführung des Betreuungsgeldes durch die konservative Regierung war die schwedische Familienpolitik eher von einer Defamiliarisierung gekennzeichnet, welche von den Sozialdemokraten verfolgt und – im Rahmen der konsensualen

Regierungspraktiken – von den konservativen Parteien mitgetragen wurde. Hier wäre es interessant zu sehen, wie sich Kongruenz und Kohäsion zueinander verhalten und ob sich neue Konfliktlinien herausbilden. So wäre z. B. zu vermuten, dass die Parteien im Zuge elektoraler Prozesse wieder stärker an ihren Alleinstellungsmerkmalen feilen. Als Folge dessen könnte die zwischenparteiliche Kongruenz sinken.

Bezogen auf die Absorption von Vetospielern wäre die Prüfung der Übertragbarkeit unserer Ergebnisse auf Verfassungsgerichte – bezogen auf ihre Struktur und informelle Regelungen – in anderen Ländern spannend. In Frankreich beispielsweise wird ein Drittel der Verfassungsichter vom Präsidenten der Republik ernannt, ein Drittel vom Präsidenten des Senats und ein Drittel vom Präsidenten der Nationalversammlung. Ähnlich wie in Deutschland ist auch den französischen Verfassungsrichtern eine Parteizugehörigkeit nicht untersagt. Einzige Einschränkung in diesem Bereich: Sie dürfen keine wichtige politische Position innehaben *(poste de responsabilité ou de direction)*. Man könnte sich also – analog zur in Deutschland geäußerten Befürchtung der Politisierung der Justiz – auch für den französischen Fall fragen, ob das Verfassungsgericht von partisanen Vetospielern absorbiert wird. Auch hier müssten – wie in unseren Fallbeispielen – in jedem Fall informelle Regelungen einbezogen werden.

Literatur

Benz, Arthur, 2003: Konstruktive Vetospieler in Mehrebenensystemen, in: Mayntz, Renate/ Streeck, Wolfgang (Hrsg.), 2003: Die Reformierbarkeit der Demokratie, Innovationen und Blockaden, Frankfurt/Main, 205–238.

Bleses, Peter, 2003: Wenig Neues in der Familienpolitik, in: Gohr, Antonia/Seeleib-Kaiser, Martin (Hrsg.), 2003: Sozial- und Wirtschaftspolitik unter Rot-Grün, Wiesbaden, 189–207.

Blum, Sonja, 2008: A Fairytale of Reconciliation? Parental Leave Reforms in Austria and Germany Compared, Paper presented at the Annual ESPAnet Conference, Helsinki, 18.–20. September 2008.

CDU/CSU, 2005: Deutschlands Chancen nutzen. Wachstum. Arbeit. Sicherheit. Regierungsprogramm 2005–2009.

CDU/CSU-SPD, 2005: Gemeinsam für Deutschland. Mit Mut und Menschlichkeit. Koalitionsvertrag von CDU, CSU und SPD. 11. November 2005.

Clasen, Jochen, 2005: Reforming European Welfare States, Germany and the United Kingdom Compared, Oxford.

DVPW, 2006: Kongressnotizen, 23. wissenschaftlicher Kongress der Deutschen Vereinigung für Politische Wissenschaft. Mittwoch, 27. September 2006. [URL: https://www.dvpw. de/fileadmin/docs/Notiz2.pdf] (15.1.09)

Epstein, Lee/Knight, Jack/Shvetsova, Olga, 2001: The Role of Constitutional Courts in the Establishment and Maintenance of Democratic Systems of Government, in: Law & Society Review 35 (2001), 1, 117–163.

FAZ, 2007: Der Union fehlt es an Konservatismus. 5.9.2007.

Frankfurter Rundschau, 2008: Ursula „Super-Nanny". Auf sicherem Boden. 5.6.2008.

Gerlach, Irene, 2000: Politikgestaltung durch das Bundesverfassungsgericht am Beispiel der Familienpolitik, in: Aus Politik und Zeitgeschichte,. B 3-4/2000

Gerlach, Irene, 2004a: Die Familienpolitik der rot-grünen Koalition,. in: Gewerkschaftliche Monatshefte 2004 (7-8), 411–418.

Gerlach, Irene, 2004b: Familienpolitik, Wiesbaden.

Gerlach, Irene, 2005: Allgemeininteressen in Verhandlungssystemen, Zu den Defiziten familienpolitischer Interessenvertretung, In: Althammer, Jörg (Hrsg.), 2005: Familienpolitik und soziale Sicherung, Festschrift für Heinz Lampert, Berlin, Heidelberg, New York, 57–81.

Gerlach, Irene, 2006: Familienpolitik unter der Großen Koalition, in: Gellner, Winand/Reichinger, Martin (Hrsg.), 2005: Die neuen deutsch-amerikanischen Beziehungen, Nationale Befindlichkeiten zwischen supranationalen Visionen und internationalen Realitäten, Baden-Baden, 93–105.

Gusy, Christoph, 1989: Das Parlament als Wahlorgan, Gesetzgeber und Prozeßpartei im Verhältnis zum Bundesverfassungsgericht, in: Schneider, Hans-Peter/Zeh, Wolfgang (Hrsg.), 1989: Parlamentsrecht und Parlamentspraxis, Berlin, 1619–1656.

Henninger, Annette/Wimbauer, Christine/Dombrowski, Rosine, 2008: Demography as a Push toward Gender Equality? Current Reforms of German Family Policy, in: Social Politics, International Studies in Gender, State & Society, 15 (2008), 3, 287–314.

Henninger, Annette/von Wahl, Angelika, 2009: Das Umspielen von Veto-Spielern. Wie eine konservative Familienministerin den Familialismus des deutschen Wohlfahrtsstaates unterminiert, Beitrag zur Konferenz „Bilanz der Großen Koalition" im Haus der Wissenschaft, Bremen, 26./27. März 2009.

Hönnige, Christoph, 2007: Verfassungsgericht, Regierung und Opposition. Die vergleichende Analyse eines Spannungsdreiecks, Wiesbaden.

Kerschner, Helmut, 1998: Selbst die Papstwahl ist demokratischer, Verfassungsrichter werden von einer geheimen Kungelrunde der Parteien ausgesucht, in: Süddeutsche Zeitung vom 7.12.1998.

Lamprecht, Rolf, 1996: Vom Mythos der Unabhängigkeit, Über das Dasein und Sosein der deutschen Richter, Baden-Baden.

Landfried, Christine, 1984: Bundesverfassungsgericht und Gesetzgeber, Wirkungen der Verfassungsrechtsprechung auf parlamentarische Willensbildung und soziale Realität, Baden-Baden.

Landfried, Christine, 2006: Die Wahl der Bundesverfassungsrichter und ihre Folgen für die Legitimität der Verfassungsgerichtsbarkeit, in: van Ooyen, Robert Chr./Möllers, Martin H. W. (Hrsg.), 2006: Das Bundesverfassungsgericht im politischen System, Wiesbaden.

Leicht-Scholten, Carmen, 2000: Das Recht auf Gleichberechtigung im Grundgesetz, Die Entscheidungen des Bundesverfassungsgerichtes von 1949 bis heute, Frankfurt/New York.

Leitner, Sigrid, 2007: Vorfahrt für Familie? Zur Familienpolitik der großen Koalition in Deutschland, in: Intervention, 4 (2007), 1, 22–27.

Leitner, Sigrid, 2008: Warum wir endlich bekommen haben, was wir schon so lange brauchen, in: Zeitschrift für Sozialreform 2008, 2, 209–220.

Lhotta, Roland, 2003: Das Bundesverfassungsgericht und die „Generationengerechtigkeit", in: Gohr, Antonia/Seeleib-Kaiser, Martin (Hrsg.), 2003: Sozial- und Wirtschaftspolitik unter Rot-Grün, Wiesbaden, 307–358.

Lietzmann, Hans J., 2006: Kontingenz und Geheimnis, Die Veröffentlichung der Sondervoten beim Bundesverfassungsgericht, in: van Ooyen, Robert Chr./Möllers, Martin H. W. (Hrsg.), 2006: Das Bundesverfassungsgericht im politischen System, Wiesbaden.

Merkel, Wolfgang, 2003: Institutionen und Reformpolitik: Drei Fallstudien zur Vetospieler-Theorie, in: Egle, Christoph/Ostheim, Tobias/Zohlnhöfer, Reimut (Hrsg.), 2003: Das rot-grüne Projekt, Eine Bilanz der Regierung Schröder 1998–2002, Wiesbaden, 163–190.

Merkel, Wolfgang, 2007: Durchregieren? Reformblockaden und Reformchancen in Deutschland, in: Kocka, Jürgen (Hrsg.), 2007: Zukunftsfähigkeit Deutschlands, Sozialwissenschaftliche Essays, WZB-Jahrbuch 2006, 27–45.

Müller, Wolfgang C./Strøm, Kaare, 1999: Policy, Office or votes? How Political Parties in Western Europe Make Hard Decisions, Cambridge.

Münch, Ursula, 1990: Familienpolitik in der Bundesrepublik Deutschland. Maßnahmen, Defizite, Organisation familienpolitischer Staatstätigkeit, Freiburg/Breisgau.

Muno, Wolfgang, 2002: Von der Blockade zur Reformpolitik, Vetospieler und Reformkoalitionen in Uruguay. In: Lateinamerika-Analyse 2002, 3, 29–62.

Neumann, Volker, 1999: Die Wahl der Bundesverfassungsrichter – „undemokratischer als die Papstwahl"?, in: Betrifft Justiz 59 (September 1999), 97–102.

Reutlinger General-Anzeiger, 2006: Die drängenden Probleme anpacken. 1. 2. 2006.

Ristau-Winkler, Malte, 2005: Der ökonomische Charme der Familie, in: Aus Politik und Zeitgeschichte, 2005, 23-24, 16–23.

SPD, 1998: Arbeit, Innovation und Gerechtigkeit. SPD-Programm für die Bundestagswahl 1998. Beschluß des außerordentlichen Parteitages der SPD am 17. April 1998 in Leipzig. Bonn.

SPD, 2002: Erneuerung und Zusammenhalt – Wir in Deutschland. Regierungsprogramm 2002–2006.

SPD, 2005: Vertrauen in Deutschland. Das Wahlmanifest der SPD.

SPD-Bündnis 90/Die Grünen, 1998: Aufbruch und Erneuerung – Deutschlands Weg ins 21. Jahrhundert. Koalitionsvereinbarung zwischen der Sozialdemokratischen Partei Deutschlands und Bündnis 90/Die Grünen, 20. Oktober 1998, Bonn.

Spiegel Online, 2006: Stoiber nimmt sich Beck und Struck vor. [URL: http://www.spiegel.de/politik/deutschland/0,1518,441529,00.html] (9. 10. 2006)

Spiegel, Der, 2007a: Familie macht glücklich. 30. 7. 2007.

Spiegel, Der, 2007b: Der Familienkrach. 26. 2. 2007.

Spiegel, Der, 2010: Spiegel-Gespräch „Waffengeklirre im Hintergrund". 15. 3. 2010.

Starck, Christian, 1976: Das Bundesverfassungsgericht im politischen Prozeß der Bundesrepublik, Tübingen.

Stoiber, Michael, 2008: Politische Führung und Vetospieler: Einschränkungen exekutiver Regierungsmacht, in: Holtmann, Everhard/Patzelt, Werner J. (Hrsg.), 2008: Führen Regierungen tatsächlich? Zur Praxis gouvernementalen Handelns, Wiesbaden, 35–58.

Süddeutsche, 2006a: Gegen das „Wickelvolontariat". 27.4.2006.

Süddeutsche 2006b: Der große Kuhhandel. 27.4.2006.

Süddeutsche, 2007: Unmut über von der Leyen. 29.7.2007.

Strohmeier, Gerd Andreas, 2003: Zwischen Gewaltenteilung und Reformstau: Wie viele Vetospieler braucht das Land? In: Aus Politik und Zeitgeschichte, 2003, B 51.

Tsebelis, George, 1995: Decision Making in Political Systems: Veto Players in Presidentialism, Parliamentarism, Multicameralism and Multipartyism, in: British Journal of Political Science, 25 (1995), 289–325.

Tsebelis, George, 2002: Veto Players. How Political Institutions Work, Princeton.

Vallée, Tim, 2008: Das Bundesverfassungsgericht im politischen System Deutschlands – Zur Frage der Justizialisierung der Politik, in: Politik und Gesellschaft, Forum für junge Politikwissenschaft. 1/2008, Bonn, 6–37.

Vanberg, Georg, 1998: Abstract Judicial Review, Legislative Bargaining, and Policy Compromise, in: Journal of Theoretical Politics 10 (1998), 3, 299–326.

Vanberg, Georg, 2005: Verfassungsgerichtsbarkeit und Gesetzgebung, Zum politischen Spielraum des Bundesverfassungsgerichts. in: Ganghof, Steffen/Manow, Philip (Hrsg.), 2005: Mechanismen der Politik – Strategische Interaktion im deutschen Regierungssystem, Frankfurt/Main, 183–214.

Welt Online, 2004: Die Bäume der CDU ... wachsen auch nicht in den Himmel, denn Deutschland ist schwer reformierbar. [URL: http://www.welt.de/print-welt/article326186/Die_Baeume_der_CDU.html] (9.7.2004).

Zeit Online, 2008: Kehrtwende ins Unmögliche. [http://www.zeit.de/online/2007/45/betreuungsgeld] (4.1.2008)

Zeit Online 2010: Der Mann, der schweigt. [URL: http://www.zeit.de/2010/12/Verfassungsgericht-Vosskuhle] (18.3.2010)

Parteien als kollektive Vetospieler
Die Absorptionsregel nach Tsebelis und die Besonderheiten des deutschen Bikameralismus

Karen Bogdanski

1 Einleitung

Die Bundesrepublik steht mit ihren Eigenarten des Föderalismus in der Literatur zur Reformfähigkeit oft an der Spitze der politischen Systeme mit den größten Blockadepotenzialen.[1] In einer Vielzahl von Politikfeldern, wie der Steuerpolitik oder der Gesundheitspolitik, zeigen sich diese Potentiale regelmäßig, indem Reformen verhindert oder abgeschwächt werden. Nach Lehmbruch ergibt sich das Blockadepotential aus dem Zusammenprall von zwei verschiedenen Logiken: Das nach den Prinzipien der Konkurrenzdemokratie etablierte Parteiensystem steht der Konkordanzdemokratie des bundesdeutschen Föderalismus gegenüber (Lehmbruch 2000: 19–27). Für die Politikgestaltung sind vor allem auch die jeweiligen, häufig voneinander abweichenden Mehrheitsverhältnisse im Bundestag und Bundesrat relevant. Die Bedeutung der Parteipolitik auf der einen und die Länderinteressen auf der anderen Seite stellen für den Bundesrat und die in ihm vertretenen Länder immer wieder eine Herausforderung im Entscheidungsprozess bei zustimmungspflichtigen Gesetzen dar. Die von George Tsebelis formulierte Vetospielertheorie bietet die Möglichkeit, das Zusammenspiel von institutionellen und parteipolitischen Akteuren wie etwa die Gewichtung der Länderkammer im politischen System Deutschlands zu erfassen und politische Prozesse zu analysieren.

Ein Bestandteil der Theorie Tsebelis' ist die Absorptionsregel, die es erlaubt, den Bundesrat als eigenständigen Vetospieler bei der Analyse zu vernachlässigen, wenn in der Länderkammer die Mehrheitsverhältnisse denen im Bundestag entsprechen (Tsebelis 2002: 78–81, 136–160). Doch eine solche Absorption wirft Fragen auf, die sich zum einen auf die Funktion des Bundesrats, zum anderen auch auf die Organisationsstruktur der Parteien beziehen. Denn die Absorptionsregel

---

[1] Schmidt 2002: 76–83, Scharpf et al. 1976: 20–36, Strohmeier 2003: 17, zur Diskussion siehe auch: Merkel 2003: 167, Manow/Burkhart o. J.: 3–4.

setzt voraus, dass im Bundesrat parteipolitisches Abstimmungsverhalten vorzufinden ist und außerdem, dass Parteien über eine solch ausgeprägt interne Kohäsion
verfügen,[2] dass die Ziele und Interessen ihrer Entscheidungsträger in den staatlichen Institutionen auf unterschiedlichen Ebenen identisch sind. Tsebelis selbst hat
die Absorptionsregel insofern präzisiert, als dass er nicht einfach eine parteipolitische Übereinstimmung überprüft, sondern auch die interne Kohäsion der Parteien als zusätzliche Variable zumindest zulässt: „A prior question for the case of
Germany is whether parties are cohesive to be considered as having the same preferences in both chambers" (Tsebelis 2002: 145, Fn. 7).

Diese Annahmen sollen im vorliegenden Artikel anhand des Fallbeispiels zum
Abstimmungsverhalten der Ländervertretungen im Bundesrat für das „Gesetz zur
Abwehr von Gefahren des internationalen Terrorismus durch das Bundeskriminalamt" im November 2008 analysiert werden. Das zuvor vom Bundestag – genauer:
mit den Stimmen der Regierungskoalition – verabschiedete so genannte BKA-Gesetz wurde von der Länderkammer nicht angenommen, obwohl die Parteien der
Großen Koalition hier die Mehrheit hielten. In diesem Beitrag wird zunächst das
Fallbeispiel knapp dargestellt. Im Anschluss werden die für die Analyse von Parteien und ihrem Verhalten wichtigen Aspekte der Vetospielertheorie beschrieben.
Die Organisationsstruktur der SPD ist Gegenstand des nachfolgenden Abschnitts.
Hierbei geht es um die interne Struktur, die Einbindung von Parteien in die staatlichen Institutionen und die Auswirkungen von inneren Strukturen und verschiedenen Funktionen auf die Steuerungsmöglichkeiten im politischen Prozess. Daran
anschließend wird die Rolle, die Parteien im Bundesrat erfüllen und deren Konsequenzen für den Bundesrat als Vetospieler diskutiert, wobei insbesondere auf
den besonderen Charakter des Bundesrats als Länderkammer eingegangen wird.
Bilanzierend wird dargestellt, welche Bedeutung dies für Gesetzgebungsprozesse
hat und welche Konsequenzen sich hieraus für die Policy-Forschung ergeben bzw.
an welchen Stellen die Vetospieler-Theorie für die Zwecke der Politikfeldanalyse
ergänzt werden muss.

2   Das Fallbeispiel BKA-Gesetz

„Es ist eines der umstrittensten Projekte der Großen Koalition", so schrieb Spiegel Online im November 2008 über das BKA-Gesetz (Spiegel Online 2008a), als

---

2   Kohäsion meint die „[…] similarity of policy positions of the constituent units of each veto player"
    (Tsebelis/Rasch 1995: 301).

es kurz vor der Entscheidung im Bundesrat stand. Der von den Fraktionen der CDU/CSU und der SPD eingebrachte und von der Bundesregierung mitgetragene Gesetzentwurf sollte dem Bundeskriminalamt (BKA) neue Befugnisse bei der Abwehr von terroristischen Gefahren übertragen. Der Fokus lag hierbei auf der Gefahrenabwehr und sollte dem BKA unter anderem ermöglichen verdeckte Eingriffe in informationstechnische Systeme, die so genannten Online-Zugriffe, vorzunehmen.

Der im Vorfeld errungene Kompromiss zwischen Innenminister Wolfgang Schäuble (CDU) und Justizministerin Brigitte Zypries (SPD) beinhaltete bereits den Wunsch der Sozialdemokraten nach einer Aufgabentrennung von Polizei und Nachrichtendiensten. Die SPD zeigte sich von vornherein skeptisch gegenüber den Plänen Schäubles. Die Opposition kritisierte das Gesetz mit unterschiedlichen Begründungen, Einstimmigkeit herrschte allerdings in den Zweifeln über die Verfassungskonformität des Gesetzentwurfs. Die kritischen Aussagen reichten von „einer Umwandlung des BKA in ein deutsches FBI" bis zur Bezeichnung des zukünftigen BKA als eine „Super-Spitzel-Behörde" (Volker Beck (Bündnis 90/Die Grünen) zitiert nach Homepage des Bundestags 2008 (b) und Gisela Piltz (FDP) zitiert nach Polixea Portal 2008).[3] Im Juni 2008 wurde der Gesetzentwurf, federführend gestaltet vom Bundesministerium des Inneren, dem Bundestag vorgelegt. Nach drei Beratungen und der Feststellung der verfassungsrechtlichen Unbedenklichkeit durch den Bundestagsausschuss für Innere Angelegenheiten nahm der Bundestag den Entwurf schließlich an und übersandte ihn an den Bundesrat (Homepage des Bundestags 2008 (c)).

Im Bundesrat hielten die Länder, die von Parteien der Großen Koalition – entweder alleine oder wie in der Koalition auf Bundesebene – geführt wurden, mit 35 Stimmen die Mehrheit. FDP, Bündnis 90/Die Grünen und Die Linke ließen bereits nach der Verweigerung ihrer Zustimmung im Bundestag verlauten, dass sie die unter ihrer Beteiligung geführten Länderregierungen zu einer Enthaltung veranlassen würden.[4] Dadurch, dass der Gesetzentwurf aber mit den Stimmen der Großen Koalition im Bundestag getragen wurde, ging man davon aus, dass er die Länderkammer ohne größere Beanstandung passieren würde. Doch Anfang November brachte der Landesparteitag der SPD in Sachsen kurz vor der Abstimmung im Bundesrat die entscheidende Wende. Der Vorsitzende der Jung-

---

3   Eine weitere Maßnahme, die durch den Kompromiss aus dem Entwurf gestrichen wurden, war das heimliche Betreten der Wohnung für die Installation von technischen Anlagen zur Überwachung, außerdem umstritten war die Auskunftspflicht aller Personengruppen.

4   Die Stimmenthaltung ist bei Differenzen zwischen den Regierungsvertretern eines Bundeslandes üblich. Siehe hierzu Rudzio 2003: 321.

sozialisten (Jusos), Holger Mann, reichte einen Antrag auf Enthaltung in der Länderkammer ein. Die Kritik der Jungorganisation der SPD richtete sich vor allem gegen die geplanten Online-Durchsuchungen und Videoüberwachungen. Dieser Antrag wurde vom Landesparteitag angenommen. Der sächsische SPD-Parteichef und Minister für Wirtschaft und Arbeit Thomas Jurk sah sich an den Beschluss gebunden und kündigte eine Stimmenthaltung im Bundesrat an (Polixea Portal 2008; Hamburger Abendblatt 2008).

Sachsen hielt vier Stimmen im Bundesrat, bei einer Enthaltung würde die erforderliche Mehrheit für die Verkündigung des Gesetzes nicht zu Stande kommen. Michael Kretschmer, Generalsekretär der sächsischen CDU, warf der SPD vor, sie wäre ein „Sicherheitsrisiko für das Land" (Hamburger Abendblatt 2008), notwendige Maßnahmen für die Gefahrenabwehr würden aufgrund der „pubertären Beschlüsse irgendwelcher Jungsozialisten" (Spiegel Online 2008a) verhindert. CDU-Generalsekretär Ronald Pofalla betonte, dass es eine klare Vereinbarung mit der SPD auf Bundesebene gebe. Während das Nein der Sachsen bereits feststand, übte man sich in den Ländern Sachsen-Anhalt, Brandenburg, Mecklenburg-Vorpommern und Schleswig-Holstein in Zurückhaltung bezüglich der Stimmabgabe (Spiegel Online 2008b).

In der Bundesratssitzung am 28. November 2008 fand das Gesetz zur Abwehr von Gefahren des internationalen Terrorismus durch das Bundeskriminalamt schließlich keine Mehrheit, auch die Anrufung des Vermittlungsausschusses wurde zunächst verweigert. Wolfgang Böhmer (CDU), Ministerpräsident des Landes Sachsen-Anhalt, betonte im Anschluss an die Abstimmung seine Enttäuschung über das Ergebnis. Er verwies darauf, dass es sich bei der Verweigerung der Zustimmung „formal um einen Konflikt zwischen den Ländern und der Bundesregierung, in Wirklichkeit aber um einen solchen innerhalb des Koalitionspartners" (Homepage des Bundesrats (b)) handele. Schließlich wurde doch der Vermittlungsausschuss einberufen, der eine Änderung des Gesetzentwurfs in einigen Punkten vorschlug. Unter anderem sollten Online-Durchsuchungen ausnahmslos nur mit richterlicher Genehmigung möglich sein. Bundestag wie auch Bundesrat stimmten dem geänderten Gesetzentwurf schließlich zu (Homepage des Bundesrats (c); Homepage des Bundesrats (d)).

3   Parteien in der Vetospieler-Theorie nach Tsebelis

Die Vetospielertheorie nach George Tsebelis kann äußerst hilfreich sein, wenn es darum geht, die relevanten Vetospieler in einem politischen System generell oder in einem speziellen politischen Prozess zu identifizieren und ihre Einflussmöglichkeiten bei der Entstehung von politischen Entscheidungen zu analysieren. Tsebelis' Anspruch war es ursprünglich, politische Systeme vergleichbar zu machen, indem er Vetospieler als unabhängige Variablen behandelt und das Ausmaß der Veränderung vom Status quo als abhängige Variable. Als Vetospieler definiert Tsebelis dabei Akteure, deren Zustimmung für eine Veränderung des Status quo notwendig ist. Die Zustimmung hängt dabei davon ab, ob sich die vorgeschlagene Policy im so genannten Winset der beteiligten Vetospieler befindet, also für alle Beteiligten akzeptabel ist, da sie ihren eigentlichen Wünschen zumindest ein Stück weit entgegen kommt. Das Zustandekommen von politischen Entscheidungen, vor allem das von Gesetzen, ist zum einen abhängig von den Präferenzen, die ein Entscheidungsträger hat, zum anderen aber auch von den institutionellen Rahmenbedingungen, die den Entscheidungsspielraum einzelner Vetospieler – und vor allem deren Blockadepotential – vorgeben. Im Allgemeinen wird durch eine größere Anzahl der Vetospieler die Wahrscheinlichkeit eines Politikstillstandes verstärkt. In föderalistisch organisierten Staaten erhöht die zusätzliche Ebene die Anzahl der Vetospieler, was die Veränderung des Status quo erschwert (Tsebelis 2002: 17–18, 136–137; Strohmeier 2005: 11).

Die Vetospielertheorie soll hier nicht im Detail ausgeführt werden, vielmehr geht es um die Besonderheiten des Bikameralismus, auf die George Tsebelis in seinen Ausführungen eingeht. Im Allgemeinen handelt es sich bei der zweiten Kammer einer Legislative um einen zusätzlichen Vetospieler, der mit seinem Vetopotential dazu beitragen kann, dass sich die Wahrscheinlichkeit eines Politikstillstandes erhöht.[5] Nach Tsebelis kann die Analyse von Reformprozessen folgendermaßen gegliedert werden (Tsebelis 2002: 80):[6]

---

5 Föderalistische Staaten haben im Allgemeinen mehr Vetospieler als unitaristisch organisierte. Da sich der Föderalismus eines Landes zusätzlich oft in der Etablierung einer zweiten Kammer niederschlägt, wird die Anzahl der Vetospieler durch den Bikameralismus zudem erhöht. Siehe hierzu: Tsebelis 2002: 136.

6 Die dargestellte Form der Vetospielertheorie bezieht sich auf die für den Bundesrat bezüglich des BKA-Gesetzes relevanten Punkte. Dies geschieht, da die Vetospielertheorie nach Tsebelis um einiges umfassender ist, als für die Analyse des Bundesrates im konkreten Fallbeispiel notwendig ist. Aus Gründen der Übersichtlichkeit werden deshalb hier nicht die vollständigen Ausführungen dargestellt, sondern nur die, die für die Diskussion des Falles maßgeblich sind.

1. Identifizierung der institutionellen Vetospieler im mehrdimensionalen Raum

Innerhalb eines politischen Systems können zunächst verschiedene Vetospieler identifiziert werden. Von besonderer Bedeutung sind hierbei die institutionellen Vetospieler, die verfassungsrechtlich verankert sind.[7] Für Deutschland ist im Gesetzgebungsprozess zum einen der Bundestag, der über ein Verhältniswahlrecht konstituiert wird und von einem Vielparteiensystem mit üblicherweise starker parteiinterner Kohäsion geprägt ist, von besonderer Bedeutung. Maßgeblich für die Analyse des BKA-Gesetzes ist aber aufgrund des Bikameralismus in der Bundesrepublik die Beachtung des Bundesrats als Vetospieler. Innerhalb der relevanten Institutionen können dann parteipolitische Vetospieler ausgemacht werden, deren Anzahl maßgebliche Auswirkungen auf das Auftreten des institutionellen Vetospielers im politischen Prozess hat.

Ungeachtet der wissenschaftlichen Debatte, ob es sich beim Bundesrat um eine wirkliche zweite Kammer handelt[8], weist Tsebelis dem Bundesrat in seiner Analyse und Einordnung der zweiten Kammern verschiedener politischer System keine gesonderte Stellung zu. Er vernachlässigt die besonderen Charakteristika des Bundesrats und reduziert ihn auf seine Vetomacht im Gesetzgebungsprozess.

2. Einteilung der Vetospieler in individuelle und kollektive Akteure

In einem zweiten Schritt unterscheidet Tsebelis zwischen individuellen und kollektiven Vetospielern. Der Bundesrat – und ebenso der Bundestag – lässt sich in die Kategorie der kollektiven Vetospieler einordnen. Die Entscheidungen der Länderkammer basiert auf den Präferenzen der delegierten Regierungsmitglieder der Bundesländer, die sich aber in einer gemeinsamen Entscheidung, nämlich der Annahme oder Ablehnung eines Gesetzesentwurfs aus dem Bundestag, manifestiert.[9] Bei kollektiven Vetospielern ergeben sich allerdings zwei Probleme: Zum einen ist es für solche Vetospieler wesentlich schwieriger, ihre Position, mit

---

7   Zudem merkt Tsebelis an, dass neben der verfassungsrechtlichen Verankerung auch die faktische Vetomacht von Bedeutung ist, um eine Institution als Vetospieler zu zählen. Bei Bundestag und Bundesrat ist dies aber bezüglich des BKA-Gesetzes grundsätzlich der Fall. Siehe hierzu: Tsebelis/ Rasch 1995: 304.

8   Der Bundesrat ist deshalb ein ungewöhnliches, wenn nicht sogar „einzigartiges Organ" (Escheburg, zitiert nach Rudzio 2003: 320), weil er zum einen nicht gleichberechtigt neben der Ersten Kammer steht, sondern nur über eingeschränkte Kompetenzen verfügt, aber vor allem, da er die Landesregierung in Deutschland repräsentiert und somit nur indirekt demokratisch legitimiert ist. Siehe hierzu Rudzio 2003: 319, Borchardt 2002: 98–99.

9   Dies bezieht sich auf den Gesetzgebungsprozess bei zustimmungspflichtigen Gesetzen.

der sie in einen politischen Aushandlungs- und Entscheidungsprozess gehen, zu bestimmen. Diese Position wird auch durch den internen Entscheidungsprozess bestimmt, also beispielsweise ob Entscheidungen einstimmig, nach einer qualifizierten oder einer einfachen Mehrheit beschlossen werden. Zum anderen wirkt sich eine Entscheidung, die nicht einstimmig beschlossen wurde, unter Umständen auf die Position des Vetospielers im politischen Prozess aus: In einem solchen Fall ist die Position eines Vetospielers im politischen Willensbildungsprozess nicht widerspruchsfrei, da sie nicht von allen Einheiten des kollektiven Vetospielers getragen wird (Tsebelis 2002: 18, 39).

Allerdings stellen auch die parteipolitischen Vetospieler kollektive Vetospieler dar. Es können also, abhängig vom Grad der internen Kohäsion, die gleichen Probleme bei parteipolitischen wie bei institutionellen Vetospielern auftreten. Dem können allerdings Mechanismen wie die Fraktionsdisziplin im Bundestag entgegenwirken und einen parteipolitischen Vetospieler entscheidungs- und handlungsfähig und zudem für andere Vetospieler berechenbarer machen. Eine Garantie für parteipolitisch konformes Abstimmungsverhalten bietet die interne Kohäsion einer Partei allerdings nicht. Zwar lässt sich der Bundesrat ebenfalls als kollektiven Vetospieler einordnen, in seinen Entscheidungsprozess wirken allerdings nicht primär parteipolitische Vetospieler ein. Vielmehr stehen hier die Vertreter der Länderregierungen als kollektive Vetospieler im Vordergrund. Aber auch diese Konstellation kann zu ähnlichen Problemen im Abstimmungsprozess führen.

3. Überprüfung der Möglichkeit einer Anwendung der Absorptionsregel

Jeder Vetospieler verfügt über einen Idealpunkt in einem bestimmten Politikfeld. Dieser wird ergänzt durch eine Vielzahl von abweichenden Punkten, die vom Idealpunkt eine mehr oder weniger große Distanz aufweisen, allerdings immer noch zu den für den Vetospieler akzeptablen Veränderungen gehören. Tsebelis führt die Möglichkeit an, dass diese akzeptablen Veränderungen des Status quo von einem bestimmten Vetospieler sich mit denen eines anderen Vetospielers decken können. In diesem Fall besteht die Möglichkeit, den zweiten Vetospieler zu absorbieren, das heißt, er wird nicht als Vetospieler gezählt, da seine akzeptablen Veränderungen bereits im Winset aller Vetospieler vorhanden sind. Während Tsebelis dies in seinen theoretischen Ausführungen zunächst lediglich im Zusammenhang mit individuellen Vetospielern betrachtet, geht er bei der Betrachtung verschiedener Regimetypen explizit auch auf den Bundesrat ein (siehe hierzu: Tsebelis 2002: 38, 78). Strohmeier verdeutlicht die Bedingungen, zu denen eine Absorption des Bundesrats notwendig ist: „Existieren in parlamentarischen Regierungssystemen zweite Kammern, die über eine faktische Vetomacht verfügen, so hängt es nach Tsebelis von ihrer parteipolitischen Besetzung ab, ob sie als Vetospieler gezählt oder absorbiert werden." (Strohmeier 2005: 16; s. 2005: 15–18) [10]

Betrachtet man die Zusammensetzung von Bundestag und Bundesrat zur Zeit der Abstimmungen über das BKA-Gesetz, wird deutlich, dass sich die Mehrheitsverhältnisse glichen: Im Bundestag verfügte die Große Koalition mit 445 der insgesamt 612 Sitze über die absolute Mehrheit (Homepage des Bundestags (a)). Im Bundesrat betrugen die Stimmen der Länder, die nur durch die Parteien der Großen Koalition entweder alleine oder in einer Koalitionen geführt wurden, 35 von 69. Somit verfügten auch in diesem Organ die Mitglieder der Parteien von CDU, CSU und SPD über die absolute, wenn auch knappe Mehrheit (Homepage des Bundesrats (a)). Demnach sind der Theorie Tsebelis' folgend, die Bedingungen für eine Absorption hier erfüllt und der Bundesrat dürfte nicht als Vetospieler gewertet werden – die Kohäsion der Parteien vorausgesetzt. Allerdings zeigt das Fallbeispiel deutlich, dass die Regel einer einfachen Absorption aufgrund formal gleicher Mehrheiten durchbrochen werden kann. Der Frage nach einer Sinnhaftigkeit der Absorption aufgrund parteipolitischer Zugehörigkeit der Stimmträger wird daher im Folgenden nachgegangen.

4   Die SPD als Vetospieler

4.1   Organisationsstruktur

Parteien stellen nach George Tsebelis kollektive Akteure dar, die im Politikprozess je nach Einbettung in politische Institutionen als Vetospieler angesehen werden können. Doch mit der Kategorisierung von Parteien als Kollektive stellt sich die Frage nach der internen Kohäsion, die durch Kollektivität dieser Akteure bedingt ist. Kohäsion besteht nicht nur in einer Nähe der inhaltlichen Positionen der einzelnen Parteimitglieder, sondern wird auch durch Regeln bis zu einem gewissen Grad erzeugt und sichergestellt. Um Parteien und ihre interne Kohäsion zu analysieren, ist es daher notwendig, ihre Struktur zu berücksichtigen. Für die Analyse der internen Kohäsion greift die Parteienforschung auf die neuere Organisationsforschung zurück, die vor allem die Vielgestaltigkeit und die Unübersichtlichkeit

---

10   Die Absorptionsregel führt Tsebelis im Kapitel über „Individual Veto Players" an, während er im Kapitel „Collective Veto Players" diese Regel zunächst nicht erwähnt. Allerdings wendet er die Absorptionsregel im Kapitel über Regime auf das deutsche System an.

der Parteien in den Fokus rückt (Alemann 2003: 129). Charakteristisch sind hierfür vor allem der „Wildwuchs" (Alemann 2003: 129) von Gremien in den Parteien und die diffizilen Entscheidungsstrukturen.[11]

Diese Strukturen machen eine innere und äußere Lenkung und Gestaltung erst möglich und tragen so zur Funktionserfüllung von Parteien bei, denn sie bestimmen das Handeln der Mitglieder und machen die Partei gleichzeitig auch als kollektive Akteure handlungsfähig. Dabei ist zu berücksichtigen, dass bei mitgliederstarken Parteien wie der SPD die Organisationsstruktur durch Einheiten gekennzeichnet ist, die sich sowohl vertikal als auch horizontal durch die Partei ziehen und durch diverse Verbindungslinien miteinander verknüpft sind. Die Beziehungen und Interaktionen zwischen den verschiedenen Einheiten können durchaus anarchische Züge aufweisen und negative Auswirkungen auf die Steuerungsfähigkeit haben. Grund hierfür ist unter anderem, dass die Einheiten unterschiedlichen internen und externen Anspruchsgruppen verpflichtet sind, auf die im weiteren Verlauf eingegangen wird. Wie eine Partei diese Einheiten organisieren kann, stellt also ein entscheidendes Kriterium für ihren politischen Erfolg dar (Degg/Weibler 2005: 29; Jun 2007: 393; Schmid/Zolleis 2005a: 282).

Für die Analyse des Gesetzgebungsprozesses im Falle des BKA-Gesetzes ist die Einheit der Parteielite der SPD wichtig, da diese für das Abstimmungsverhalten der SPD im Gesetzgebungsprozess von besonderer Bedeutung ist. Die Elite einer Partei bezeichnet hierbei eine strategische Position, „auf deren Inhaber die Macht zur Einflussnahme delegiert wurde" (Rebenstorf 2005: 118). Im engen Sinne müssten als Parteielite auch die Parteitage gelten, aber da diese meist nur einmal im Jahr stattfinden, politische Entscheidungen der Partei aber das ganze Jahr über getroffen werden, ist es ein kleinerer Kreis von Funktionsträgern, der die Parteielite ausmacht. Dieser hat durch seine Delegation und Wahl das Recht, politische Positionierungen der Partei im Namen aller Mitglieder durchzuführen und entsprechend zu handeln. Dadurch verschwimmen die Grenzen zwischen der Partei, die ein Funktionsträger repräsentieren soll und dem Funktionsträger an sich und es findet eine Gleichsetzung statt. So wird im politischen Prozess eine Partei dadurch identifiziert, welche Position ihre Funktionsträger beziehen. Und obwohl diese sich der Wiederwahl stellen müssen und damit auf die innerparteiliche Unterstützung angewiesen sind, hat das multivektorielle Feld zwischen den verschiedenen Anspruchsgruppen, in dem sie sich tagtäglich bewegen und dessen verschiede-

---

11 Den Analysen von Parteien als Organisationen ist gemein, dass diese als Sonderformen von Organisationen angesehen werden. Dies führt dazu, dass eine Vergleichbarkeit mit anderen Organisationen verwehrt bleibt.

nen Erwartungen sie versuchen gerecht zu werden, Auswirkungen auf die Handlungs- und Entscheidungsspielräume (Rebenstorf 2005: 114–116; Wiesendahl 2006:
105–106; Lösche/Walter 1992: 192–195).

So muss auch im BKA-Gesetzgebungsprozess beachtet werden, dass die Aussage von CDU-Generalsekretär Ronald Pofalla, es gebe eine Abmachung mit der
SPD-Bundesebene, eben nur als eine solche mit der Bundesebene und deren Funktionären angesehen werden kann. Auch wenn solche Absprachen aus Gründen der
Rationalität und Effizienz im politischen Tagesgeschäft durchaus üblich und häufig
auch angemessen sind, vernachlässigt die mit einer solchen Aussage getätigte Annahme einer internen Kohäsion einer Partei ihre tatsächliche Organisationsstruktur, unabhängig davon, ob es sich um die SPD oder eine andere Volkspartei in
Deutschland handelt. Denn Parteiführungen können bei dem Versuch, Unterstützung innerhalb der Partei zu erreichen, also Kohäsion zu erzielen, auf unterschiedliche Widerstände stoßen, was unter anderem in der Binnendifferenzierung einer
Partei begründet ist. Der organisatorisch schmale Aufbau der Volksparteien – eine
breite Parteibasis und eine geringe Anzahl derer, die zur Parteielite zu zählen sind –
und die damit verbundene fehlende Einbindung der Mehrheit der Parteimitglieder
in die organisatorische Arbeit der Partei ermöglicht es, dass die Mitgliedereinbindung bezüglich der Erarbeitung von politischen Inhalten nicht übermäßig stark
sein muss. Dies führt auf der einen Seite zu einer wachsenden Distanz der Parteiführung von der Basis, auf der anderen Seite ermöglicht es aber auch eine größere
Handlungsautonomie der Parteielite (Detterbeck 2005: 63).

In der Parteienforschung werden verschiedene Modelle zur Einordnung der
Organisationsstruktur von Parteien angeboten.[12] Im Fall der SPD wird häufig auf
das Modell der „lose verkoppelten Anarchie" nach Lösche und Walter Bezug genommen. Mit dieser Bezeichnung grenzen sie die SPD der Nachkriegszeit von der
„kohärent strukturierten Solidargemeinschaft der Weimarer Republik" (Lösche
2004: 112) ab und heben die vertikalen und horizontalen Einheiten innerhalb der
SPD und ihre „dysfunktionale Segmentierung" (Lösche/Walter 1992: 174) hervor.
Dies trifft zum einen auf die verschiedenen Ebenen und ihre Autonomie zu, aber
auch auf die innerparteilichen Interessengruppen und damit die Jusos. Diese Gliederung beinhaltet, dass es nicht nur eine Willensbildung von oben nach unten
gibt, sondern durchaus auch eine von unten nach oben, wie es im Übrigen dem
demokratischen Selbstverständnis der Partei entspricht. Durch die unstruktu-

---

12 Wiesendahl stellt drei Modelle vor: Parteien als offene und durchlässige Sozialgebilde nach Eldersveld, die lose verkoppelte, organisierte Anarchie nach Wiesendahl und das „Rational-Efficient-
    Modell" bzw. „Party-Democracy-Modell" nach Wright. Siehe hierzu: Wiesendahl 2006: 105–108.

rierte Willensbildung innerhalb der SPD gibt es nach Lösche und Walter keine Ausrichtung auf nur ein Ziel, was sich zum einen in einer deutlichen Dezentralisation und auch Flexibilität niederschlägt, zum anderen aber auch Fragen nach einer effizienten Steuerung der gesamten Partei aufwirft (Lösche 2004: 112; Lösche/Walter 1992: 174).

Anarchie bedeutet in diesem Zusammenhang auch, dass die Diskussions- und Entscheidungsprozesse nicht nach festen Mustern ablaufen, sondern „ständigem Wechsel und permanenter Veränderung unterworfen" (Lösche/Walter 1992: 198) sind. Darauf wirkt auch die variierende Teilnahme der Mitglieder und Funktionäre am Parteileben ein, was sich sowohl auf die Quantität der Teilnahme, als auch auf deren Qualität bezieht. All dies führt zu einer „strukturellen Fragmentierung und Entkoppelung einzelner Parteisegmente" (Lösche/Walter 1992: 198). Die Autonomie der Parteielite gegenüber der Mitgliederbasis umfasst hierbei vor allem die Bundes- und die Länderebene (Lösche/Walter 1992: 197).

Die „lose verkoppelte Anarchie" der SPD geht auf die Organisationsreform des Stuttgarter Parteitags von 1958 zurück. Neben der programmatischen Erneuerung setzte sich mit der Aufhebung des Vorrangs der Parteiorganisation gegenüber der Fraktion im Bundestag und ebenso einer sozialdemokratischen Regierung die Parlamentarisierung der SPD durch. Dieser Prozess beinhaltete nicht nur das Zurücktreten der Parteiorganisation, sondern auch ihre Anpassung an das parlamentarische Regierungssystem und seine Funktionsweise. Demnach formuliert der Teil der Partei im Parlament, also die Fraktion, Politikinhalte, vermittelt diese an die Öffentlichkeit und drängt die Partei und ihre Organisation in den Hintergrund. Mit dieser Entwicklung wurden die Vielfalt, aber auch die Widersprüchlichkeit und die Komplexität innerhalb der Partei vorangetrieben, was schließlich charakteristisch für die SPD werden sollte. Auch die Entkoppelung der Bundespartei und der darunter liegenden Gebietsverbände wurde immer stärker (Lösche/Walter 1992: 186–189; Schüttemeyer 1999: 57–58).

Nach Lösche kann mit dem Konzept der „lose verkoppelten Anarchie" die SPD noch bis in die 1980er Jahre beschrieben werden. Seither kann die SPD eher als eine „große Koalition von lokalen und regionalen Parteiorganisationen, von verschiedenen innerparteilichen Interessengruppen, den Arbeitsgemeinschaften, von traditionellen Parteiflügeln, von Patronagemaschinen und von ad hoc gebildeten innerparteilichen Bürgerinitiativen" (Lösche 2004: 112) gesehen werden. So muss für die Gebietsverbände, Arbeitsgemeinschaften und die verschiedenen Flügel konstatiert werden, dass hier an die Stelle des „Ausfüllens" der Autonomie eher Lähmung getreten ist. Auch die demokratischen Strukturen der Einbindung der Basis und ihrer politischen Ideen werden marginalisiert, anstelle dessen werden

immer mehr politische Inhalte von oben eingebracht. Dies ist nicht einer Veränderung der Organisationsstrukturen gezollt, sondern vor allem dem Wegbrechen
eines Großteils der Basis aufgrund einer deutlich schrumpfenden Mitgliederstärke
der Partei. Die Autonomie der Parteielemente bleibt hiervon unberührt, es verschiebt sich lediglich die Stärke und damit die Bedeutung der jeweiligen Gruppierungen (Lösche 2004: 112–113).[13]

Trotz alledem sind auch in der SPD zusammenführende Kräfte und ein gewisses Maß an Kohäsion vorhanden und auch durchaus wirksam, andernfalls wäre
eine Existenz der SPD als Volkspartei nicht denkbar. Wichtig für diese Kohäsion
sind das Bestreben, Wahlen zu gewinnen, Macht aufzubauen und zu erhalten und
bestimmte Politikinhalte umzusetzen sowie als Grundlage dieser Bestrebung ein
Vorrat an gemeinsam geteilten Werten. Doch die Entkoppelung von Parteiorganisation und Fraktion zeigt sich vor allem in der Einbindung und Arbeit der Parteimitglieder und -funktionäre in staatliche Institutionen, die mit externen Kräften
auf die interne Kohäsion der Partei einwirken (Lösche/Walter 1992: 199–200).

4.2   Einbindung in Institutionen

Auch eine Fraktion im Parlament ist ein Element einer Partei, deren Ansichten
nicht immer deckungsgleich zur restlichen Partei sind. Allerdings hat die Fraktion
im Vergleich zu anderen Gruppen einer Partei eine herausgehobene Stellung, die
bei der SPD vor allem durch die Parlamentarisierung seit den 1960er Jahren be-
deutend geworden ist. Ähnliche Entwicklungen gibt es aber auch bei anderen Parteien. Andererseits ist die Fraktion auch von der Partei abhängig und kann damit
als „verlängerter Arm" (Oberreuter et al. 2000: 17) der Partei im Parlament angesehen werden. Es besteht also eine nicht zu verleugnende und nicht zu unter-
schätzende, ambivalente Bedeutung der Parteiorganisationen für die Abgeordneten.[14] Als individuelle Akteure wirken die Mitglieder einer Fraktion im politischen
Prozess maßgeblich mit, auch wenn versucht wird, ihnen nach dem Grundgesetz
geltenden Freiheiten durch den Fraktionszwang entgegen zu steuern. Für die teils

---

13   Zusätzliche Veränderungen betreffen die Parteiumwelt: Die fortschreitende Medialisierung führt
     durch die stärkere Berücksichtigung des Nachrichtenfaktors „Persönlichkeit" zu einer Fokussie-
     rung auf die Parteieliten.
14   Während sich Lösche und Walter in ihren Argumentationen auf die Parlamentarisierung der SPD
     und der damit verbunden Entkoppelung von Fraktionen und Parteien stützen, finden sich in ande-
     ren Quellen auch Angaben zur Bedeutung der Parteien für die Fraktionen. Siehe hierzu: Schütte-
     meyer 1999: 39.

außerparlamentarischen Parteieliten stellt das Handeln im Parlament oder in der Regierung einen zentralen Bezugspunkt für die Umsetzung ihrer politischen Ziele dar, wohingegen Parlamentarier in Koalitionen und anderen zwischenpartei- lichen Verhandlungen die erforderliche Handlungsfreiheit zu bewahren versuchen (Rebenstorf 2005: 121). Im Extremfall kann dies auch eine Kluft zwischen Partei und Fraktion bewirken, wenn sich ihre politischen Ziele nicht decken (Oberreuter et al. 2000: 14–17).

Die Einbindung der Parteien in staatliche Institutionen bewirkt in nicht weni- gen Fällen ein Dilemma, bei dem sich die Abgeordneten zwischen den Interessen und Zielen der Partei und ihrer Mitglieder und der Notwendigkeit zur Kompro- missfindung im politischen Entscheidungsprozess eines Parlamentes wiederfinden (Detterbeck 2005: 74). Die Ämterkumulation bei den Parteien verdeutlicht diese „Janusköpfigkeit" (Detterbeck 2005: 74) der Parteien. Denn in der Regel sind Kanz- ler beziehungsweise Ministerpräsidenten auch die Vorsitzenden ihrer Partei auf Bundes- beziehungsweise Landesebene. Sie haben sowohl ein Interesse, auf der entsprechenden Ebene auf die Politik einzuwirken, als auch die parteiinternen Be- schlüsse zu steuern und unterliegen dem Zwang, auf die Partei und ihre Beschlüs- se bis zu einem gewissen Grad Rücksicht zu nehmen (Rebenstorf 2005: 123). Der deutsche Föderalismus eröffnet noch zusätzliche Möglichkeiten der Einbindung in Institutionen und sorgt außerdem etwa durch die Bedeutung des Bundesrats bei zustimmungspflichtigen Gesetzen für weitere Konfliktlinien zwischen den Amts- und Mandatsträgern der verschieden Gebietsebenen und staatlichen Institutionen (Decker 2007: 39).

Schließlich darf – obwohl die Parteien zur Beachtung demokratischer Mindest- standards verpflichtet sind – der Aspekt des Strebens nach Machtsicherung und politischem Einflusses bei Politikern nicht unterschätzt werden. Unter den Mit- gliedern der Parteieliten ist im Vergleich zur Masse der Parteimitglieder der Anteil der Policy-Seeker sicherlich kleiner als der der Office-Seeker.[15] Diese Verteilung hat auch Auswirkungen auf die Strategieentwicklung und -fähigkeit einer Partei.

---

15   Als Office-Seeker werden diejenigen Parteimitglieder angesehen, die sich in der Partei vorwiegend engagieren, um ihre eigene politische Karriere voranzutreiben, während die Policy-Seeker eher an der Umsetzung konkreter politischer Ziele interessiert sind. Siehe hierzu: Wiesendahl 2006: 4.

4.3   Strategiefähigkeit und Steuerungsmöglichkeiten

Nicht nur die Einbindung der Parteien in die Institutionen auf staatlicher Ebene
und ihre teils anarchische Struktur bergen eine Reihe von Konfliktpotentia-
len. Schon die Parteien an sich finden sich zwischen verschiedenen Logiken und
damit auch Ansprüchen, denen sie versuchen gerecht zu werden, gefangen. Als
grundsätzlich kann hierfür das Dilemma der zum Teil widersprüchlichen Mit-
gliedschaftslogik, also der Interessen der Mitglieder, und der Einflusslogik, die
die externe Durchsetzung der Interessen der Partei beschreibt, angesehen werden
(Alemann 2003: 133). Die Partei wird dabei sowohl intern, als auch extern mit unterschiedlichen Spannungsfeldern konfrontiert. So müssen außerhalb der Partei
verschiedene gesellschaftliche Cleavages strategisch repräsentiert werden, was sich
angesichts der chaotischen Umwelt, die von Pluralismus und der Mediengesell-
schaft geprägt wird, oft als schwierig erweist. Intern muss strategisch die Zentralisierung und das Management der Partei unter den anarchischen Bedingungen
von zum Teil stark divergierenden Interessenskonflikten und der Mikropolitik innerhalb der Partei gelingen (Schmid/Zolleis 2005b: 10). Diese Spannungsfelder
macht der Verlauf des Gesetzgebungsprozesses des BKA-Gesetzes deutlich und
deckt die Einschränkungen, unter denen die Absorptionsregel angewendet werden muss, auf.

Nach Tsebelis kann der Bundesrat als Vetospieler dann absorbiert werden,
wenn es bezüglich der hierin vertretenen Parteien eine identische Mehrheit zu der
im Bundestag gibt. Die Problematik der innerparteilichen Kohäsion in diesem Fall
wird von ihm nur am Rande erwähnt. Der organisatorische Aufbau einer Partei,
die Rückkoppelung der Parteispitze an die Basis und die Steuerungsmöglichkeiten
der Eliten ist jedoch entscheidend dafür, ob die Annahme einer solchen Absorption überhaupt möglich ist. Das grundsätzliche Problem, das die Darstellung der
Strukturen von Parteien, insbesondere der SPD gezeigt hat, ist die fundamentale Organisationsschwäche von Parteien. Es fehlt an Koordination, Abstimmung
und Zusammenführen von Interessen der Parteimitglieder und der differenzierten
Umwelten der Parteien (Schmidt/Zolleis 2005b: 13). Demnach ist eine klare strategische Ausrichtung von Parteien aufgrund ihrer anarchischen, aber auch demokratischen Grundzüge schwer möglich.

Der Grund für die Ablehnung des BKA-Gesetzes im Bundesrat war vor allem
die angekündigte Stimmenthaltung der sozialdemokratischen Regierungsvertreter
aus Sachsen, obwohl die Fraktion der SPD im Bundestag dem Gesetzentwurf zugestimmt hatte. Hier wird deutlich, dass man nicht von *der* Partei sprechen kann.
Der institutionelle Aufbau des politischen Systems der Bundesrepublik bedingt die

Verschränkung von verschiedenen regionalen und funktionellen Ebenen. So sind an einem zustimmungspflichtigen Gesetz zunächst die Ministerien auf Bundesebene beteiligt, da von ihnen ein Großteil der Gesetzesentwürfe stammt. In diesem Vorgang nehmen die Parteien bereits eine wichtige Rolle ein. Denn sie wirken mit ihren Programmen und ihrer Framingkompetenz auf die Initiative von Gesetzesentwürfen und die inhaltliche Ausgestaltung ein (Degg/Weibler 2005: 33–34).

Da auf Bundesebene Koalitionen die Regel darstellen, wird auch der Koalitionspartner in die Formulierung und die inhaltliche Ausgestaltung der Gesetzesentwürfe eingebunden beziehungsweise zumindest frühzeitig informiert, da ansonsten mit seinem Veto zu rechnen ist. Dies erfordert ein hohes Maß an Politikkoordination, das wiederum die Regierungsmitglieder zu situativen Entscheidungen zwingt, um Kompromisse zu finden. Die nötige Handlungsfreiheit hierfür korrespondiert auf der anderen Seite aber wiederum oft nicht mit Beschlüssen der Partei, wie sie auf Parteitagen verabschiedet und somit zumindest von einem Großteil der Parteibasis getragen werden (Detterbeck 2005: 74). Auch beim BKA-Gesetz fand zunächst eine Absprache zwischen Innenminister Schäuble und Justizministerin Zypries statt. Bereits in diesem Stadium gab es Kritik von der SPD, voranging aus den Reihen der Bundestagsfraktion. Damit wird bereits eine Konfliktlinie, mit der eine Partei aufgrund der institutionellen Voraussetzungen umgehen muss, deutlich.

Weiteres Konfliktpotential bietet dann die Bearbeitung und Diskussion in den Ausschüssen und dem Plenarsaal des Bundestages. Die Fraktion einer Partei ist hierbei der maßgebliche Akteur, sie stellt die Ausschussmitglieder und trägt mit ihrem Abstimmungsverhalten maßgeblich zur Annahme oder Ablehnung eines Gesetzesentwurfs bei. Wie bereits dargestellt wird die Fraktion zwar als „verlängerter Arm" (Oberreuter et al. 2000: 17) der Partei im Parlament angesehen, dennoch verfügt sie auch über ein gewisses Maß an Autonomie. Die Koalitionsfraktionen finden sich hier im Spannungsfeld zwischen der Erwartung der Regierung, den ausgearbeiteten Entwurf mitzutragen, den Ansprüchen der Partei auf Verwirklichung der parteipolitischen Ziele und dem freien Mandat der einzelnen Abgeordneten, auch verbunden mit den persönlichen Interessen der Mandatsträger, wieder. Somit gerät auch auf der legislativen Ebene des Bundes die Führungskompetenz der Partei ins Konfliktfeld divergierender Interessen.

Die Beteiligung des Bundesrates am Gesetzgebungsprozess erhöht das Maß an Politikverflechtung noch einmal erheblich. Schließlich beschränkt sich die Frage nach der Strategiefähigkeit einer Partei somit nicht nur auf die Bundesebene, sondern weitet sich aus auf die föderativen Elemente der Bundesrepublik. Denn in die Länderparlamente wirken die Parteien in ähnlicher Weise hinein. Im Bezug auf den Bundesrat ergibt sich dann noch die Besonderheit, dass die Landes*regierungs*-mitglieder in den legislativen Prozess auf Bundesebene eingebunden sind. Daraus folgt, dass eine fortwährende Koordinierung der Fraktionen und Regierungsmit-glieder sowohl auf Bundes- als auch auf Landesebene und der Parteiorganisation nötig ist, um die interne Kohäsion einer Partei sicher zu stellen und im Gesetz-gebungsprozess ein vorhersehbares Abstimmungsverhalten zu bewirken (Herzog 1997: 314–315). Im Fall des BKA-Gesetzes kann von einer solchen Koordinierung innerhalb der SPD aufgrund der deutlichen Versagung in der Länderkammer nicht ausgegangen werden. Die lose verkoppelte Anarchie kommt hier durch die ausgeübte Autonomie der Vertreter der Länderregierungen zum Tragen.

Nichtsdestotrotz muss auch die professionalisierte Politik auf Landes- und Bundesebene die Parteibasis in den politischen Entscheidungsprozess einbinden (Schüttemeyer 1999: 64). Denn ohne diese Responsivität droht der Widerspruch der Mitglieder zur „Unzeit" (Schmid/Zolleis 2005b: 18) und die Partei ihrerseits verfügt kaum über Sanktionspotential, sei es positives oder negatives, um die Par-teibasis zu einem geschlossenen Auftreten in der Öffentlichkeit und in den staat-lichen Institutionen zu bewegen. Bei einer fehlenden Einbindung im Vorhinein, wie beim BKA-Gesetz geschehen, droht dann der Widerspruch während des Ge-setzgebungsprozesses. Unter welchen Umständen parteipolitisches Verhalten im Bundesrat gegeben ist und wie sich dies empirisch manifestieren lässt, wird im Folgenden dargestellt.

5 Parteien und der Bundesrat als Vetospieler

Die Versagung der Zustimmung zu einem Gesetz als letzte Konsequenz eines er-folgreichen Antrags einer Subeinheit einer Partei, wie der Jungorganisation, ist untypisch, werden doch üblicherweise, wie in diesem Fall eigentlich auch, Abspra-chen innerhalb der Partei getroffen und die strategische Linie bei Abstimmungen im Gesetzgebungsprozess so im Vorhinein koordiniert. Das Abstimmungsverhal-ten der Länderregierungen im Bundesrat ist so zumindest einigermaßen verläss-lich im Vorfeld kalkulierbar. Auch Tsebelis sieht durch das Mehrparteiensystem in parlamentarischen Regierungssystemen und die damit verbundene hohe Kohäsion innerhalb der Parteien den Grund für die Möglichkeit einer Absorption der zwei-ten Kammer (Tsebelis/Rasch 1995: 368).

Ministerpräsident Böhmer aus Sachsen-Anhalt machte im Anschluss an die Versagung des BKA-Gesetzes im Bundesrat im November seinen Unmut über das Verhalten der Länder mit SPD-Regierungsbeteiligung deutlich. Er verwies darauf, dass der Bundesrat für innerparteiliche Differenzen nicht vorgesehen sei, sondern die Interessen der Länder im Gesetzgebungsprozess vertreten soll. Die konsequente Schlussfolgerung wäre also, dass er der SPD nicht zugesteht, parteipolitisch abzustimmen, sondern ihre Parteimitglieder im Bundesrat einzig und allein im Interesse des jeweiligen Bundeslandes ihr Votum abzugeben hätten (Homepage des Bundesrats (b)).

Die Grundlage für Tsebelis Absorptionsregel ist eine hohe interne Kohäsion innerhalb der Parteien, die in der ersten und zweiten Kammer der Legislative vorhanden sind. Auf der anderen Seite stellt der Bundesrat mit seiner einzigartigen Konstellation aus Delegierten der Länderregierungen jedoch ein Organ dar, in dem die Interessenartikulation und -durchsetzung der Bundesländer verfassungsrechtlich festgelegt ist und dementsprechend das Verhalten der Stimmträger im Bundesrat determiniert wird (Leunig 2004: 34–35; Borchardt 2002: 96). Wie ist also das Dilemma aus parteipolitischen Interessen auf der einen und dem Landesinteresse auf der anderen Seite bei Abstimmungen im Bundesrat zu bewerten? Stehen sich diese Annahmen zur Entscheidungsgrundlage der Stimmträger gegenüber oder bedingen sie sich vielleicht gegenseitig und widersprechen sie sich unter Umständen gar nicht? Die Beantwortung dieser Fragen ist für die Analyse des vorliegenden Fallbeispiels von fundamentaler Bedeutung, da gerade hier, auch bedingt durch die knappen Mehrheitsverhältnisse, die Diskussion über die Motivation des Abstimmungsverhaltens neu aufgelegt wurde. Hierdurch ergeben sich wichtige Erkenntnisse darüber, in wieweit die Absorptionsregel von Tsebelis auf den deutschen Fall überhaupt anwendbar ist.

Die Grundlagen für das Abstimmungsverhalten der Mitglieder des Bundesrats sind im Grundgesetz festgelegt. Borchardt (2002) hat anhand dieser Grundlagen aus staatsrechtlicher Sicht ermittelt, in wie weit parteipolitisches Verhalten zulässig ist. Zunächst geht er auf die Intention des Verfassungsgebers ein, der den Bundesrat als einen „Gegenpol" (Borchardt 2002: 95) und ein „Widerlager zur Parteipolitik des Bundestags" (Borchardt 2002: 96) sieht. Während der Bundesrat als ein Organ der Länder auf Bundesebene fungiert und den Länderwillen auf Bundesebene zum Ausdruck bringen soll, findet man im Grundgesetz auch keinen Hinweis auf ein mögliches parteipolitisches Verhalten der Bundesratsmitglieder. Dementsprechend sind es allgemeinpolitische Erwägungen, die sie einfließen lassen sollen, was ein parteipolitisches Verhalten durchaus legitimiert (Borchardt 2002: 97).

Die Besonderheit des Bundesrats als zweite Kammer lenkt den Fokus eher auf einen anderen Aspekt: Die Weisungsgebundenheit der Bundesratsmitglieder, das heißt, ihr imperatives Mandat beziehungsweise die Determination der Stimmabgabe durch die Länderregierungen. Die zusätzliche Vorschrift der einheitlichen

Stimmabgabe spricht gegen die Zulässigkeit parteipolitischen Verhaltens, da nicht die Angehörigkeit zu einer Partei, sondern zur jeweiligen Landesregierung ausschlaggebend ist.[16] Durch den Parlamentarismus haben auch die Landesparlamente, die von den Parteien abhängig sind, Einfluss auf die Anweisungen ihrer Regierungen. Dadurch ergibt sich zwangsläufig eine Durchdringung des Verhaltens der Bundesratsmitglieder mit parteipolitischen Intentionen (Borchardt 2002: 102, 112–114). Gegen eine parteipolitische Durchdringung des Bundesrates sprechen sich jedoch Maunz et al. (2009) aus. Der Wille des Grundgesetzes sei es, dass der Bundesrat die Interessen der Bundesländer vertritt und nicht die der Parteien. Die Aufteilung der Mitglieder des Bundesrates anhand der Länder und nicht der Parteizugehörigkeit macht dies deutlich. Nach Maunz ist somit eine Positionierung der Länder gegenüber dem Bund – und des Bundes gegenüber den Ländern – aufgrund konträrer parteipolitischer Mehrheiten nicht im Sinne des Grundgesetzes. (Maunz et al.: 2009: Art 50. Rn 24–26; Klein 1990: 352; Jahn 1990: 372). Eine Aussage Konrad Adenauers in der jungen Bundesrepublik unterstützt diese Auffassung: „Als wir im Parlamentarischen Rat das Grundgesetz schufen [...], haben wir nicht geglaubt, daß die Länder im Bundesrat Parteipolitik treiben. Damals waren wir noch in der Illusion befangen, die Länderregierungen würden sich loslösen von dem Kampf der Parteien, und wir nahmen an, daß nicht dieselben Parteivorstände oder Fraktionsvorstände, die im Bundestag ihren Einfluß ausüben, dies nun auch im Bundesrat tun würden." (zitiert nach: Der Spiegel 1956: 12) Diese Diskussion um mögliches, wenn auch nicht unbedingt vom Grundgesetz intendiertes, parteipolitisches Abstimmungsverhalten öffnet den Rahmen für die Betrachtung des Umgangs mit den gegebenen institutionellen Bedingungen für die Politikgestaltung.

Denn genauso uneindeutig wie die Abgrenzung von Länderinteressen gegenüber Parteiinteressen ist die Abgrenzung von Interessen des Bundestags und Bundesrats im Gesetzgebungsprozess. Bei der Formulierung von Gesetzesvorlagen durch den Bundestag ist bei einer diametral gegenüberstehenden Mehrheit im Bundesrat die Möglichkeit mit einzubeziehen, dass der Bundestag auf das vermutete Abstimmungsverhalten der Bundesratsmitglieder eingeht. Burkhart und Manow (2006) haben diese Annahme in einer empirischen Analyse überprüft und sind zu dem Ergebnis gekommen, dass sich vor allem in Zeiten einer deutlichen

---

16 Hier verdeutlicht sich auch die doppelte mittelbare Legitimation der Bundesratsmitglieder: Zum einen sind die Landesregierungen nicht direkt demokratisch legitimiert, sondern nur indirekt, was durch die Weisung der Regierung an die Delegierten im Bundesrats noch verstärkt wird. Siehe hierzu: Borchardt 2002: 83.

oppositionellen Bundesratsmehrheit das Blockadepotenzial der zweiten Kammer dahingehend zeigt, dass der Bundestag, beziehungsweise die Regierung, bereits im Vorfeld auf eine Kompromissfindung setzt, da die Wahrscheinlichkeit der Ablehnung eines Gesetzes im Bundesrat andernfalls zu hoch ist. Dies führt zu einer Veto-Antizipation und zeigt sich in der frühen Aufnahme von Gesprächen mit der Opposition und einem entsprechenden Kompromiss bei der Formulierung von Gesetzesentwürfen. Durch den Bundesrat wird somit ein wichtiges Element der Konkordanz im politischen System etabliert (Burkhart/Manow 2006: 11, 21).

Die Veto-Antizipation impliziert aber auch, dass die Regierung manche Gesetzesentwürfe aufgrund der Aussichtslosigkeit einer Kompromissfindung mit der Opposition gar nicht erst in den Gesetzgebungsprozess einbringt. Abstriche bei der Durchsetzungswahrscheinlichkeit müssen vor allem bei unklaren Mehrheitsverhältnissen gemacht werden. Ist das Abstimmungsverhalten der Bundesratsmitglieder nicht sicher vorherzusagen, verschärfen sich die Konfrontationen entlang der parteipolitischen Konfliktlinien (Burkhart/Manow 2006: 21). Tatsächlich scheitern selbst bei einer Mehrheit der Opposition weniger als drei Prozent der Gesetze im Bundesrat endgültig (Burkhart/Manow 2006: 7). Dagegen lassen sich allerdings in der Literatur keine Angaben zur Dauer des Gesetzgebungsprozesses und des Einflusses des Bundesrates hierauf finden.[17] Tsebelis und Rasch vertreten die Ansicht, dass, wenn die Positionen der Kammern bekannt sind, der Prozess der Konsensfindung sehr viel kürzer verlaufen kann und auch Stüwe verdeutlicht in seinen Ausführungen über die Konfliktfähigkeit des Bundesrats die Antizipation dessen Verhaltens von Seiten der Regierung (Tsebelis/Rasch 1995: 384; Stüwe 2004: 29).

Die Diskussion um das parteipolitische Abstimmen der Bundesratsmitglieder ist nicht neu. Seit der Regierung Schmidt/Genscher wurden immer wieder vor allem hoch politische Entscheidungen durch die Länderkammer in den ersten Anläufen verhindert. Dabei darf aber auch nicht aus den Augen verloren werden, dass man Länderinteressen und Parteiinteressen nicht immer als gegensätzlich definieren darf, sondern die Mitglieder von Landesregierungen als Parteimitglieder für gewisse politische Einstellungen stehen und sich diese nicht aus ihrem Abstimmungsverhalten ausklammern lassen (Leunig 2004: 33). Die teilweise autonomen Interessen der einzelnen Ebenen einer Partei kommen hierbei ebenfalls zum Ausdruck.

---

17 Es gibt nur wenig empirische Daten über die Ausübung der Vetomacht des Bundesrats. Die vorhandene Forschung fokussiert sich dazu noch auf die Perioden mit gegenüberstehenden Mehrheiten im Bundestag und Bundesrat. Hier hierzu: Burkhart/Manow 2006: 5.

Diese Problematik erwächst aus der Besonderheit des deutschen Bikameralismus und der daraus resultierenden Zusammensetzung des Bundesrats. Denn als Regierungsmitglieder der Landesregierungen haben die Stimmträger eine besondere Verpflichtung gegenüber ihrem Bundesland. Allerdings sind sie auch gegenüber ihren Parteien verpflichtet, die durch die Wahl der Landtagsabgeordneten und deren Wahl der Länderregierungen einen wesentlichen Teil zur Konstituierung der Legislativen auf föderativer Ebene beitragen. So kann durch diesen deutlichen Einfluss der Parteien bei der Wahl der Länderregierungen und durch die parteipolitischen Mitgliedschaften der Minister und ihrer Präsidenten ein Verhalten im Bundesrat entlang der Parteilinie nicht verwundern. Und da man durch die Verzahnung der Landes- und Bundesparteiorganisationen nicht von einer totalen Separierung dieser ausgehen kann, ist die parteipolitische Stimmabgabe der Bundesratsmitglieder nur eine logische Konsequenz, so zumindest bei den meisten politischen Entscheidungen (Leunig 2004: 34–35).

Diese Herleitung des Abstimmungsverhaltens stützt die Absorptionsregel nach Tsebelis, die aber, wie man im vorliegenden Fallbeispiel sieht, nicht immer greift. Dass ein parteipolitisches Verhalten des Bundesrats legitim und auch logisch begründbar ist, zeigen die oben aufgeführten Punkte. Doch die Erwartungshaltung, dass sich die Stimmträger im Bundesrat entsprechend des Tenors der Bundesparteiführung verhalten, scheint nicht haltbar. Der einzige Grund, der demnach eine Abweichung des Verhaltens begründen könnte, ist der einer fehlenden internen Kohäsion einer Partei.

Das vorliegende Fallbeispiel zeigt einen langen Weg der Kompromissfindung, initiiert von Schäuble und Zypries, gefolgt von umfassenden Verhandlungen innerhalb der Bundestagsgremien und begleitet von einer intensiven veröffentlichten Debatte. Im Bundestag fand sich schließlich eine Mehrheit – auch wenn die Entscheidung von einigen SPD-Abgeordneten zum Teil etwas widerwillig mitgetragen wurde. Die Versagung der Gesetzesvorlage im Bundesrat zeigt nicht unbedingt den Unwillen der sächsischen SPD das BKA-Gesetz aufgrund von Landesinteressen verhindern zu wollen, sondern muss eher als ein Symptom der Inkohärenz der SPD-Mitglieder im Allgemeinen in Bezug auf die Gesetzesvorlage gesehen werden. Der Unmut wurde vom sächsischen Juso-Vorsitzenden formuliert und vom Wirtschaftminister aufgenommen und beherzt in Form einer Stimmenthaltung der sächsischen Regierungsmitglieder im Bundesrat umgesetzt. Hier zeigt sich die Verselbständigung einiger Arbeitsgemeinschaften, in diesem Fall der Jusos, innerhalb der SPD (Alemann/Godewerth 2005: 161).

Eine straffe Organisationsführung und damit das Ausklammern solcher Tendenzen, die in diesem Fall durch die sächsischen Jusos eingebracht wurden, sind

mit der demokratisch-anarchischen Organisationswirklichkeit der Parteien nicht
zu vereinbaren. Obwohl dies in der Öffentlichkeit und in diesem Fall auch deutlich vom Koalitionspartner als fehlende Führungskompetenz der SPD-Spitze angesehen wird, sind solche Entwicklungen aufgrund der Binnendifferenzierung
innerhalb der Partei und der verschiedenen Spannungslinien, die auf die Partei
einwirken, nicht vollkommen wegzudenken (Schmid/Zolleis 2005b: 283; Degg/
Weibler 2005: 24). Sie belegen zwar eine mangelhafte interne Kohärenz, sind aber
auch Grundlage für eine mögliche Erneuerung der Partei. Nach Degg und Weibler
müssen Parteien sogar über eine solche Instabilität verfügen, „andernfalls laufen
sie Gefahr, durch die hohen Wirkungskräfte der Trägheit und Bewahrung zu er-
starren" (Degg/Weibler 2005: 35).

6   Implikationen für die Policy-Forschung

Aushandlungsprozesse verschiedener Akteure finden im politischen Leben ständig
statt. Für die Verabschiedung von Gesetzen und damit einer Veränderung des Status quo sind auf unterschiedlichen Ebenen Vetospieler gefragt, ihr gemeinsames
Winset zu bestimmen, Kompromisse zu finden und somit einen politischen Stillstand zu verhindern. Parteien nehmen in diesem Prozess eine wichtige Rolle ein,
müssen sich allerdings auch mit den institutionellen Rahmenbedingungen ausein-
andersetzen. Die Strategie- und Handlungsfähigkeit einer Partei hat demnach Einfluss auf die politischen Entscheidungsprozesse. Für die Politikfeldanalyse, die sich
mit dem Regierungshandeln, aber auch den Motiven und Wirkungen beschäftigt,
ist es von Bedeutung, welche Ziele eine Partei hat und wie sie diese im politischen
Feld umzusetzen versucht (Schubert/Klein 2007: 231). Die Analyse des Regie-
rungshandelns und der entsprechenden Motive muss also mit der Analyse der Organisationsstruktur und den Handlungsmotiven von Parteien verbunden werden.

Auch wenn Parteien im politischen Tagesgeschäft oft anhand ihrer Funktionsträger positioniert werden, darf dennoch die interne Kohäsion nicht vorausgesetzt werden. Dies würde zwar die Policy-Forschung erleichtern, die tatsächlichen
Organisationsstrukturen der Partei aber außer Acht lassen. Deshalb ist es für die
Analyse von Politikfeldern zum einen von Bedeutung, wie einheitlich die Partei bezüglich eines politischen Issues ist. Dies kann in der Praxis problematisch
sein, da keine Vollerhebung aller Mitglieder möglich ist. Trotzdem kann bei Themen, die innerhalb der Partei Konflikte aufwerfen – wie dies beim BKA-Gesetz
bereits vor der Einbringung des Gesetzesvorschlags in den Bundestag der Fall
war – davon ausgegangen werden, dass dann die interne Kohäsion gering ist. Eine

geringe Kohäsion bezüglich eines politischen Issues erhöht die Wahrscheinlichkeit, dass die Annahme der Absorption eines Vetospielers – wie hier des Bundesrats – nicht legitim ist. Zum anderen muss im föderalen Aufbau der Bundesrepublik aber auch betrachtet werden, wie groß die Distanz zwischen den Gebietsebenen einer Partei und auch zwischen den Parteieliten und ideologischen Einheiten ist. Im Fall des BKA-Gesetzes kann man von einer mangelnden Koordination zwischen den Gebietsebenen der SPD, also zwischen Bundesebene und Landesebene sprechen, denn ansonsten wäre die drohende Stimmabweichung der sächsischen SPD möglicherweise früher im Entscheidungsprozess berücksichtigt und der Gesetzentwurf eher geändert worden. Die Distanz zwischen dem sächsischen SPD-Vorstand und damit auch der Landesregierung und den Jusos kann allerdings als gering betrachtet werden. Denn das – zumindest vorläufige – Scheitern eines Gesetzes aufgrund der Bemühungen der Jungorganisation einer Partei ist als ungewöhnlich einzustufen und ist begründet in dem „Wohlwollen" der Landesregierung, diese Beanstandungen in die Bundesebene einzubringen.

Diese Differenzen innerhalb der SPD im Gesetzgebungsprozess lassen auf eine mangelnde Kohäsion des kollektiven Vetospielers schließen. Nach Tsebelis hat die geringe Kohäsion eines kollektiven Vetospielers zur Folge, dass sich die Wahrscheinlichkeit für einen Politikstillstand verringert. In diesem Fall aber konnte durch die geringe Kohäsion der SPD bezüglich der geplanten Gesetzesänderung das BKA-Gesetz den Bundesrat nicht passieren, es kam also zu einem Stillstand in diesem Politikfeld. Die Kohäsion ist nach Tsebelis ein wichtiger Faktor für die Stabilität eines Regierungssystems. Dabei ist die Kohäsion einer Partei davon abhängig, ob die politischen Ziele der Amts- und Mandatsträger von der Parteibasis mitgetragen werden. Ansonsten kann es zu Einschränkungen bei der Strategie- und Handlungsfähigkeit einer Partei kommen, was sich dann auch auf das Regierungshandeln auswirkt. Der Entkoppelung der Gebietsebenen der Partei und der Parteielite von der Basis muss durch ein ausreichendes Maß an Koordinierung entgegengewirkt werden, um eine Partei als kollektiven Akteur im politischen Prozess ansehen und sein Verhalten einschätzen zu können. Wenn also die Motive und Ziele einer Partei deutlich und kohärent sind und sich auch klar identifizieren lassen, können durch den Einfluss der Partei auf das Regierungshandeln auch zuverlässigere Aussagen über dieses getroffen werden.

Tsebelis führt einen weiteren Grund für einen Politikstillstand an: die Anzahl der Vetospieler. Je mehr es gibt und je weiter diese ideologisch auseinander liegen, desto eher kommt es zu einem Politikstillstand (Tsebelis 2002: 19–24). Im Fall des BKA-Gesetzes hätte man den Bundesrat nach der Absorptionsregel aufgrund der kongruenten Mehrheitsverhältnisse als Vetospieler absorbieren dürfen. Dementsprechend würden weniger Vetospieler im Gesetzgebungsprozess beteiligt gewesen sein und die Wahrscheinlichkeit eines Politikstillstandes wäre geringer gewesen. Faktisch trat der Bundesrat aber sehr wohl als Vetospieler auf und verhinderte den Beschluss des Gesetzes. Die unangebrachte Anwendung der Absorptionsregel im Fall des BKA-Gesetzes und die damit deutlich werdende Einschränkung der Verwendung der Vetospielertheorie für die Politikfelsanalyse lassen sich allerdings umgehen. Hierfür ist es notwendig, dass man für jeden Issue eines Politikfeldes prüft, ob ein Vetospieler in dem zu untersuchenden Fall über eine hohe oder niedrige Kohäsion verfügt. Diese kann sich unter Umständen allerdings auch noch während des Gesetzgebungsprozesses ändern. Lediglich aufgrund des Ergebnisses dieser Kohäsions-Prüfung dürfte es möglich sein zu bestimmen, ob ein Vetospieler absorbiert werden darf, oder nicht. Es muss dabei beachtet werden, ob ein kollektiver Vetospieler nicht möglicherweise über ein so geringes Maß an Kohäsion verfügt, dass eine Anwendung der Absorptionsregel deshalb nicht möglich ist, da der Vetospieler als mehrere Spieler gezählt werden muss, die an unterschiedlichen Punkten im politischen Prozess Vetomacht haben: Die Kohäsion und die Anzahl der Vetospieler stehen damit in einem Wechselverhältnis. Mit einer Erhöhung der Anzahl der Vetospieler vergrößert sich wiederum die Wahrscheinlichkeit des Politikstillstandes. Nach Tsebelis trägt hohe Kohäsion zur Stabilität bei, auf der anderen Seite aber auch eine steigende Anzahl an Vetospielern (Tsebelis 2002: 51–63). In einem Fall, in dem ein kollektiver Vetospieler aufgrund seiner *mangelnden* Kohäsion in mehrere Vetospieler „zerfallen" würde, käme es also zum gleichen Ergebnis, nämlich Stabilität. Diese Abwandlung ist von Tsebelis in seiner Theorie nicht vorgesehen worden, auch wenn er die Möglichkeit in einer Fußnote zumindest offen lässt. Die interne Struktur einer Volkspartei, im vorliegenden Fall der SPD, zeigt aber, dass die ursprünglich pauschale Stellung als kollektiven Vetospieler, der aufgrund seiner ständig ausreichenden Kohäsion die Absorption eines institutionellen Vetospielers ermöglichen würde, eine solche Modifikation nötig machen kann. Diese untergräbt zwar auch die Klassifizierung von kollektiven Akteuren, macht die Vetospielertheorie aber für die Politikfeldanalyse nutzbar. Den differenzierten Standpunkten innerhalb einer Partei bezüglich eines bestimmten Politikfeldes kann im Rahmen einer Anwendung der Vetospielertheorie nur so Rechnung getragen werden.

Parteien bringen also in den politischen Entscheidungsprozess eine Reihe von Faktoren ein, die sich auf das Ergebnis auswirken. Zum einen sind dies ihre organisationsstrukturellen Merkmale, die es nötig machen, Parteien differenziert zu betrachten und nicht von einem einheitlichen Ziel der Partei auszugehen. Zum anderen führt der föderale Aufbau der Bundesrepublik zu einer Einbindung der untergeordneten Gebietsebenen einer Partei im Gesetzgebungsprozess. Die Kohäsion einer Partei und damit die fundamentale Voraussetzung für die Absorption von Vetospielern werden somit sowohl durch die interne Organisationsstruktur als auch durch die institutionellen Rahmenbedingungen, die ständig auf die Parteien einwirken, geprägt. Im Vielparteiensystem liegt normalerweise ein hohes Maß an Kohäsion vor. Wie beim BKA-Gesetz aufgezeigt, kann aber eine Partei nicht immer als einheitlicher kollektiver Akteur angesehen werden.

Die Steuerungsfähigkeit einer Partei wird im politischen Prozess durch das Zusammenspiel von Anarchie und Strategie geprägt. Dies schlägt sich nieder im „Hyperwettbewerb" (Schmidt/Zolleis 2005a: 287), dem sich Parteien ständig ausgesetzt sehen: Auf der einen Seite stehen politische Issues und die komplexen Problemstellungen bezüglich der Ausrichtung und Formulierung von politischen Entscheidungen. Auf der anderen Seite sollen gleichzeitig die Interessen der Wähler, die mit ihren Ansprüchen und Erwartungen an die Parteien herantreten, berücksichtigt werden. Diese verschiedenen Logiken gefährden die Kohäsion einer Partei, bewirken damit, dass institutionelle Vetospieler nicht absorbiert werden können, und erschweren die Politikfeldanalyse.

Die undurchsichtigen Motive der Länderregierungen bei der Abstimmung im Bundesrat verstärken diesen Effekt noch. Denn wenn neben den Interessen der Bundesländer auch Parteipolitik auf dieser Ebene des politischen Entscheidungsprozess legitim ist, werden die Entscheidungsgrundlagen dieses institutionellen Vetospielers unklar – woraus auch Schwierigkeiten bei der Bestimmung des gemeinsamen Winsets der beiden Kammern erfolgen. Zusätzlich wächst durch einen nicht zu absorbierenden Bundesrat die Anzahl der Vetospieler. Die Annahme, dass parteipolitische Übereinstimmung in den beiden Kammern zu einem höheren Output führt, ist demnach nicht gegeben und die Gefahr eines Politikstillstandes wird größer. Dies bekräftigt zwar die These des „Reformstaus", der als symptomatisch für das hochgradig verflochtene Mehrebenensystem der Bundesrepublik angesehen wird. Es wird bei solchen Bewertungen vernachlässigt, dass politische Akteure mit diesen institutionellen Rahmenbedingungen umzugehen gelernt haben. Dies bedingt aber auch, dass die Distanz zwischen der Elite einer Partei und ihrer Basis nicht zu groß werden darf, da ansonsten die Rückkoppelung im Gesetzgebungsprozess der staatlichen Institutionen und nicht im innerparteilichen Diskurs droht stattzufinden.

Literatur

Alemann, Ulrich von, 2003: Das Parteiensystem der Bundesrepublik Deutschland, Opladen.

Alemann, Ulrich von/Godewerth, Thelse, 2005: Die Parteiorganisation der SPD. Erfolgreiches Scheitern?, in: Schmid, Josef/Zolleis, Udo (Hrsg.), 2005: Zwischen Anarchie und Strategie. Der Erfolg von Parteiorganisationen, Wiesbaden, 158–171.

Borchardt, Frank, 2002: Die Zulässigkeit parteipolitischen Verhaltens im Bundesrat, Münster/Hamburg/London.

Burkhart, Simone/Manow, Philip (2006): Veto-Antizipation: Gesetzgebung im deutschen Bikameralismus. Max-Planck-Institut für Gesellschaftsforschung Köln, Discussion Paper 06/3.

Decker, Frank, 2007: Parteiendemokratie im Wandel, in: Decker, Frank/Neu, Viola (Hrsg.), 2007: Handbuch der deutschen Parteien, Wiesbaden, 19–61.

Degg, Jürgen/Weibler, Jürgen, 2005: Politische Steuerungsfähigkeit von Parteien, in: Schmid, Josef/Zolleis, Udo (Hrsg.), 2005: Zwischen Anarchie und Strategie. Der Erfolg von Parteiorganisationen, Wiesbaden, 22–42.

Detterbeck, Klaus, 2005: Die strategische Bedeutung von Mitgliedern für moderne Parteien, in: Schmid, Josef/Zolleis, Udo (Hrsg.), 2005: Zwischen Anarchie und Strategie. Der Erfolg von Parteiorganisationen, Wiesbaden, 63–76.

Der Spiegel, 1956: Die Sache mit dem Abtreten. Kernsätze aus der Rede Konrad Adenauers auf dem Stuttgarter CDU-Parteitag, Ausgabe 19/1956, 12.

Herzog, Dietrich, 1997: Die Führungsgremien der Parteien: Funktionswandel und Strukturentwicklungen, in: Gabriel, Oscar W./Niedermayer, Oskar/Stöss, Richard (Hrsg.), 1997: Parteiendemokratie in Deutschland, Opladen 301–322.

Jahn, Gerhard, 1990: Bundesrat gegen Bundestag – Gesetzgebung im Spannungsfeld zweier Verfassungsorgane, in: Wilke, Dieter/Schulte, Bernd (Hrsg.), 1990: Der Bundesrat. Die staatsrechtliche Entwicklung des föderalen Verfassungsorgans, Darmstadt, 370–380.

Jun, Uwe, 2007: Sozialdemokratische Partei Deutschlands, in: Decker, Frank/Neu, Viola (Hrsg.), 2007: Handbuch der deutschen Parteien, Wiesbaden, 381–400.

Klein, Hans Hugo, 1990: Parteipolitik im Bundesrat?, in: Wilke, Dieter/Schulte, Bernd (Hrsg. 1990): Der Bundesrat. Die staatsrechtliche Entwicklung des föderalen Verfassungsorgans, Darmstadt, 351–369.

Lehmbruch, Gerhard, 2000: Parteienwettbewerb im Bundesstaat: Regelsysteme und Spannungslagen im politischen System der Bundesrepublik Deutschland, Wiesbaden.

Leunig, Sven, 2004: Länder- versus Parteiinteresse im Bundesrat. Realer Dualismus oder fiktive Differenzierung?, in: Aus Politik und Zeitgeschichte, B 50-51, 33–38.

Lösche, Peter/Walter Franz, 1992: Die SPD: Klassenpartei – Volkspartei – Quotenpartei. Zur Entwicklung der Sozialdemokratie von Weimar bis zur deutschen Vereinigung, Darmstadt.

Lösche, Peter, 2004: Zustand und Perspektiven der SPD, in: Zehetmair, Hans (Hrsg.), 2004: Das deutsche Parteisystem, Wiesbaden, 104–116.

Manow, Philip/Burkhart Simone, o.J.: Kompromiss und Konflikt im parteipolitisierten Föderalismus der Bundesrepublik Deutschland. [URL: http://www.mpi-fg-koeln.mpg.

de/poloek/Dok/Kooperation%20und%20Konflikt%20very%20last%20dp%20version.
pdf] (23.03.2011)

Maunz, Theodor/Düring, Günter/Herzog, Roman et al., 2009: Grundgesetz. Kommentar,
München.

Merkel, Wolfgang, 2003: Institutionen und Reformpolitik: Drei Fallstudien zur Vetospieler-Theorie, in: Egle, Christoph/Ostheim, Tobias/Zöhlnhöfer, Reimut (Hrsg.), 2003:
Das Rot-Grüne Projekt. Eine Bilanz der Regierung Schröder 1998–2002, Wiesbaden, 163–190.

Oberreuter, Heinrich/Kranenpoh, Uwe/Olzog, Günter/Liese, Hans-J., 2000: Die politischen
Parteien in Deutschland: Geschichte, Programmatik, Organisation, Personen, Finanzierung, München.

Rebenstorf, Hilke, 2005: Parteieliten – zwischen Organisationsinteresse, öffentlichem Auftrag und persönlichen Ambitionen, in: Schmid, Josef/Zolleis, Udo (Hrsg.), 2005:
Zwischen Anarchie und Strategie. Der Erfolg von Parteiorganisationen, Wiesbaden,
114–129.

Rudzio, Wolfgang, 2003: Das politische System der Bundesrepublik Deutschland, Opladen.

Scharpf, Fritz W./Reissert, Bernd/Schnabel, Fritz, 1976: Politikverflechtung: Theorie und
Empirie des kooperativen Föderalismus in der Bundesrepublik, Kronberg/Ts.

Schüttemeyer, Suzanne S., 1999: Fraktionen und ihre Parteien in der Bundesrepublik
Deutschland: Veränderte Beziehungen im Zeichen professioneller Politik, in: Helms,
Ludger (Hrsg.), 1999: Parteien und Fraktionen. Ein internationaler Vergleich, Opla-
den, 39–66.

Schmid, Josef/Zolleis, Udo, 2005a: Schluss: Erfolgreiche Parteiorganisation zwischen Anarchie und Strategie, in: Schmid, Josef/Zolleis, Udo (Hrsg.), 2005: Zwischen Anarchie
und Strategie. Der Erfolg von Parteiorganisationen., Wiesbaden, 282–289.

Schmid, Josef/Zolleis, Udo, 2005b: Zwischen Anarchie und Strategie. Der Erfolg von Parteiorganisationen, in: Schmid, Josef/Zolleis, Udo (Hrsg.), 2005: Zwischen Anarchie und
Strategie. Der Erfolg von Parteiorganisationen, Wiesbaden, 9–21.

Schmidt, Manfred G., 2002: Germany: the grand coalition state, in: Colomer, Josep M.
(Hrsg.), 2002: Political Institutions in Europe, London/New York, 57–94.

Schubert, Klaus/Martina Klein, 2007: Politiklexikon, Bonn.

Strohmeier, Gerd, 2003: Zwischen Gewaltenteilung und Reformstau: Wie viele Vetospieler
braucht das Land?, in: Aus Politik und Zeitgeschichte, B51, 17–22.

Strohmeier, Gerd, 2005: Vetospieler. Garanten des Gemeinwohls und Ursachen des Reformstaus. Eine theoretische und empirische Analyse mit Fallstudien zu Deutschland und Großbritannien, Baden-Baden.

Stüwe, Klaus, 2004: Konflikt und Konsens im Bundesrat. Eine Bilanz (1949–2004), in: Aus
Politik und Zeitgeschichte, B50-51, 25–32.

Tsebelis, George/Bjørn Erik Rasch. 1995: Patterns of Bicameralism, in: Döring, Herbert
(Hrsg.), 1995: Parliaments and Majority Rule in Western Europe, Frankfurt/New
York, 365–390.

Tsebelis, George, 2002: Veto Players. How political Institutions work, Princeton.

Wiesendahl, Elmar, 2006: Parteien, Frankfurt/Main.

Internetquellen

Homepage des Bundesrats (a): Stimmenverteilung, http://www.bundesrat.de/nn_8340/DE/ struktur/stimmenverteilung/stimmenverteilung-node.html?__nnn=true (21. Januar 2009)

Homepage des Bundesrats (b): Plenarprotokoll der 851. Sitzung, http://www.bundesrat.de/ cln_099/nn_43984/SharedDocs/Downloads/DE/Plenarprotokolle/2008/Plenarpro-tokoll-851,templateId=raw,property=publicationFile.pdf/Plenarprotokoll-851.pdf (5. Dezember 2008)

Homepage des Bundesrats (c): Online-Durchsuchung auch im Eilfall nur mit Richtergeneh-migung (17. Dezember 2008), http://www.bundesrat.de/cln_090/nn_ 6906/DE/pres-se/pm/2008/193-2008.html?__nnn=true (27. Januar 2009)

Homepage des Bundesrats (d): Bundesrat bestätigt Vermittlungsergebnisse (19. Dezember 2008), http://www.bundesrat.de/cln_090/nn_6906/DE/presse/pm/2008/196-2008. html?__nnn=true (27. Januar 2009)

Homepage des Bundestags (a): Sitzverteilung im 16. Deutschen Bundestag: http://www.bun-destag.de/parlament/wahlen/sitzverteilung/1541_16.html (25. Januar 2009)

Homepages des Bundestags (b): Schaltstelle der Terrorabwehr (22. Oktober 2008), http:// www.bundestag.de/aktuell/archiv/2008/20895910_kw25_bka/index.html (27. Januar 2009)

Homepage des Bundestags (c): BKA-Gesetz „verfassungskonform ausgestaltet" (18. Septem-ber 2008), http://www.bundestag.de/aktuell/archiv/2008/22218699_kw38_innen/in-dex.html (27. Januar 2009)

Hamburger Abendblatt: BKA-Gesetz steht vor dem Scheitern (16. November 2008), http:// www.abendblatt.de/daten/2008/11/16/973311.html (27. Januar 2009)

Polixea Portal: BKA-Gesetz vor dem Aus (17. November 2008), http://www.polixea-portal. de/index.php/Themen/Detail/n1/Themen/n2/InneresJustiz/id/223394/name/BKA-Gesetz+vor+dem+Aus/Blickpunkt/1/n1/Themen/n2/InneresJustiz (21. Januar 2009)

Spiegel Online: Schäubles Spähgesetz steht vor dem Aus (16. November 2008), http://www. spiegel.de/politik/deutschland/0,1518,590750,00.html (5. Dezember 2008)

Spiegel Online: CDU macht Druck auf SPD wegen BKA-Gesetz (17. November 2008), http:// www.spiegel.de/politik/deutschland/0,1518,590952,00.html (28. Januar 2009)

Der Deutsche Bundesrat und der kanadische Senat – Wie Reformblockaden vermieden werden

Sylvia Pannowitsch

1 Einleitung

Sowohl der deutsche Bundestag als auch der kanadische Senat sind formal einflussreiche zweite Kammern, welche durch ihr Handeln einen Großteil der Gesetzgebung blockieren könnten. Im Sinne der Vetospielertheorie nach Tsebelis sind sie demnach eindeutig als (institutionelle) Vetospieler einzuordnen. Ausgehend von der damit – im Vergleich zu Einkammer-Systemen – erhöhten Vetospielerzahl, müsste sich die Politikstabilität in beiden Ländern erhöhen, sofern beide Kammern nichtkongruente Ziele verfolgen. Geht man wie Tsebelis von einer reinen Policy-Orientierung der Vetospieler aus, ist eine derartige Kongruenz zwischen zwei Akteuren nicht unwahrscheinlich, da stets ein (mehr oder weniger großes) Winset zustande kommt, solange der Status quo nicht zwischen den Idealpunkten beider Kammern und gleichzeitig mit ihnen auf einer Linie liegt. Realpolitisch hat sich jedoch im Gegensatz zur Tsebelis Annahmen erwiesen, dass Vetospieler ihre Zustimmung nicht einzig und allein aufgrund der Existenz von sachpolitischen, inhaltlichen Winsets, sondern vielfach auch auf Grundlage von kulturellen, sozialen, macht- und interessenbestimmten Rationalitäten gewähren.[1] Diese resultieren vielfach aus dem Parteienwettbewerb zwischen den in den zwei Kammern agierenden parteipolitischen Vetospielern, wodurch sich die Wahrscheinlichkeit der Vetonutzung erhöht. So kann es durch einen ausgeprägten Parteienwettbewerb[2] zur „strategische Nichteinigung" im Sinne einer „Nichteinigung in einer Situation, in der eine Einigung unter rein Policy-orientierten Akteuren möglich gewesen wäre" (Bräuninger/Ganghof 2005:159) kommen. Grundsätzlich kann es demnach aus zwei Gründen zur Ablehnung eines Gesetzes kommen: Zum einen, wenn kein Winset zwischen den Akteuren besteht, und zum anderen, wenn die

---

1 Parlamentarier (MPs) „are strategic actors concerned with policy-making, career advancement, and re-election" (Kam 2009:17)
2 „Kompetitives Parteienverhalten" (Bräuninger/Ganghof 2005:175)

parteipolitischen Konkurrenzerwägungen die Nutzung eines bestehenden Winsets verhindern.

Angesichts eines ausgeprägten Parteienwettbewerbs, der die Existenz dieser Winsets aufgrund der Betonung unterschiedlicher Präferenzen bedingt, aber zudem die Nichtnutzung von Winsets aus machtpolitischen Gründen verstärkt, müsste es zu einer Vielzahl von Vetos in Zwei-Kammer-Systemen kommen. Parteien verfolgen neben der Durchsetzung eines bestimmten inhaltlichen Programms (Policy-Seeking) auch das Ziel, bei Wahlen möglichst viele Stimmen zu erhalten (Vote- und Office-Seeking). Dadurch wird die Kompetivität der Auseinandersetzung befördert, da kaum Anreize geboten sind, Kompromisse mit der gegnerischen Partei zu schließen. Vielmehr wollen sich die Parteien gegenüber den Wählern profilieren und kritisieren gegnerische Vorschläge besonders stark bzw. blenden Berührungspunkte systematisch aus. Kompromisse werden dadurch selbst bei inhaltlichen Übereinstimmungen (bzw. einem bestehenden Policy-Winset) schwierig, da mindestens ein Akteur zugestehen müsste, dass die gegnerischen Vorschläge akzeptabel wären.

Allerdings kam es im kanadischen Senat über Jahrzehnte nicht zu einer einzigen Vetonutzung, was schwerlich mit einer zwischen den Parteien bestehenden Kongruenz erklärt werden kann, und auch der Bundesrat weist eine geringe Ablehnungsrate auf, die angesichts großer Präferenzunterschiede zwischen den Parteien im Bundestag nicht alleinig auf die Kongruenz zurückgeführt werden kann. Zudem lassen sich zahlreiche Beispiele dafür finden, dass es trotz (zunächst) unterschiedlichen Präferenzen zwischen den Vetospielern nicht zum Einsatz der Vetomacht durch die zweiten Kammern, sondern vielmehr, trotz faktisch kleinem Winset, zu problem- und lösungsorientiertem Handeln kam. Das beobachtbare Verhalten der Zweiten Kammern widerspricht damit den Erwartungen, sowohl im Sinne Tsebelis, aber mehr noch unter Einbezug Policy-fremder Handlungsmotivationen. Offenbar bestimmt sich die Bedeutung von Vetospielern für die Politikstabilität nicht allein über deren faktische, formale Vetomacht und die Existenz eines Policy-Winsets. Es stellt sich daher die Frage, wovon die (Nicht-)Nutzung der formalen Vetomacht der Akteure und die daraus resultierende Zahl der Blockaden abhängt, und ob es unterschiedliche Erklärungsmuster in verschiedenen Staaten gibt.

Arthur Benz konstatiert, dass konstruktive Vetospieler nicht daran interessiert sind, Entscheidungen zu verhindern, sondern ihr Blockadepotential vielmehr strategisch einsetzen, um ihre Ziele zu erreichen (Benz 2003b: 211–212). Dabei können sie Strategien verfolgen, welche Blockaden vermeiden und damit die Entscheidungsfähigkeit erhöhen, zu einer Veränderung des Status quo und damit zu

Innovation führen, und gleichzeitig die Interessen der Akteure berücksichtigen. Hierbei kann es durchaus auch zu Abstrichen bei den möglichen Policy-Gewinnen der Akteure kommen, solange diese Abstriche verhindern, dass durch eine Blockade gar kein Gewinn erzielt werden kann. Ob und in welchem Umfang die Akteure strategisch oder rein oppositionell handeln, hängt in erster Linie von deren Interaktionsorientierung ab. Diese wird einerseits bestimmt von dauerhaften institutionell, kulturell und sozial geprägten Kontexten, die Konfliktvermeidungsstrategien zugleich ermöglichen und beschränken, und anderseits von situationsabhängigen Faktoren wie der Krisenhaftigkeit der Situation, der Persönlichkeit einzelner Akteure, dem Zeitpunkt der Entscheidung, dem öffentlichen Druck, den Mehrheitsverhältnissen oder der Unpopularität der Entscheidung. Dieser Beitrag stellt die These auf, dass die Häufigkeit der Vetonutzung mit einer zunehmenden Konsensualität der Interaktionsorientierung zwischen den Akteuren abnimmt. Er konzentriert sich dabei in seiner Analyse auf die Beziehungen zwischen der ersten und der zweiten Kammer bzw. zwischen Regierung und Opposition.[3]

Im Folgenden wird zunächst die formale Vetomacht des kanadischen Senats und des Bundesrates bestimmt sowie eine Übersicht über deren tatsächliche Vetonutzung gegeben. Im Anschluss erfolgt nach einer kurzen Einführung in das Konzept der Interaktionsorientierung die Untersuchung der für die Interaktionsorientierung ausschlaggebenden Variablen für beide Kammern. Dabei wird zwischen Einflussfaktoren unterschieden, die die Wahrscheinlichkeit einer Vetonutzung politikfeldübergreifend und situationsunabhängig reduzieren, weil sie in ihrer Ausprägung über alle Politikbereiche hinweg von hoher Konstanz sind, und solchen Faktoren, die die Vetonutzung zwar durchaus verhindern könnten, die aber eben nicht konstant, sondern vielmehr nur situativ auftreten. Dabei können auch die situativ wirksamen Einflüsse die Vetonutzung dauerhaft verhindern, indem sie in (unterschiedlichen) Kombinationen zu einer konsensualen Interaktionsorientierung führen. Vielfach unterstützten sie jedoch vielmehr die dauerhaften Einflussgrößen.

---

3   Die Bedeutung der Interaktionsorientierung zwischen den Koalitionspartnern der Regierungen wird aus der Untersuchung ausgeklammert.

2   Die formale Vetomacht des deutschen Bundesrats
und des kanadischen Senats

2.1   Der Bundesrat

Der deutsche Bundesrat ist das Verfassungsorgan der Bundesrepublik Deutschland, durch welches die Bundesländer an der Gesetzgebung und Verwaltung beteiligt werden. Das Grundgesetz formuliert den Auftrag des Bundesrates in Art. 50 wie folgt: „Durch den Bundesrat wirken die Länder bei der Gesetzgebung und Verwaltung des Bundes und in Angelegenheiten der Europäischen Union mit." Jedes Bundesland ist durch die Mitglieder seiner Landesregierung im Bundesrat vertreten. Auf diese Weise werden die Interessen der Länder bei der politischen Willensbildung des Gesamtstaates berücksichtigt. Diese Mitwirkung kann nach der so genannten Ewigkeitsklausel des Art. 79 Abs. 3 GG nicht wesentlich geändert oder gar abgeschafft werden. Das Stimmgewicht der Länder bemisst sich unproportional[4] an der Einwohnerzahl: Die bevölkerungsreichsten Länder (Baden-Württemberg mit 10,75 Mio. Einwohnern, Bayern mit 12,25 Mio. Einwohnern, Niedersachsen mit 7,97 Mio. Einwohnern, Nordrhein-Westfalen mit 17,97 Mio. Einwohnern) besitzen jeweils sechs Stimmen, gefolgt von Hessen mit fünf Stimmen und sieben Ländern (Berlin, Brandenburg, Rheinland-Pfalz, Sachsen, Sachsen-Anhalt, Schleswig-Holstein, Thüringen) mit einer Einwohnerzahl zwischen 2,4 und 4 Mio. mit jeweils 4 Stimmen sowie den vier bevölkerungsärmsten Ländern (Bremen, Hamburg, Mecklenburg-Vorpommern, Saarland) mit jeweils 3 Stimmen. Insgesamt hat der Bundesrat demnach 69 ordentliche Mitglieder mit 69 Stimmen. Damit macht die für Beschlüsse in der Regel erforderliche absolute Mehrheit 35 Stimmen und die manchmal notwendige Zweidrittelmehrheit 46 Stimmen aus.

Der Bundesrat hat neben der Bundesregierung und dem Bundestag das Recht zur Gesetzesinitiative. Beschließt er einen Gesetzentwurf, so wird dieser zunächst der Bundesregierung zugeleitet, die diesen an den Bundestag weiterleitet und dazu innerhalb von sechs (in Ausnahmefällen 3 oder 9) Wochen Stellung nehmen kann. Gesetzentwürfe der Bundesregierung werden noch vor dem Bundestag dem Bundesrat zugeleitet, der im ersten Durchgang hierzu Stellung nehmen kann. Für ihn gelten die gleichen Fristen. Die Bundesregierung kann zu der Stellungnahme des Bundesrates eine Gegenäußerung abgeben, die dann zusammen mit der Stellung-

---

4   Gemäß Art. 51 Abs. 2 des Grundgesetzes hat jedes Land mindestens drei Stimmen, Länder mit mehr als zwei Millionen Einwohnern haben vier, Länder mit mehr als sechs Millionen Einwohnern fünf, Länder mit mehr als sieben Millionen Einwohnern sechs Stimmen.

nahme und dem Gesetzentwurf im Bundestag eingebracht wird. Geht die Gesetzesinitiative von den Mitgliedern des Bundestags (mindestens 5 Prozent) aus, kommt es sofort zur ersten Lesung im Bundestag und eine Stellungnahme des Bundesrates ist vorher nicht einzuholen.

Die Beteiligung des Bundesrates im so genannten zweiten Durchgang hängt von der Frage ab, ob ein vom Bundestag beschlossenes Gesetz die Zustimmung des Bundesrates benötigt, um in Kraft treten zu können. Bei den zustimmungspflichtigen Gesetze (ca. 51 % aller Gesetze)[5] muss die Mehrheit der Bundesratsmitglieder dem Gesetz zustimmen, damit es verabschiedet werden kann. Als zustimmungspflichtig gelten Gesetze, die die Verfassung ändern, die in bestimmter Weise Auswirkungen auf die Finanzen der Länder haben und die in die Organisations- und Verwaltungshoheit der Länder eingreifen.[6] Kann die Zustimmung des Bundesrates nicht auf Anhieb erreicht werden, kann von diesem, dem Bundestag oder der Bundesregierung ein Vermittlungsausschuss (Art. 77 Abs. 2 GG) eingesetzt werden. Er setzt sich paritätisch aus Bundestagsabgeordneten und Bundesratsmitgliedern zusammen und verhandelt unter Ausschluss der Öffentlichkeit. Im Gegensatz zu Entscheidungen im Bundesrat sind die Mitglieder hier nicht weisungsgebunden. Die Entscheidungen erfolgen durch ein Mehrheitsvotum und das Vermittlungsergebnis kann nur als Ganzes abgelehnt oder angenommen werden.

---

5   Bundesrat 2009.
6   Bis zur Föderalismusreform galt ein Gesetz als zustimmungspflichtig, wenn eine Regelung über die Einrichtung der Behörden und das Verwaltungsverfahren bei der Ausführung von Bundesgesetzen durch die Länder durch Bundesgesetz geregelt wurde (Art. 84 Abs. 1 GG), wenn Geldleistungen des Staates zumindest zu einem Viertel von den Ländern getragen wurden (Art. 104 a Abs. 3 Grundgesetz), wenn das Gesetz die Bundesregierung zur Erteilung von Einzelweisungen in besonderen Fällen (Art. 84 Abs. 5 GG) ermächtigte, wenn Gesetze, welche die Bundesländer im Auftrag des Bundes ausführen, Regelungen über die Einrichtung der Behörden (Art. 85 Abs. 1 GG) enthielten, bei bestimmten Gesetzen im Bereich der Verteidigung (Art. 87 b GG), wenn Gesetze, die Finanzhilfen des Bundes für besonders bedeutsame Investitionen der Länder und Gemeinden unter bestimmten Voraussetzungen gewährten (Art. 104 a Abs. 4 Grundgesetz), bei Steuergesetzen, wenn das Steueraufkommen zumindest teilweise den Ländern oder den Gemeinden zustand (Art. 105 Abs. 3 GG), bei Verfassungsändernden Gesetzen (Art. 79 Abs. 2 GG) sowie in einigen spezifischen Fällen (Art. 87 c, 87 d, 87 e Abs. 5, 104 a Abs. 5, 106 Abs. 5 und 6, 106 a, 107, 108 Abs. 2, 4 und 5, 109 Abs. 4 Grundgesetz). Für die beiden ersten Punkte gilt seitdem die Zustimmungsbedürftigkeit nur, wenn Bundesgesetze keine Abweichungsmöglichkeit der Länder bei der Ausführung von Bundesgesetzen als eigene Angelegenheit der Länder vorsehen und wenn Gesetze Pflichten der Länder zur Erbringung von Geldleistungen oder geldwerten Sachleistungen gegenüber Dritten begründen. Ferner kam neu hinzu, dass Bundesgesetze auf bestimmten Gebieten der konkurrierenden Gesetzgebung stets der Zustimmung (Art. 74 Abs. 2 GG, so Staatshaftung, Statusrecht der Beamten mit Ausnahme von Laufbahnen, Besoldung und Versorgung) bedürfen. S. Bröckel 2011.

Bei nicht zustimmungspflichtigen Gesetzen ist der Einfluss des Bundesrates eingeschränkt. Lehnt der Bundesrat ein Gesetz mit absoluter Mehrheit ab, kann die absolute Mehrheit des Bundestages den Einspruch aufheben. Geschieht die Ablehnung mit ⅔-Mehrheit, ist auch für die Aufhebung im Bundestag eine ⅔-Mehrheit notwendig.

2.2   Der kanadische Senat

Der kanadische Senat (auch als Oberhaus bezeichnet) bestimmt zusammen mit dem Unterhaus und dem kanadischen Monarchen[7] die kanadische Bundespolitik. Der Generalgouverneur beruft auf Vorschlag des Premierministers die (seit 1999) 105 Abgeordneten des Senats, während die 308 Abgeordneten des Unterhauses alle fünf Jahre nach Mehrheitswahlrecht gewählt werden (Zinterer 2009: 246–247, Brede/Schultze 2008: 322). Dabei ist die Zustimmung des Senats notwendig, um ein Gesetz zu beschließen, da beide Parlamentskammern über nahezu identische legislative Rechte verfügen. Ausnahmen bilden Steuergesetze und Verfassungszusätze. Laut Art. 53 des kanadischen Verfassungsgesetzes von 1867 gilt das Initiativrecht für *money bills* nur für das Unterhaus und die Veränderung des Verfassungsgesetzes von 1982 macht die Zustimmung des Senates für Verfassungsänderungen nicht zwingend erforderlich (The Senate of Canada 2001).

Gesetzesvorlagen können sowohl von einzelnen Senatoren oder von einzelnen Abgeordneten des Unterhauses über die *Private Members' Public Bills* sowie von der Bundesregierung über die *Government Public Bills* eingebracht werden (Höfer 1999: 130). In welcher Kammer ein Gesetz zuerst behandelt wird, ist dabei freigestellt, wobei der Großteil der Gesetze zunächst im Unterhaus beraten wird. Von dort werden die Gesetzesvorlagen an den Senat weitergeleitet, der nach der ersten und zweiten Lesung über eine Weiterleitung an die zuständigen Ausschüsse abstimmt, wo die Vorlagen im Detail geprüft, Sachverständige gehört und ggf. Änderungen vorgenommen werden. Nach einer dritten Lesung und der Abstimmung über die gemachten Änderungen, werden die Gesetze an das Unterhaus zurücküberwiesen, das erneut über die Vorlage abstimmen muss. Stimmt das Unterhaus den Änderungen nicht zu oder weigert sich der Senat, das Gesetz in seiner ursprünglichen Form zu akzeptieren, ist das Gesetz gescheitert. Wurden vom Senat keine Änderungen gewünscht, tritt das Gesetz nach dessen Zustimmung in Kraft,

---

7   Vertreten durch den Generalgouverneur von Kanada.

da dann beide Kammern einem identischen Gesetzentwurf zugestimmt haben (Höfer 1999: 130–131).

Beide Akteure, sowohl der Bundesrat als auch der Senat, haben umfangreiche Vetorechte und sind daher als institutionelle Vetospieler zu klassifizieren. Der kanadische Senat hat dabei jedoch formal die größeren Rechte, da er bei allen Gesetzen zustimmen muss, während die Zustimmung des Bundesrates nur bei zustimmungspflichtigen Gesetzen zwingend notwendig ist.

3   Die tatsächliche Nutzung der Vetomacht

3.1   Der Bundesrat

Zwischen 1949 und 2009 hat der Bundestag insgesamt 7074 von ihm beschlossene Gesetzesvorlagen an den Bundesrat weitergeleitet. Davon gehörten 3617 (51,1 Prozent) zur Gruppe der Zustimmungsgesetze, bei denen der Bundesrat ein absolutes Vetorecht hat. Endgültig gescheitert sind aufgrund eines Vetos des Bundesrats allerdings nur 72 Gesetzesbeschlüsse (1,02 Prozent), womit dieser in 99 Prozent der Fälle letztlich sein Veto nicht aufrechterhielt und die Gesetze passieren ließ. Glei-

Tabelle 1   Bundesratstätigkeit bezüglich im Bundestag eingebrachter Gesetzentwürfe 1949–2009

	Gesetzesvorlagen, die im Bundestag eingebracht wurden	Gesetzesbeschlüsse des Bundestages, zu denen der Bundesrat die Zustimmung zunächst versagt hat	verkündete Gesetze (z. B. nach anschließendem Vermittlungsverfahren)	nicht verkündete Gesetze
1949–1990	6567	88	49	40
1990–1994	800	22	12	10
1994–1998	923	33	12	10
1998–2002	864	19	11	7
2002–2005	643	21	15	5
2005–2009	905	1	1	0
insgesamt	10 702	184	100	72

Quelle: Bundesrat 2009

ches gilt weitestgehend für die Rechtsordnungen[8] und selbst bei divergierenden parteipolitischen Mehrheiten in Bundestag und Bundesrat lag die Ablehnungsquote nie über 2,5 Prozent (Stüwe 2004: 29).

3.2 Der Senat

Bis in die 80er Jahre hinein nutze der kanadische Senat sein Vetorecht kaum. So machte er zwischen 1961 und 1985 nicht ein einziges Mal von diesem Gebrauch. Danach entwickelte er jedoch eine stärkere Aktivität und widersetzte sich einigen Gesetzen ohne diese jedoch endgültig zu blockieren (Übersicht in: The Senate of Canada 2001). Nach 1991 verlor die Regierung dann erstmals Abstimmungen, da der Senat drei Gesetzentwürfe ablehnte: ein Abtreibungsgesetz (C-43) 1991, ein Gesetz zum Lester B. Pearson International Airport (C-28) 1996 und ein Gesetz zu Profiten aus Autorenrechten über tatsächlich begangene Verbrechen (C-220) 1998.

Tabelle 2   Senatätigkeit bezüglich im Unterhaus eingebrachter
                   und an den Senat weitergeleiteter Gesetzentwürfe 1963–2007

	Gesetzesvor- lage, die im Unterhaus eingebracht wurden	Gesetzesvorlagen, die vom Senat mit Ände- rungsvorschlägen an das Unterhaus zurück überwiesen wurden	nicht verkün- dete Gesetze	Gesetzesvorlagen, die währen der Senatbe- ratung durch das Ende der Wahl-/Sitzungsperi- oder hinfällig wurden
1963–1979	3666	30	0	4
1979	320	0	0	1
1980–1984	787	1	0	1
1984–1988	508	18	0	6
1988–1993	754	8	2	1
1994–1997	626	14	1	2
1997–2005	2147	27	2	28
2005–2007	324	5	0	11
insgesamt	9132	103	5	54

Quelle: Höfer 2009:132

---

8   Bundesrat 2009; 1949–2009 wurden von 8214 Rechtverordnungen nur 59 (0,72 %) abgelehnt

Damit war die Ablehnungsquote insgesamt verschwindend gering (0,05%) und selbst zusammen mit den hinfällig gewordenen Gesetzen lag sie nur bei 0,6 Prozent. Auch die Anzahl der an das Unterhaus mit Änderungswünschen zurück überwiesen Gesetzesvorlagen betrug nur knapp über einem Prozent.

Für beide zweite Kammern gilt, dass die Anzahl der tatsächlich blockierten Gesetze bei ca. 1 Prozent oder weniger liegt, was angesichts eines starken Parteienwettbewerbs in beiden Ländern nicht mit der Kongruenz zwischen den Politikvorstellungen der Akteure erklärt werden kann. Dies gilt besonders, da in beiden Kammern lange Zeiträume des *divided government* zu beobachten waren. So herrschten zwischen Bundestag und Bundesrat zwischen 1992 und 1998 sowie zwischen 2000 und 2005 (zum Teil deutlich) unterschiedliche Mehrheitsverhältnisse und auch im kanadischem Unter- und Oberhaus gab es zwischen 1979–1980, 1984 bis 1990, 1994 bis 1997 und seit 2006 unterschiedliche parteipolitischen Orientierung zwischen den Kammern.

4 Die Nicht-Nutzung von Veto-Potentialen: Die Interaktionsorientierung der Akteure

Die geringe Anzahl von Vetos erscheint erklärungsbedürftig – im Folgenden wird der Frage nachgegangen, welche Faktoren die Interaktion von Regierung und Opposition in Zeiten des *divided government* beeinflussen können. Nach Fritz Scharpf wird die Interaktionsform politischer Akteure maßgeblich von der Wahrnehmung und den Präferenzen der Akteure bestimmt, welche wiederum stark durch den kulturellen und institutionellen Kontext[9] beeinflusst werden (Scharpf 2000: 74). Die Interaktionsorientierung bildet für Scharpf neben Interessen und Eigeninteressen sowie Normen und Identitäten die Bestimmungsgröße für die Präferenzen des Akteurs (Scharpf 2000: 116). Dabei treten Individualismus, Solidarität, Wettbewerb, Altruismus und Feindschaft als häufigste Interaktionsorientierungen auf und spiegeln die subjektive Deutung der objektiven Interessenkonstellationen

---

9 Institutionelle Kontexte: Anarchisches Feld (und minimale Institutionen); Netzwerk (Regime und Zwangsverhandlungssysteme); Verband (und repräsentative Versammlungen); (hierarchische) Organisation (und der Staat); Scharpf 2000: 91.

Tabelle 3   Stimmverteilung im kanadischen Senat & deutschen Bundesrat nach Parteizugehörigkeit

Jahr	Opposition Kanad. Senat	Neutral* Kanad. Senat	Regierung Kanad. Senat	Mehrheit Regierung Senat	Mehrheit Regierung Neutrale Senat	Regierungsparteien Kanad, Unterhaus	Opposition Bundesrat	Neutral** Bundesrat	Regierung Bundesrat	Mehrheit Regierung Bundesrat	Mehrheit Regierung Neutrale Bundesrat	Regierungsparteien Bundestag
1981	26	14	64	12	26	Lib	23	3	15	−6	−3	SPD-FDP
1982	24	17	63	11	28	Lib	23	3	15	−6	−3	SPD-FDP
1983	24	21	59	7	28	Lib	15	0	26	6	5	CDU-FDP-CSU
1984	23	24	57	5	29	Lib	15	0	26	6	5	CDU-CSU-FDP
13.9.1984	23	8	73	21	29	Lib						
27.9.1984	73	9	22	−30	−21	P.C.						
1985	73	6	25	−27	−21	P.C.	15	0	26	6	5	CDU-CSU-FDP
1986	72	6	26	−26	−20	P.C.	18	0	23	3	2	CDU-CSU-FDP
1987	67	6	31	−21	−15	P.C.	18	0	23	3	2	CDU-CSU-FDP
1988	64	8	32	−20	−12	P.C.	11	3	27	7	9	CDU-CSU-FDP
1989	57	9	36	−16	−7	P.C.	15	3	23	3	5	CDU-CSU-FDP
1990	56	14	34	−18	−4	P.C.	15	3	23	3	5	CDU-CSU-FDP
1991	51	6	54	2	8	P.C.	26	7	35	1	7	CDU-FDP-CSU
1992	45	6	53	1	7	P.C.	26	15	27	−8	7	CDU-FDP-CSU
1993	41	14	49	−3	11	P.C.	26	21	21	−14	7	CDU-FDP-CSU
25.10.1993	41	5	58	6	11	P.C.						
20.1994	58	5	41	−11	−6	Lib	23	24	21	−14	10	CDU-FDP-CSU

Jahr	Opposition Kanad. Senat	Neutral* Kanad. Senat	Regierung Kanad. Senat	Mehrheit Regierung Senat	Mehrheit Regierung Neutrale Senat	Regierungsparteien Kanad, Unterhaus	Opposition Bundesrat	Neutral** Bundesrat	Regierung Bundesrat	Mehrheit Regierung Bundesrat	Mehrheit Regierung Neutrale Bundesrat	Regierungsparteien Bundestag
1995	52	7	45	-7	0	Lib	31	27	10	-25	2	CDU-CSU-FDP
1996	51	3	50	-2	1	Lib	32	27	10	-25	2	CDU-CSU-FDP
1997	50	3	51	-1	2	Lib	32	21	16	-19	2	CDU-CSU-FDP
1998	47	4	53	1	5	Lib	35	18	16	-19	-1	CDU-CSU-FDP
1999	43	7	54	2	9	Lib	16	18	35	1	18	SPD-Grüne
2000	41	11	53	0	11	Lib	28	18	23	-12	6	SPD-Grüne
2001	35	15	55	2	17	Lib	28	18	23	-12	6	SPD-Grüne
2002	30	15	60	7	22	Lib	31	18	20	-15	3	SPD-Grüne
2003	30	12	63	10	22	Lib	35	18	16	-19	-1	SPD-Grüne
2004	29	8	68	16	24	Lib	41	18	10	-25	-7	SPD-Grüne
2005/II	26	20	59	6	26	Lib	37	22	10	-25	-3	SPD-Grüne
2005/II							43	26	0	-35	-9	SPD-Grüne
2006	27	11	67	14	25	Lib	0	33	36	2	34	CDU-SPD-CSU
1.2.2006	27	12	66	13	25	Lib						
27.2.2006	66	11	28	-25	-14	P.C.						
2007	63	16	26	-27	-11	P.C.	0	22	47	13	34	CDU-SPD-CSU
2008	61	17	26	-27	-10	P.C.	0	25	44	10	34	CDU-SPD-CSU

Quelle: Schröder 2010 und Höfer 2009:127

* sonstige, unabhängige, vakante Mitglieder

** Vertreter von Landesregierungen, deren Landesregierungskoalitionen sich sowohl aus Oppositions- als auch Regierungsparteien der Bundesebene zusammensetzen

zwischen den Akteuren wieder.[10] Da die verschiedenen Interaktionsorientierungen Verhaltensweisen von totaler Ablehnung ohne inhaltliche Prüfung bis hin zur Zustimmung entgegen den eigenen Interessen berücksichtigen, wird deutlich, warum sie Einfluss auf den Umfang und die Art der genutzten Vetomacht haben. „Mit anderen Worten, eine Beziehung kann für die beteiligten Akteure einen Eigencharakter annehmen, der die Bewertung ‚realer' Gewinne oder Verluste beeinflusst und der diese Beziehung von ‚objektiv' ähnlichen Beziehungen mit anderen Parteien oder mit derselben Partie zu einem anderen Zeitpunkt unterscheidet." (Scharpf 2000: 150)

In der Politik westlicher Demokratien finden sich zumeist die Interaktionsorientierungen der Solidarität und des Wettbewerbs. Wagschal und Scharpf unterscheiden darauf aufbauend zwischen konsensualen und kompetitiven Vetospielern aufgrund ihrer tatsächlichen Handlungsweise.[11] Demnach sind konsensuale Vetospieler bereit auf ihr Veto zu verzichten, um Kompromisse zu erzielen. Eigene Vorteile und die Vorteile ihrer Verhandlungspartner werden gleich bewerten und im Extremfall werden sogar eigene Nutzenverluste akzeptiert, wenn diese größere Gewinne für andere Partner ermöglichen. In Verhandlungen werden win-win Lösungen angestrebt und argumentative Verfahren verwandt. Dabei können Vetopotentiale ungenutzt bleiben, wenn sie eine Gesamtlösung oder Partnerschaften (institutionell, historisch oder kulturell bedingt gebildet) behindern. Die kompetitive Interaktionsorientierung bewertet dagegen Verluste anderer Akteure in gleicher Weise wie eigene Gewinne, wodurch kompetitive Vetospieler durch eine hohe Wettbewerbsorientierung und Konfliktbereitschaft gekennzeichnet sind, die ihre Vetomacht nutzen um Gewinne der Anderen zu verhindern. Nils Bandelow weist zudem darauf hin, dass „kooperative" Vetospieler Akteure seien, die gemeinsame Positionen z. B. in Koalitionen festlegen und (zeitlich begrenzt) zusammenarbeiten. Die Interaktionsorientierung ist hier zwar tendenziell eher konsensual (bzw. solidarisch), muss es aber nicht sein. So können auch diese Akteure durchaus Stra-

---

10 *Individualismus:* übliche Annahme egoistischer Nutzenmaximierung; es werden nur die Vor- und Nachteile für Ego beachtet; *Solidarität:* uneingeschränkte Kooperation; Vorteile für Ego und Vorteile für Alter werden gleich bewertet; Ego nimmt auch Verluste hin, solange diese durch größere Vorteile für Alter gerechtfertig werden (Koordinationsspiele); *Wettbewerb:* Gewinn für Ego wird gleich bewertet wie ein Verlust für Alter; entscheidend sind die Auszahlungsdifferenzen bzw. der relative Vorteil; ein großer Gewinn Egos wird dennoch als Verlust gesehen, wenn Alter einen noch größeren Gewinn verzeichnet (Nullsummenspiel); *Altruismus:* Gewinn für Alter gleich Gewinn für Ego, wobei Ego keinen Wert auf die Auszahlung legt; *Feindschaft:* Verlust Alters ist ein Gewinn für Ego, wobei die Verluste/Gewinne Egos irrelevant sind. S. Scharpf 2000: 152–153.
11 Eine ähnliche, allerdings nur anhand formal-institutioneller Kriterien festgelegte, Differenzierung findet sich auch bei Birchfield/Crepaz 1998.

tegien verfolgen, die kompetitiven Interaktionsregeln folgen z. B. in Wahlkampf-
zeiten (Bandelow 2005: 243).

Angesicht der Bedeutung der Interaktionsorientierung für die Handlungsweise der Vetospieler kann daher die These aufgestellt werden, dass mit einer zunehmenden Konsensualität der Interaktionsorientierung die Wahrscheinlichkeit
einer Vetonutzung abnimmt. Allerdings steht damit statt des Problems der Nicht-
Nutzung von Vetos die Frage im Raum, wodurch die Interaktionsorientierung beeinflusst wird. Dabei geht es in erster Linie um die Interaktionsorientierung von
Regierung und Opposition, da davon ausgegangen werden kann, dass Institutionen mit gleichen parteipolitischen Mehrheiten untereinander grundsätzlich eine
konsensuale Interaktionsorientierung aufweisen (der Wettbewerb zwischen parteiinternen Flügeln und innerhalb einer Koalition bleibt hier ausgeklammert).
Tsebelis spricht entsprechend davon, dass eine zweite Kammer mit den gleichen
parteipolitischen Vetospielern, absorbiert werden kann, und nicht weiter als Veto-
akteur gezählt werden muss. Bei aller Kritik an dieser Absorptionsregel (Tsebelis
2002: 25–30), soll auch hier die Konsensualität der Interaktionsorientierungen der
zweiten Kammer nur in Zeiten des so genannten *divided government* untersucht
werden, um die Frage zu beantworten: Was veranlasst die Opposition sich trotz des
Parteienwettbewerbs konsensual gegenüber der Regierung und ihren Vorschlägen
zu verhalten? Und was veranlasst die Regierung, sich gegenüber den Interessen der
zweiten Kammer zu öffnen? Blockaden, die trotz gleicher Mehrheitsparteien in
beiden Kammern, z. B. aufgrund von spezifischen Bundesland- und Provinzinter-
essen entstehen, werden ausgeklammert.

5 Die dauerhafte Nicht-Nutzung von Vetomacht

5.1 Möglichkeiten zur inhaltlichen Einflussnahme

Entgegen der Annahmen, dass die Opposition sich stets kompetitiv gegenüber
der Regierung verhalten muss, kann sie sich durchaus auch konsensual verhalten,
wenn sie durch eine derartige Taktik eigene Vorstellungen zu politischen Fragen
einbringen kann. Mit einer kompetitiven Strategie bedient sie dagegen ihre Alter-
nativfunktion und setzt eigene Akzente zur politischen Willensbildung (Webert
2009: 67). Generell unterscheidet Robert Dahl zwischen kompetitiver Opposition, die in der Öffentlichkeit Empörung gegen die Regierung heraufbeschwört
und mit Gegenvorschlägen aufwartet, und zumeist in Konkurrenzdemokratien
zu finden ist und kooperativer Opposition, die durch Mitwirkung im Parlament

Gesetzesvorlagen nach eigenem Willen abzuändern versucht, und vornehmlich in Konsensdemokratien zu finden ist, da nur hier die entsprechenden Beteiligungsmöglichkeiten bestehen (Dahl 1978: 332–347). Die Opposition kann damit durch eine konsensuale Interaktionsorientierung *von einem Vetospieler mit nachträglichem Vetorecht zu einem mitgestaltenden Vetospieler* werden.[12] Diese Möglichkeit der sachorientierten Aushandlung entspricht am ehesten der Interaktion in der Theorie Tsebelis. Das der Modus der kooperativen Opposition trotzdem auch in Konsensdemokratien nicht die Normalsituation darstellt, liegt unter anderem daran, dass eine kooperative Opposition zwar aus sachpolitischen, nicht aber aus machtpolitischen Gründen eine gute Strategie ist. Sie ermöglicht es der Opposition zwar ihre Vorstellungen und Ziele durch Mitarbeit an den Gesetzen in den politischen Output einzubringen, aber da diese politische Arbeit in der Gesellschaft weniger wahrgenommen, sondern im Gegenteil das Ergebnis sogar der Regierung als Gewinn angerechnet wird, kann sich eine Oppositionspartei mit einer kooperativen Strategie nur selten profilieren (Webert 2009:83). Daher hat die Opposition ein starkes Motiv (unabhängig von der Existenz eine Policy-Winsets), die Reformen der Regierung in der zweiten Kammer zu blockieren, solange sie nicht riskiert, die eigene Glaubwürdigkeit dabei zu verlieren (Identität), ein ausgesprochen starkes Interesse an der Mitgestaltung hat oder es ihr gelingt, die eigene Mitgestaltung öffentlichkeitswirksam zu präsentieren.

Die Opposition in Deutschland hat zahlreiche Beteiligungsmöglichkeiten. Zum einen erlangt sie dadurch, dass sie sich teilweise aus Mitgliedern des deutschen Bundestages rekrutiert, alle Rechte der Abgeordneten (wie die Teilnahme an öffentlichen Plenardebatten und an Bundestagsausschüssen). Durch diese umfangreiche Beteiligung stellt die Opposition laut Helms eine „Parlamentarische Mitregierung" (Helms 2002:40) dar. Besondere Macht entwickelt sie bei Gesetzen, die mit Zweidrittelmehrheit beschlossen werden müssen (verfassungsändernde Gesetze Art. 79 GG), da die Regierungsfraktionen in der Regel diese Mehrheit nicht mit den eigenen Stimmen erreichen können. Unabhängig von ihrer Präsenz in der zweiten Kammer ist die deutsche Opposition daher ein begrenzt gestaltender Vetospieler. Der Umfang der Gestaltungsmöglichkeiten erhöht sich jedoch in Zeiten des „divided government" über die zusätzlichen Einflussmöglichkeiten über den Bundesrat, wenn es der Bundestagsopposition gelingt, sich die Unterstützung der Länder mit parteipolitisch gleicher Färbung zu sichern. Die Verlockung für die Opposition aus parteipolitischen Gründen Gesetze im Bundesrat zu blockieren, kann durch eine Berücksichtigung ihrer Interessen in den Debatten des Bundes-

---

12 Vgl. zur genauen Differenzierung Abromeit/Stoiber 2006

tages bereits deutlich reduziert werden.[13] Kommt es dennoch zu einer ersten Ablehnung von Gesetzesvorlagen, so kann die Zustimmung des Bundesrates durch die Berücksichtigung der Oppositionsforderungen im Vermittlungsausschuss im zweiten Anlauf dennoch erreicht werden. Auch hier handelt es sich um eine Möglichkeit der gestalterischen Einflussnahme. Neben der offiziellen Beteiligung in den Gremien des Bundestages gibt es zudem auch noch die Möglichkeit zur Beteiligung in inoffiziellen, zumeist parteipolitischen, Gremien. Inoffizielle große Koalitionen kommen in Deutschland gerade in Zeiten unterschiedlicher Mehrheitsverhältnisse zwischen Bundestag und Bundesrat öfters vor. Dabei wird die größte Oppositionspartei bereits im Aushandlungsprozess des Gesetzes im Bundestag umfassend mit einbezogen. Ein bekanntes Beispiel für die Zusammenarbeit stellt das Gesundheitsstrukturgesetz von 1992 dar. Union und SPD verhandelten zwischenparteilich in Bad Lahnstein und erzielten dabei einen Kompromiss, noch eher es zu ersten Abstimmungen über das Gesetz kam. Dabei gelang es der SPD-Opposition nicht nur viele ihrer inhaltlichen Ziele durchzusetzen, sondern auch als reformfördernder Akteur in der Öffentlichkeit wahrgenommen zu werden.

Die Beteiligungsmöglichkeiten der Opposition in Kanada sind dagegen weitestgehend auf ihre Aktivitäten im Oberhaus beschränkt. Im kanadischen Westminster-Regierungssystem agieren die Bundesregierung und ihre Unterhausmehrheit in enger Abstimmung und bieten nur sehr begrenzte Einflussmöglichkeiten für die Opposition. Die Ausschüsse des Senates dagegen können umfangreiche Änderungsvorschläge machen und ermöglichen es damit der Opposition gestalterischen Einfluss auszuüben, sofern das Unterhaus diese Änderungen akzeptiert. Ist eine derartige Akzeptanz absehbar, müsste eine konsensuale Interaktionsorientierung der Opposition befördert werden. In den 70er Jahren förderten die so genannten Pre-Studies, in denen die zuständigen Senatsausschüsse über Gesetzesvorlagen parallel zu deren Verhandlung im Unterhauses berieten, die Konsensualität (Amm 2003: 290). Besonders wenige Gesetze scheiterten, weil viele Senatseinwände schon im Vorfeld in den Gesetzentwürfen berücksichtigt wurden. Außerparlamentarische, informelle Verhandlungen gibt es zwischen dem kanadischen Ober- und Unterhaus nicht.

---

13 Es kann jedoch trotzdem zu Blockaden aufgrund von landesspezifischen Interessen kommen – die an dieser Stelle jedoch nicht berücksichtigt werden. Die Wahrscheinlichkeit für diese kann allerdings ebenfalls durch eine frühzeitige Einbindung der Bundesländer in die Verhandlungsprozesse des Bundestages reduziert werden.

5.2   Enge und lose Kopplungen zwischen Bund- und Gliedstaaten

Sofern die Opposition in den Gliedstaaten teilweise selbst in der Regierungsver-
antwortung steht, wird sie eher zu einer konsensualen Strategie neigen, da sie bei
einem dauerhaften Scheitern der Regierungspolitik selbst zur Leidtragenden werden könnte. Es lässt sich daher vermuten, dass mit zunehmender Beteiligung von
Oppositionsparteien in den Regierungen der Gliedstaaten die konsensuale Interaktionsorientierung der Opposition steigen müsste, solange es eine enge Verknüpfung von Bundes- und Gliedstaatenpolitik gibt.

Obwohl sowohl Kanada als auch Deutschland wegen ihres parlamentarischen
Regierungssystems als föderale Wettbewerbsdemokratien betrachtet werden können, unterscheiden sie sich in der Form doch deutlich. Der deutsche Bundesstaat
lässt sich durch eine ausgeprägte Form institutionalisierter Politikverflechtung
zwischen Bund und Gliedstaaten charakterisieren, während die Beziehungen zwischen dem Bund und den Provinzen in Kanada weitgehend informell sind und
deren Vertreter meistens in administrativen Politiknetzen ohne Einigungszwang
zusammenarbeiten (Benz 2003a: 15).

Die Verflechtung der Bundes- und Länderebene in Deutschland ist durch
enge Kopplungen gekennzeichnet, da die Funktionslogiken und Mechanismen
der Ebenen stark aufeinander einwirken (z. B. durch den Einigungszwang bei zustimmungspflichtigen Gesetzen) und das Handeln der Akteure bestimmen (Benz
2010: 120; Benz 2003a: 16). Dadurch ergibt sich eine große Abhängigkeit zwischen
Bundes- und Landespolitik sowie den zugehörigen Wahlen. Da die Mitglieder des
Bundesrates zudem von den Länderregierungen bestellt werden und an deren
Weisungen gebunden sind, lassen sich Blockaden im Bundesrat direkt auf die Landesregierungen zurückführen. Die Gefahr für die Regierungsparteien bei Landtagswahlen für eine blockierende Haltung im Bundesrat abgestraft zu werden, ist
daher recht hoch. Diese enge Verknüpfung sollte die Konsensualität der Opposition fördern.

Anders verhält es sich in Kanada, wo die gegenseitigen Abhängigkeiten zwischen Provinz- und Bundesebene durch lose Kopplung schwach ausfallen und
damit weniger störungsanfällig sind (Benz 2003a: 16). Es besteht eine klare Trennung von Bundespolitik und der Politik der Provinzen (teilweise mit eigenständigen Parteien in den Provinzen), da beide Ebenen weitestgehend unabhängig
voneinander mit klar abgrenzbaren Kompetenzen agieren. Die Provinzparlamente
und -regierungen haben kein direktes Mitspracherecht bei der Besetzung der Se-
natorenposten (Höfer 2009: 128). Demnach können die Landesregierungen auch
nicht für das Verhalten der Senatoren zur Verantwortung gezogen werden. Die

Bundesopposition muss für ihr Handeln im Senat daher kaum Restriktionen erwarten, und kann demnach eine kompetitivere Interaktionsorientierung verfolgen.

5.3 Macht und Legitimation

Von großer Bedeutung für die Interaktionsorientierung der Akteure ist auch ihre tatsächliche Macht im Entscheidungsprozess jenseits der institutionellen Entscheidungskompetenzen – sie hängt neben anderen Faktoren stark von der Legitimationsbasis der Akteure ab. Sind sie Vetospieler mit hoher Legitimität, ist eine kompetitive Interaktionsorientierung zur Durchsetzung der eigenen Ziele wahrscheinlicher, als wenn die Akteure nur über geringe Legitimationsressourcen verfügen. In diesem Fall kann ihnen eine konsensuale Interaktionsorientierung mehr Einfluss ermöglichen als eine kompetitive, der möglicherweise ein Ausschluss aus den Verhandlungen folgt.

Die Senatoren des kanadischen Oberhauses werden in der Verfassungspraxis vom Premierminister berufen. Weder die Bürger noch die Parlamente oder Regierungen der Gliedstaaten haben ein Mitspracherecht bei der Auswahl. Es gilt lediglich den regionalen Repräsentationsschlüssel und eine geringe Zahl von Mindestanforderungen zu erfüllen (kanadische Staatsbürgerschaft, 4000 Dollar Besitz). Berufen werden zumeist (ältere und loyale) Mitglieder der Regierungspartei, die nach ihrer Benennung auch nicht mehr abberufen werden und erst mit dem 75. Lebensjahr automatisch ausscheiden (Höfer 1999:125). Die demokratische Grundlage des Senats ist daher sehr schwach und die demokratische Legitimität seines Einflusses gering. Zwischen Juli 1986 und dem November 1987 pendelte ein Arzneimittelgesetz (Drug Patent Act) zwischen kanadischem Senat und Unterhaus, da der Senat das Gesetz nicht in seiner ursprünglichen Form annehmen und das Unterhaus keine Änderungen vornehmen wollte. Schließlich lenkte der Senat ein, da auch die oppositionellen liberalen Senatoren der Meinung waren, dass das Unterhaus die höhere Legitimation habe und sich enthielten. Der Gesetzentwurf wurde mit 27 : 3 bei 32 Enthaltungen und zahlreichen abwesenden Senatoren geltendes Recht (Franks 1999: 128). Die mangelnde Legitimität des kanadischen Senates aufgrund der wählerunabhängigen Ernennung seiner Mitglieder hat auch auf das Verhalten der Regierung Einfluss. So zeigte sich die kanadische Regierung gegenüber dem Senat zumeist konfrontativ mit dem Verweis auf eben jene fehlende Basis und instrumentalisierte die Debatte darum stets in der öffentlichen Auseinandersetzung. Zwar kam es vereinzelt zu antizipatorischen Berücksichtigungen der Senatseinwände, jedoch waren Zugeständnisse an die Opposition sehr selten.

„Hierzu sind sich die Premierminister im konkurrenzdemokratischen System Kanadas ihrer starken Position zu sehr bewusst und ist das Legitimationsdefizit des Senats zu präsent" (Höfer 2009:135).

Angesicht dieses Legitimationsdefizits kommt es auch eher selten vor, dass Gesetzentwürfe direkt zurückgewiesen werden. Jedoch verfügt der kanadische Senat über einen erheblichen Einfluss auf den Zeitplan und kann durch Gesetzesverzögerungen Gesetze zum Scheitern bringen und die Handlungsfähigkeit der Regierung lähmen. So müssen Gesetze in beiden Kammern mit identischem Wortlaut beschlossen werden, was dem Senat die Möglichkeit gibt, immer wieder Änderungen zu fordern, und das Gesetz an das Unterhaus zurück zu überweisen, bis es dort aus Zeitmangel nicht mehr aufgegriffen wird oder nicht bis zum Ende einer Sitzungsperiode beschlossen werden kann und dann neu eingebracht werden muss (Amm 2003: 288). Zudem können die Gesetzentwürfe besonders lange in den Ausschüssen beraten werden und bis 1991 erlaubte eine nicht vorhandene Redezeitbegrenzung für Senatoren endlose Debatten. So versuchte zuletzt Senator Philippe Gigantes 1990 im Rahmen der Debatte zum Mehrwertsteuergesetz einen Filibuster von 17.45 Stunden (Amm 2003: 291). Diese Zeitplanmacht befördert zwar bei der Opposition kompetitive Interaktionsorientierung, kann jedoch bei der Regierung zu einer konsensualeren Interaktionsorientierung führen, wenn sie auf die schnelle Umsetzung eines Gesetzes wert legt.

Nichtsdestotrotz haben auch in Kanada formale Machtkompetenzen entscheidenden Einfluss auf die Art der Interaktionsorientierung. So verfolgte die kanadische Regierung im Streit um das Arbeitslosenversicherungsgesetz und das Mehrwertsteuergesetz 1990 eine konfrontative Strategie (Amm 2003: 295), welche letztlich zu einer Blockade führte. Durch die formale Kompetenz des Premierministers in Ausnahmefällen zusätzliche Senatoren zu ernennen, wurde diese jedoch zugunsten der Regierung entschieden, nachdem sich die Senatmehrheit durch die Ernennung von acht weiteren konservativen Senatoren zugunsten der konservativen Partei verschob. Da der Premierminister zudem für alle aus Altersgründen ausscheidenden Senatoren ihre Nachfolger benennt, ist eine Veränderung der Mehrheitsverhältnisse des Senats langfristig für jede Regierungspartei möglich.

Über derartige Kompetenzen zur Veränderung der Zusammensatzung des Bundesrates verfügt die Bundesregierung nicht. Die Mitglieder des Bundesrates werden von den Landesregierungen bestellt.[14] Sie gelten daher als indirekt gewählt,

---

14   Jedes Land kann nur so viele ordentliche Mitglieder für den Bundesrat benennen, wie es dort Stimmen hat. Die übrigen Mitglieder der Landesregierungen werden üblicherweise zu stellvertretenden Mitgliedern des Bundesrates bestellt. In der Praxis gehören dann alle Regierungsmitglieder dem

da sie zwar nicht direkt vom Bürger gewählt werden, aber von gewählten Landesregierungen als deren Interessenvertreter bestellt werden (Borchardt 2002: 110). Über die Landtagswahlen kann der Bürger mitentscheiden, welche Parteien über die Mehrheit im Landesparlament die Bundesratsmitglieder bestimmen. Diese können die von ihnen eingesetzten Vertreter jederzeit austauschen, sofern sie nicht ihre Interessen vertreten. Damit gilt die Legitimation der Bundesratsmitglieder als höher als jene der Senatoren, wenngleich dem Bundestag als direkt vom Volk gewählt eine größere Legitimität zukommt. Allerdings ist auch keine direkte Beeinflussung der Besetzung des Bundesrates durch die Bundesregierung möglich, wodurch diese die Mehrheitsverhältnisse nicht direkt mitbestimmen kann. Die deutsche Bundesregierung sollte daher eine deutlich konsensualere Interaktionsorientierung zeigen als ihr kanadisches Pendant. Diese Konsensualität zeigte sich dann auch deutlich am Ende der zweiten rot-grünen Regierungsperiode (2002–2005), in welcher es zu einer großen Bereitschaft der Berücksichtigung der Interessen der Opposition seitens der Regierung kam.

5.4 Konsensfördernde Institutionen

Konsensuale Interaktionsorientierungen werden auch durch die Existenz von institutionalisierten Vermittlungsgremien bestärkt. Diese bieten erneut den beteiligten Akteuren gestalterische Beteiligungsmöglichkeiten und erhöhen den öffentlichen Druck, da ein Scheitern des Vermittlungsergebnisses negativer wirken könnte als die Aufnahme der oppositionellen Vorstellungen ins Gesetz (Lehmbruch 2000: 164).

In Deutschland existiert mit dem Vermittlungsausschuss eine derartige Institution. Findet der Gesetzesbeschluss nicht die Billigung des Bundesrates, so kann dieser nach Artikel 77 Absatz 2 Satz 1 GG „binnen drei Wochen nach Eingang des Gesetzesbeschlusses verlangen, dass ein aus Mitgliedern des Bundestages und des Bundesrates für die gemeinsame Beratung von Vorlagen gebildeter Ausschuss einberufen wird". Hauptaufgabe des Vermittlungsausschusses ist es, die unterschiedlichen Vorstellungen von Bundestag und Bundesrat hinsichtlich eines Gesetzgebungsvorhabens soweit wie möglich zum Ausgleich zu bringen, ohne allerdings das Gesetzgebungsverfahren erneut durchlaufen zu müssen. Dabei gilt es

---

Bundesrat an. Da die Geschäftsordnung des Bundesrates den stellvertretenden Mitgliedern dieselben Rechte wie den ordentlichen einräumt, sind alle etwa 170 Benannten praktisch gleichberechtigt. www.bundesrat.de

Tabelle 4   Tätigkeit des Vermittlungsausschusses

	Gesetzesvorlagen vom Bundestag beschlossen, dem Bundesrat zugeleitet und von ihm beraten	Gesetzgebungsverfahren, in denen der Vermittlungsausschuss angerufen wurde	verkündete Gesetze nach Anrufung des Vermittlungsausschusses	nicht verkündete Gesetze
1949–1990	4427	492	442	53
1990–1994	507	83	71	12
1994–1998	565	83	73	10
1998–2002	558	75	65	12
2002–2005	401	100	88	12
2005–2009	616	18	18	0
insgesamt	7074	851	757	99

Quelle: Bundesrat 2009

durch politisches Vermitteln und gegenseitiges Nachgeben Lösungen zu finden, die für beide Seiten akzeptabel sind. Bei Zustimmungspflichtigen Gesetzen kann die Einschaltung des Vermittlungsausschusses auch von Bundesrat und Bundesregierung verlangt werden.

Die Statistik zeigt, dass ein Großteil der Anrufungen des Vermittlungsausschusses zum Erfolg geführt hat und das Gesetz letztlich in Kraft trat. Die Existenz des Ausschuss scheint die Konsensualität der Interaktionsorientierung (zumindest im Ausschuss selbst) demnach zu befördern.

Die Möglichkeit einen gemeinsamen Vermittlungsausschuss anzurufen, gibt es zwar auch in Kanada, sie wurde allerdings seit 1947 nicht mehr angewandt (Hays 2008: 1). Versuche, diese Möglichkeit erneut zu nutzen, scheiterten sowohl 1987 in der Auseinandersetzung um das Arzneimittelgesetz als auch 1990 beim Arbeitslosenversicherungsgesetz. In den 1980er Jahren versuchte der liberale Senator MacEachen ein gemeinsames Komitee aus Mitgliedern des Ober- und Unterhauses zu etablieren, was allerdings am Widerstand der Regierung scheiterte (Franks 1999: 125).

5.5 Tradition und Selbstverständnis der Zweiten Kammer

Die Interaktionsorientierung hängt schließlich auch in erheblichem Maße davon ab, mit welchem Selbstverständnis und in welcher Rolle sich die Akteure der zweiten Kammer selbst im Regierungssystem sehen.

Der kanadische Senat ist trotz aller Ausrichtung entlang von Parteilinien von einer gewissen überparteilichen Selbstwahrnehmung geprägt, die sich aus der fehlenden Abrufbarkeit seiner Mitglieder ergibt. Zudem herrscht aufgrund der mangelnden Legitimation das Prinzip der eigenverantwortlichen Selbstzurückhaltung (auch in Phasen divergierender Mehrheiten) (Höfer 2009: 134). So äußerte sich der liberale Senator Keith Davey 1986: „Obwohl wir nicht gewählt sind, können wir jede und alle Gesetzesinitiativen des gewählten Unterhauses blockieren. Nicht dass wir, angesichts unseres ungewählten Status, unser mächtiges Veto je benutzen würden. Würden wir es tun, würde es uns sofort genommen; und so ist es wie es sein sollte."[15] Die Kammer sieht sich vielmehr als Institution des *sober second thought*, die sich mit Gesetzesvorlagen weniger inhaltlich auseinandersetzt, sondern diese vielmehr auf formale Fehler und Unklarheiten prüft. Zudem ist der kanadische Senat keine Repräsentation der einzelnen Provinzen auf Bundesebene, da föderative Konflikte und Verhandlungen zwischen den einzelnen Provinzen und der Bundesregierung auf der legislativen Ebene kaum bestehen und sich vielmehr nur auf die administrative Ebene erstrecken, an der weder Unter- noch Oberhaus Anteil haben (Höfer 2009: 133).

Auch der deutsche Bundesrat ist trotz aller Ausrichtung entlang von Parteilinien von einer gewissen überparteilichen Selbstwahrnehmung geprägt, die allerdings vielmehr auf die Durchsetzung von Länderinteressen zurückzuführen ist. Diese zeigte sich vor allem bis zur sozial-liberalen Koalition 1969, bis die Opposition den Bundesrat als wichtige Einflussquelle auf die Regierungspolitik entdeckte. Damit änderte sich das Selbstverständnis des Bundesrates von einem Vertreter der Länderinteressen zu einem Vertreter parteipolitischer Positionen (Scharpf 2009). Nichtsdestotrotz spielen Länderinteressen (oftmals vor allem finanzielle Interessen) immer noch eine große Rolle für das Verhalten der Bundesratsmitglieder, die im Zweifelsfall auch parteipolitische Interessen überlagern. Hesse und Ellwein schlussfolgern, dass der Bundesrat weit weniger als zweite Kammer als vielmehr als zweite Regierung fungiert, der nur insoweit zweite Kammer ist, als er selte-

---

15 „Although we are not elected, we can block any and all legislation passed by the duly elected House of Commons. Not that we would ever use our powerful veto, given our unelected status. If we did, it would immediately be taken away from us; and so it should be ", zitiert nach Franks 1999: 123.

ner Gesetzesinitiativen entwickelt und besondere Wünsche meist der Regierung übermittelt (Hesse/Ellwein 2004: 294). Zwar prüft auch der Bundesrat Gesetzesvorlagen, allerdings weniger auf deren Konformität mit dem Recht, als vielmehr hinsichtlich der Konformität mit seinen eigenen Landesinteressen und gegebenenfalls hinsichtlich parteipolitischer Interessenlagen. Damit sind die Mitglieder deutlich mehr an der inhaltlichen Ausgestaltung interessiert und sollten spätestens bei einer Nichtberücksichtigung ihrer Landesinteressen ihre Vetomacht einsetzen. Das Selbstverständnis des Bundesrates ist damit deutlich kompetitiver geprägt.

6   Die situative Nicht-Nutzung von Vetomacht

6.1   Öffentlicher Druck

Die öffentliche Wahrnehmung spielt für Parteien eine entscheidende Rolle, da sie die Zustimmung oder Ablehnung durch ihre Wähler beeinflusst. So beschreibt die Theorie der „blame avoidance" den Versuch von Akteuren unpopuläre Entscheidungen stets gemeinsam mit Konkurrenten durchzusetzen, um Stimmverluste zu minimieren (Weaver 1986).

Die öffentliche Wahrnehmung kann (in Krisenzeiten) eine konsensuale Interaktionsorientierung befördern, indem sie Druck auf mögliche Blockierer ausübt, ihren Widerstand aufzugeben. Die Personalisierung der Konflikte sowie die Erhöhung der medialen Aufmerksamkeit machen es für kompetitive Akteure schwerer, ihre kompetitive Interaktionsorientierung beizubehalten, ohne in der Öffentlichkeit, und damit auch beim Wähler, als Handlungsblockierer wahrgenommen zu werden. „Externe Schocks und Problemdruck" sind daher in der Lage „die Macht von Vetospielern [zu] brechen" (Blancke/Schmid 2003:235). Aber auch außerhalb von Krisenzeiten sind die Akteure stets bemüht, einen positiven Eindruck zu hinterlassen und nicht als Blockierer notwendiger Reformen wahrgenommen zu werden.

So war es auch der öffentliche Druck, der den kanadischen Senat 1985 zur Bewilligung des Bundeshaushaltes bewegte, nachdem er für dessen Verzögerung in der Öffentlichkeit stark kritisiert wurde (Franks 1999: 125). Einen gegenteiligen Effekte hatte die Öffentlichkeit im Streit um den Drug-Patent-Act, in welchem diese nicht die Regierung, sondern vielmehr die ablehnende Haltung des Senats unterstützte. Die Zustimmung zum Gesetz konnte letztlich nur durch Appelle an die geringe Legitimationsbasis des Senats errungen werden (Franks 1999: 128). 1989 wurde der Senat zwar nicht auf Druck der Öffentlichkeit, aber durch eine ausnehmende Krisenhaftigkeit der Situation zum Einlenken beim Streit um ein 33 Millionen Supply Bill gezwungen, da die Regierung ohne seine Zustimmung große Teile ihrer Zahlungen an Polizei etc. nicht mehr hätte tätigen können (Franks 1999: 131), was im Nachhinein sicher zu großer öffentlicher Ablehnung geführt hätte.

In Deutschland stimmte die Opposition 2003 einem Vorziehen der Steuerreform im Bundesrat zu, da der Druck aus dem Mittelstand und der Industrie so groß wurde, „dass wir eine Steuersenkung nur noch schwer ablehnen können" (CDU-Vorstandsmitglied, zitiert bei Schult 2003). Und 2009, unmittelbar vor der Abstimmung des Bundesrates über das Wachstumsbeschleunigungsgesetz der schwarz-gelben Koalition, teilten die bislang skeptischen Unions-Ministerpräsidenten von Schleswig-Holstein und Sachsen ihre Zustimmung zu dem Steuerpaket mit, da sich der Handlungsdruck stetig erhöht hatte.

6.2   Persönliche Faktoren

Die Interaktionsorientierung der Akteure wird neben den institutionellen Rahmenbedingungen und dem politischen und öffentlichen Umfeld oftmals auch stark vom Verhalten einzelner Persönlichkeiten geprägt. Die kompetitive Interaktionsorientierung eines kollektiven Akteurs kann dadurch aufgebrochen werden, dass die Führungspersönlichkeiten einen guten, freundschaftlichen Umgang miteinander pflegen. So verweist Sabine Kropp darauf, das personenspezifische Variablen wie Sympathie, Autorität, Regierungs- und Führungsstil durchaus Einfluss auf das Akteursverhalten haben können (Kropp 2001: 295). Das Verhalten von einzelnen (führenden) Individuen kann von entscheidender Bedeutung sein.

So verhinderte die konfrontative Haltung zwischen dem konservativen kanadischen Premierminister Mulroney und seinem liberalen Senatkontrahenten MacEachen 1990 (Franks 1999: 125) eine konsensuale Interaktionsorientierung und eine einvernehmliche Lösung der Blockade des Senats zum Arbeitslosenversicherungsgesetz. Generell zeigte Mulroney eine kompetitive Interaktionsorientierung gegenüber den liberalen Senatoren, die seiner Meinung nach seine Führungsrolle zu Unrecht untergruben. Das gute Verhältnis zwischen Rudolf Dreßler und Horst Seehofer, die sich bereits aus den Reformverhandlungen zur Gesundheitsreform 1989 kannten, begünstigte dagegen die inoffiziellen Verhandlungen zum Gesundheitsstrukturgesetz 1992 und verstärkte die konsensuale Interaktionsorientierung beider Seiten.

6.3   Präferenzen und Identität

Großen Einfluss auf die Interaktionsorientierung haben selbstverständlich auch die Präferenzen der Akteure und deren Identität bzw. ideologische Basis, als dauerhafte Form von Präferenzen. Je größer die Kongruenz zwischen den Präferenzen der Akteure, desto konsensualer wird ihre Interaktionsorientierung sein, da in diesem Fall alle Akteure an einer Umsetzung des Gesetzes in einer bestimmten Form interessiert sind. Konsensuale Interaktionsorientierungen sind allerdings nicht zu erwarten, wenn Veränderungen gegen zentrale Präferenzen und Elemente der akteurseigenen Identität wirken. Anderseits ist bei einer Übereinstimmung mit der Identität eines an sich eher kompetitiven Akteurs in diesem Fall durchaus auch konsensuales Verhalten möglich, da eine Ablehnung des Vorhabens (aus machtpolitischen Gründen) nicht vermittelbar wäre (Bräuninger/Ganghof 2005: 176).

1986 war es für die liberalen Senatoren kaum möglich, dem Drug-Patent-Act zuzustimmen, weil er große Teile der zuvor von ihrer Partei eingeführten Regelungen zurücknahm. Auch eine Zustimmung zum Arbeitslosengesetz 1990 war aufgrund großer ideologischer Differenzen zwischen den beiden großen Parteien schwierig (Franks 1999: 133). Nach dem Regierungswechsel 1993 sah sich die neue liberale Regierung dagegen zwar auch einer oppositionellen Senatmehrheit gegenüber, jedoch waren hier die ideologischen Unterschiede gerade im Bezug auf Einsparungen im Sozialstaat weitaus weniger groß, da die Liberalen einen ausgesprochen „konservativen" Kurs verfolgten (Franks 1999: 140). Die Auseinandersetzungen um das Lester B. Pearson International Airport Gesetz (C-28) gestaltete sich allerdings wesentlich härter, denn im Wahlkampf war es eines der wichtigsten Wahlversprechen des neu gewählten liberalen Premierministers Chrétiens gewesen, die von seinem Vorgänger eingeleitete Privatisierung des Flughafens rückgängig zu machen. Aufgrund der deutlichen Positionierung beider Seiten war weder ein Einlenken des konservative Senats noch der liberalen Regierung möglich, so dass das Gesetz zwei Jahre (1994–1996) zwischen den Kammern pendelte. Letztlich endete die Abstimmung im Senat unentschieden, womit das Gesetz nicht in Kraft trat (Franks 1999: 143).

In Deutschland fiel es der konservativen Opposition schwer, die wirtschaftliberalen Aspekte der Agenda 2010 und Kürzungen im Sozialstaatsbereich, welche von der rot-grünen Regierung 2002 gefordert wurden, gänzlich abzulehnen. Zwar positionierten sie sich öffentlich gegen Teile der Reformen, auch weil dies dem Wählerwillen entgegen kam, jedoch war eine inhaltliche Ablehnung teilweise schwierig und halbherzig, da zahlreiche SPD-Forderungen den Forderungen der Opposition glichen. Die Radikalität der Reformen wird daher oftmals auch mit der sozialdemokratischen Regierungsbesetzung erklärt und gemutmaßt, dass vergleichbare Reformvorstöße unter einer konservativen Regierung kaum möglich gewesen wären, da diese dann von den Sozialdemokraten als „sozial ungerecht" bezeichnet worden wären.

6.4   Mehrheitsverhältnisse

Simone Burkhart und Philipp Manow beobachten bei ihren Untersuchungen zum deutschen Bundesrat einen deutlichen Zusammenhang zwischen den Mehrheitsverhältnissen und der Interaktionsorientierung. Demnach führen deutlich entgegenlaufende Mehrheiten zwischen Bundestag und Bundesrat im Regelfall nicht zu einem Bundesratsveto und dem Scheitern von Gesetzen, sondern fördern die Kompromissbereitschaft vor allem auf Seiten des unterlegenen Akteurs. Dies kann besonders bei der Regierung zu erheblicher politischer Selbstbeschränkung führen. Herrschen jedoch im Bundesrat knappe oder uneindeutige Mehrheitsverhältnisse, spekulieren sowohl die Regierung als auch die Opposition auf die Durchsetzung von weniger kompromissfähigen Positionen sowie auf eine Abstimmungsniederlage des politischen Gegners, sodass hier deutlich kompetitivere Interaktionsorientierungen zu erwarten sind (Burkhart/Manow 2006: 807).

Die große Mehrheit der oppositionsgeführten Bundesländer am Ende der zweiten rot-grünen Amtsperiode, ich welcher die Regierungsparteien nicht einmal mit der Unterstützung der neutralen Länder die Mehrheit im Bundesrat erringen konnte, hätte nach Burkhart und Manow zu einer erhöhten Konsensualität der Regierung führen müssen. Und tatsächlich kündigten Bundeskanzler Schröder (SPD) und der CDU-Vorsitzende Schäuble nach dem Verlust der rot-grünen Bundesratmehrheit im Herbst 1999 an, für wichtige Gesetzesvorhaben eine informelle Große Koalition zu bilden (Der Spiegel 20.9.1999). In den folgenden Jahren gab es in verschiedenen Politikfeldern Verhandlungen derartiger Koalitionen. So wurden beispielsweise die Sozialkürzungen der Hartz-Gesetze und das Gesundheitsmodernisierungsgesetz von einer informellen Großen Koalition beschlossen.

Die These des „Autolimitations"- oder Selbstbeschränkungs-Arguments kann auch auf den kanadischen Senat übertragen werden. Besitzt die Opposition im Senat eine deutliche Mehrheit so kann die Regierung nicht erwarten, diese in absehbarer Zeit zu ihren Gunsten zu verändern und wird sich kompromissbereiter zeigen. Bei geringen Unterschieden und angesichts des freien Mandats der Senatoren, kann dagegen auch bei knapper Minderheit auf das Abweichen einzelner Senatoren von der Parteilinie gehofft werden und eine Konsensualität ist nicht notwendig. Allerdings wird die Oppositionalität des Senats durch seine geringere Legitimation eingeschränkt, so dass die Regierung bisweilen trotz ausgeprägter Minderheitsposition nicht zu Zugeständnissen bereit ist, sondern vielmehr eine öffentliche Anprangerung des Blockadeverhaltens versucht. So sprach beispielsweise Mulroney von „legislative terrorism" (Franks 1999: 135) um die Öffentlichkeit für sich zu gewinnen, als die liberalen Senatoren beim Goods and Services Tax Gesetz langwierige Beratungen und Filibuster durchführten.

7   Fazit

Die Untersuchung zeigt die Bedeutung der Interaktionsorientierung für die Nicht oder nur teilweise Nutzung von Vetomacht und ihre Abhängigkeit von einer Vielzahl von Faktoren. Da eine dauerhafte Blockade für keinen Akteur von Vorteil sein kann, zumal wenn ein institutionell bedingter Zwang zur Entscheidung besteht, bilden sich Handlungsmuster und Handlungsrationalitäten zwischen den Akteuren heraus, welche die Handlungsfähigkeit auch in Zeiten des *divided government* bewahren.

Selbstverständlich haben nicht alle Faktoren die gleiche Bedeutung für die Festlegung der Interaktionsorientierungen und damit für die Nicht- oder strategische Nutzung von Vetomacht. Es schien sinnvoll zwischen denjenigen zu unterscheiden, welche in erster Linie von den institutionellen Kontexten geprägt sind und eine *dauerhafte* Nichtnutzung von Vetopotentialen über Politikfelder, Einzelentscheidungen und einzelne Zeitpunkte hinaus bewirken können, da sie dauerhaft konstant bleiben, und denjenigen, welche nur in spezifischen Ausprägungen, also weniger konstant als vielmehr *situativ* verschieden, die Interaktionsorientierung prägen – dann aber gegebenenfalls erheblichen Einfluss entwickeln können. Tabelle 5 gibt einen Überblick über die verschiedenen Faktoren, die die Interaktionsorientierung beeinflussen und ihre Ausprägungen für das deutsche und das kanadische System.

Um die effektive Nutzung von Vetomacht in Einzelentscheidungen und Politikfeldern bewerten zu können, sollten daher zunächst die Faktoren untersucht werden, welche eine dauerhafte Nicht-Nutzung bewirken könnten. Lassen sich dabei keine entsprechenden kulturellen oder institutionellen Arrangements ermitteln, sollten in einem zweiten Schritt auch die situativ wirksamen Faktoren für den Untersuchungsfall analysiert werden. Dabei führt selbstverständlich nicht ein einzelner Faktor automatisch zu einer konsensualen Interaktionsorientierung. Vielmehr können die einzelnen Einflussgrößen auch im Konflikt zueinander stehen, indem

Tabelle 5   Konsensförderliche Einflüsse zwischen den Kammern
in Deutschland und Kanada

	Deutschland	Kanada
Möglichkeiten zur inhaltlichen Einflussnahme durch die Opposition	hoch	mittel
Enge Kopplungen zwischen Bund- und Gliedstaaten	hoch	niedrig
Tatsächliche Macht und Legitimation der 2. Kammer	mittel	niedrig
Existenz konsensfördernder Institutionen	hoch	niedrig
Konsensorientiertes Selbstverständnis der 2. Kammer/Überparteiliche Selbstwahrnehmung	gering	hoch
Öffentlicher Druck	niedrig	hoch
Vorhandensein von Freundschaft	verschieden (mittel)	verschieden (niedrig)
Präferenzen-/Identitätskongruenz	mittel	mittel
Klare Mehrheitsverhältnisse	verschieden	verschieden

Quelle: eigene Darstellung

der eine eine konsensuale Interaktionsorientierung begünstigen, ein anderer jedoch erschweren würde. Da eine generelle Gewichtung der einzelnen Faktoren kaum möglich ist, eignet sich die Betrachtung der situativ wirksamen Faktoren eher zu einer ex-post denn zu einer ex-ante Betrachtung von Politikentscheidungen. Die Erfüllung einer Vielzahl der genannten Hypothesen würde aber in jedem Fall eine konsensuale Interaktionsorientierung befördern.

In Bezug auf die Nicht-Nutzung von Vetorechten durch den deutschen Bundesrat und den kanadischen Senat wird deutlich, dass unterschiedliche Faktoren für die Konsensualität der Interaktionsorientierung und damit der Vermeidung von Politikblockaden verantwortlich sind:

In Kanada ist es vor allem die geringe Legitimationsbasis, welche die Konfrontation zwischen Ober- und Unterhaus verhindert, indem sie bei den Senatoren die Tradition geschaffen hat, fast immer die Selbstzurückhaltung über parteipolitische Interessen zu stellen. Problematisch wird dies nur, wenn grundlegende Präferenzunterschiede zwischen den Akteuren bestehen, welche ein Einlenken erschweren. Der wirksamste Lösungsmechanismus in Konfliktsituationen, die nicht durch die

Selbstzurückhaltung gelöst werden, ist der Einbezug der Öffentlichkeit, welche Druck auf die Akteure ausüben kann. In der Regel werden Blockaden im kanadischen Senat durch das Einlenken des Senats vermieden.

Anders verhält es sich dagegen im deutschen Bundesrat. Der zentrale Konfliktlösungsmechanismus liegt hier in der frühzeitigen inhaltlichen Beteiligung der oppositionellen Akteure und gegebenenfalls in der Nutzung des Vermittlungsausschusses, in welchem ebenfalls die Beteiligung der Opposition institutionalisiert ist. Damit werden in Deutschland Blockaden in der Regel durch das Einlenken der Regierung bzw. durch die Gewährung von Zugeständnissen vermieden. Die enge Verknüpfung von Landes- und Bundespolitik und ihrer parteipolitischen Akteure ist zwar einerseits auch Grundlage für zahlreiche Blockadepotentiale, zwingt die Akteure aber gleichzeitig auch zur Kompromissbereitschaft, da auch die Opposition in der Verantwortung gegenüber Wählern bezüglich der Politikgestaltung steht.

Persönliche Faktoren können in beiden Systemen die Konsensualität fördern, sind jedoch kaum in der Lage Blockaden dauerhaft zu schaffen, da ein konfrontatives Verhalten von anderen Faktoren überlagert werden kann.

Die Bestimmung von Vetospielern anhand von formalen Einflusspotentialen sagt, wie sich gezeigt hat, noch wenig über deren Vetonutzung aus. Die tatsächliche Nutzung weicht oftmals von der theoretischen Möglichkeit ab. So ist der kanadische Senat formal mit stärkeren Vetorechten ausgestattet als der deutsche Bundesrat, und trotzdem diejenige Kammer, welche im Konfliktfall zumeist nachgibt, während es sich in Deutschland andersherum verhält. Wie vielfältig die Gründe dafür sein können, zeigt diese Untersuchung der Interaktionsorientierung und ihrer Einflussfaktoren, welche in systematischeren Studien noch verallgemeinert werden könnte, um, in Ergänzung mit anderen Einflussvariablen abseits der Interaktionsorientierung, ein Variablenset zu ermitteln, mit welchem die tatsächliche Vetomacht und die tatsächlichen Vetospielern bestimmt werden können. Nichtsdestotrotz bietet die formale Vetomacht, die in Anlehnung an Tsebelis bestimmt werden kann, einen guten ersten Hinweis darauf, wer die tatsächlichen Vetospieler sind, da es zwar oftmals Akteure mit formalem aber ohne tatsächlichen Einfluss, aber nur weitaus seltener Akteure mit tatsächlichem Einfluss aber ohne formalen Einfluss gibt. Die Bestimmung des formalen Vetopotentials stellt damit einen guten Ausgangspunkt dar, bedarf für genauere Ergebnisse aber einer detaillierteren Untersuchung. Diese Untersuchung ergänzt die von Tsebelis für den Staatenvergleich wissentlich vernachlässigten Aspekte machtpolitisch, kulturell und institutionell motivierter Handlungsweisen und erhöht damit die Erklärungskraft des Ansatzes für die Politikfeldanalyse.

Die Analyse hat gezeigt, welche Bedeutung die Interaktionsorientierung der Vetospieler für die Nutzung ihrer Vetomacht haben kann. Obwohl sich die Untersuchung der Interaktionsorientierung hier auf diejenige zwischen der Regierung und Opposition in den bikameralen Systemen Deutschlands und Kanadas konzentriert, ist zu erwarten, dass sich auch zwischen den (sofern existent) verschiedenen parteipolitischen Akteure innerhalb von Regierung und Opposition, wie Regierungskoalitionsparteien, ebenso wie im Verhältnis zu gesellschaftlichen Akteuren sowie anderen institutionellen Vetospielern wie Verfassungsgerichten oder Präsidenten unterschiedliche Interaktionsorientierungen ergeben, die auch dort den Umfang der Vetonutzung mitbestimmen. Grundsätzlich sollten daher in der Anwendung der Vetospielertheorie für die Policy-Analyse stets die formal-institutionellen ebenso wie die informellen, kulturellen als auch situativen Faktoren, die das Handeln der Akteure in Bezug auf ihr jeweiliges Gegenüber und damit die Interaktionsorientierung beeinflussen, beurteilt werden. So hat die Organisationsstruktur von Parteien Einfluss auf die Interaktionsorientierung gegenüber anderen Vetoakteuren, indem sie die Entscheidungsfreiräume der Parteiführung ebenso wie das Verhalten der internen Flügel mitbestimmt. Ferner wird die Einordnung von Akteuren als Vetospieler, die entweder am Status quo festhalten oder aber von diesem abweichen wollen, die Interaktionsorientierung ebenfalls insofern beeinflussen, als das zu erwarten ist, dass die Status quo-erhaltenden Vetospieler eher kompetitive und die Status quo-abweichenden Vetospieler vielmehr konsensuale Interaktionsorientierungen verfolgen werden.[16] Werden extreme (absolute) Positionen von den Vetoakteuren bezogen, so wird auch hier die Interaktionsorientierung davon geprägt sein, ob diese Positionen eine Politikveränderung befürworten oder ablehnen, wobei eine Ablehnung zu einer verstärkten Nutzung und eine Unterstützung zum Verzicht auf die Nutzung der Vetomacht führen müsste.

Grundsätzlich wird das Verhalten von Vetospielern nicht nur von der Existenz eines Policy-Winsets bestimmt, sondern ebenso von aus dem Parteienwettbewerb resultierenden machtpolitischen Erwägungen sowie von institutionell, kulturell und situativ geprägten Verhaltensweisen, welche die Strategie und den Grad der tatsächlichen Vetonutzung determinieren.

---

16 Vgl. auch Ahrend/Blum in diesem Band

Literatur

Abromeit, Heidrun/Stoiber, Michael, 2006: Demokratien im Vergleich. Einführung in die vergleichende Analyse politischer Systeme, Wiesbaden.

Amm, Joachim, 2003: Der unreformierte Senat Kanadas im Spiegel seiner instrumentellen Funktionen und institutionellen Mechanismen, in: Patzelt, Werner J. (Hrsg.), 2003: Parlamente und ihre Funktionen. Institutionelle Mechanismen und institutionelles Lernen im Vergleich, Wiesbaden.

Bandelow, Nils C., 2005: Kollektives Lernen durch Vetospieler? Konzepte britischer und deutscher Kernexekutiven zur europäischen Verfassungs- und Währungspolitik, Baden-Baden.

Benz, Arthur, 2003a: Föderalismus und Demokratie. Eine Untersuchung zum Zusammenwirken zweier Verfassungsprinzipien, in: polis Nr. 57, Hagen.

Benz, Arthur, 2003b: Konstruktive Vetospieler in Mehrebenensystemen. In: Mayntz, Renate/Streeck, Wolfgang (Hrsg.), 2003: Die Reformierbarkeit der Demokratie. Innovationen und Blockaden, Frankfurt/New York, 205–236.

Benz, Arthur, 2010: Multilevel-Governance – Governance im Mehrebenensystem, in: Benz, Arthur/Dose, Nicolai (Hrsg.), 2010: Governance – Regieren in komplexen Regelsystemen: Eine Einführung, Wiesbaden, 111–135.

Birchfield, Vicki/Crepaz, Markus M. L., 1998: The impact of constitutional structures and collective and competitive veto points on income inequality in industrialized democracies, in: European Journal of Political Research, 34 (1998), 175–200.

Blancke, Susanne/Schmid, Josef, 2003: Bilanz der Bundesregierung Schröder in der Arbeitsmarktpolitik 1998–2002: Ansätze zu einer doppelten Wende, in: Egle, Christoph/Ostheim, Tobias/Zohlnhöfer, Reimut (Hrsg.), 2003: Das rot-grüne Projekt: Eine Bilanz der Regierung Schröder 1998–2002, Wiesbaden, 215–238.

Borchardt, Frank, 2002: Die Zulässigkeit parteipolitischen Verhaltens im Bundesrat, Münster/Hamburg/London.

Bräuninger, Thomas/Ganghof, Steffen, 2005: Parteienwettbewerb im Zweikammersystem, in: Ganghof, Steffen/Manow, Philip (Hrsg.), 2005: Mechanismen der Politik: Strategische Interaktion im deutschen Regierungssystem, Frankfurt a. M., 149–181.

Brede, Falko/Schultze, Rainer-Olaf, 2008: Das politische System Kanadas, in: Strüwe, Klaus/Rinke, Stefan (Hrsg.), 2008: Die politischen Systeme in Nord- und Lateinamerika, Wiesbaden, 315–341.

Bröckel, Jan von, 2011: Welche Macht hat der Bundesrat? Jedes Gesetz muss durch den Bundesrat – Unterscheidung Zustimmungs-/Einspruchsgesetz wichtig. [URL: http://www.janvonbroeckel.de/politik/bundesrat.html] (24.2.2011)

Bundesrat, 2009: Die Arbeit des Bundesrates im Spiegel der Zahlen. Statistische Angaben für die Zeit vom 7. September 1949 bis zum 27. Oktober 2009. [URL: http://www.bundesrat.de/cln_179/nn_101828/SharedDocs/Downloads/DE/statistik/gesamtstatistik,templateId=raw,property=publicationFile.pdf/gesamtstatistik.pdf] (24.2.2011)

Burkhart, Simone/Manow, Philip (2006): Kompromiss und Konflikt im parteipolitisierten Föderalismus der Bundesrepublik Deutschland. In: Zeitschrift für Politikwissenschaft, 16 (206), 3, 807–824.

Dahl, Robert A., 1978: Patterns of Opposition, in: Dahl, Robert A. (Hrsg.), 1978: Political Op-
positions in Western Democracies, New Haven/London.
Franks, C. E. S., 1999: Not dead yet, but should it be resurrected? The Canadian Senate, in:
Patterson, Samuel C./Mughan, Anthony (Hrsg.), 1999: Senates. Bicameralism in the
contemporary world, Columbus, 120–161.
Hays, Dan, 2008: Reviving Conference Committees, in: Canadian Parliamentary Review,
Herbst 2008. [URL: http://www2.parl.gc.ca/Sites/LOP/Infoparl/31/3/31n3_08e_Hays.
pdf] (23.1.2010)
Helms, Ludger, 2002: Politische Opposition. Theorie und Praxis in westlichen Regierungs-
systemen, Wiesbaden.
Hesse, Jens Joachim/Ellwein, Thomas (2004): Das Regierungssystem der Bundesrepublik
Deutschland, Bd. 1, Berlin.
Höfer, Philipp, 2009: Der kanadische Senat: Zweite Kammer mit autolimitierter Machtfülle,
in: Leunig, Sven (Hrsg.), 2009: Handbuch föderale Zweite Kammern, Opladen/Far-
mington Hill, 124–139.
Kam, Chris, 2009: Party Discipline and Parliamentary Politics, Cambridge.
Koggel, Claus Dieter, 2009: Die Tätigkeit des Vermittlungsausschusses in der sechzehnten
Wahlperiode des Deutschen Bundestages, in: Bundesanzeiger, 61 (2009), 190a, 9.
Kropp, Sabine, 2001: Regieren in Koalitionen. Handlungsmuster und Entscheidungsbildung
in deutschen Länderregierungen, Wiesbaden.
Lehmbruch, Gerhard, 2000: Parteienwettbewerb im Bundesstaat. Regelsysteme und Span-
nungslagen im politischen System der Bundesrepublik Deutschland, Wiesbaden.
Lhotta, Roland, 2003: Zwischen Kontrolle und Mitregierung. Der Bundesrat als Opposi-
tionskammer?, in: Aus Politik und Zeitgeschichte, B43/2003.
Marschall, Stefan, 2007: Das politische System Deutschlands, Konstanz.
Scharpf, Fritz, 2009: Interview mit Fritz Scharpf am 24. Juni 2009 in Saarbrücken auf
dem Föderalismus-Symposium des Bundesrates. [URL: http://www.bundesrat.de/
nn_1513148/symposium/Home/symposium-interview.html] (23.1.2010)
Scharpf, Fritz W., 2000: Interaktionsformen. Akteurzentrierter Institutionalismus in der
Politikforschung, Opladen.
Schröder, Valentin, 2010: Politische Wahlen in Deutschland. [URL: http://www.wahlen-in-
deutschland.de/bBundesrat.htm] (16.6.2011)
Schult, Christoph, 2003: Taube auf Sommertour, in: Der Spiegel, 34/2003, 28.
Stüwe, Klaus, 2004: Konflikt und Konsens im Bundesrat. Eine Bilanz (1949–2004), in: Aus
Politik und Zeitgeschichte. B 50-51/2004, 25–32.
The Senate of Canada, 2001: A Legislative and Historical Overview of the Senate of Cana-
da. Committees and Private Legislation Directorate. Revised May 2001. [URL: http://
www.parl.gc.ca/Content/SEN/Committee/381/pub/legislative-e.htm] (24.2.2011)
Trampusch, Christine, 2005: Sozialpolitik in Post-Hartz-Germany. [URL: http://www.mpifg.
de/people/tr/PDF/Trampusch%20Post-Hartz%20Langfassung%20WeltTrends.pdf]
(1.8.2011)
Tsebelis, George, 2002: Veto Players. How Political Institutions Work, Princeton.
Tsebelis, George/Money, Jeannette, 1997: Bicameralism, Cambridge.
Wagschal, Uwe, 1999: Blockieren Vetospieler Steuerreformen?, in: Politische Vierteljahresschrift, 40 (1999), 628–640.

Weaver, Kent, 1986: The Politics of Blame Avoidance, in: Journal of Public Policy, 44, 371–398.
Webert, Karin, 2009: Die Opposition im Deutschen Bundestag 1990–2005, Hamburg
Zinterer, Tanja, 2009: Der kanadische Senat: unbeliebt, undemokratisch, unreformierbar?,
        in: Riescher, Gisela/Ruß, Sabine/Haas, Christoph M. (Hrsg.). 2009: Zweite Kammern,
        München, 245–263.

Formale und reale Vetomacht in der Bildungspolitik: Welche Rolle spielt der Bund und warum? – Stillstand vs. Reformfähigkeit

Solveig Randhahn

1 Einleitung: Einführung in die Thematik und Fragestellung

George Tsebelis liefert mit seiner Vetospielertheorie einen Ansatz zur Erklärung von Reformstaus und Reformblockaden in politischen Systemen. Nach seiner Theorie sind Vetospieler individuelle oder kollektive Akteure, deren Zustimmung für einen Politikwechsel notwendig sind (vgl. Tsebelis 1995: 301). Tsebelis unterscheidet im engeren Sinne zwischen institutionellen und parteipolitischen Vetospielern: während erstere in der Verfassung verankert sind, bilden sich letztere durch den politischen Prozess und übernehmen die institutionellen Vetospieler.[1] Laut Tsebelis liefert die Zustimmung der institutionellen Vetospieler eine notwendige und hinreichende Bedingung für einen Politikwechsel. Dagegen ist die Zustimmung der parteipolitischen Vetospieler genau genommen weder hinreichend noch notwendig (vgl. Tsebelis 1995: 302). Allerdings können parteipolitische Vetospieler die institutionellen Vetospieler instrumentalisieren und werden dadurch selbst entscheidend für die politische Steuerungsfähigkeit im politischen System. Die Interaktion der von verschiedenen parteipolitischen Spielern beherrschten institutionellen Spieler führt schließlich zu den politischen Outputs.

Tsebelis identifiziert Vetospieler im engeren Sinne allein anhand formaler Kriterien: Wer berechtigt ist, durch ein Veto einen politischen Prozess faktisch zu beenden, also ein bestimmtes Ergebnis zu verhindern, findet in seinen Überlegungen Beachtung. Andere Akteure, die über keine formale, durch das Gesetz bestimmte Vetomacht verfügen, sind bei ihm nur von sekundärer Relevanz.[2] In einem weiteren Sinne wird der Begriff „Vetospieler" jedoch häufig – auch in der politischen

---

1 Als klassische institutionelle Vetospieler bezeichnet Tsebelis z. B. einen Präsidenten, das Parlament oder eine zweite Kammer. Dagegen werden die Parteien einer Regierungskoalition zu den parteipolitischen Vetospielern gezählt.

2 „Additional veto players", vgl. Tsebelis 1995: 306.

Debatte – für Akteure gebraucht, auf die die enge Definition nicht zutrifft. Dies gilt etwa für zivilgesellschaftliche Akteure, aber auch für politische Gremien, die zur Abstimmung dienen, die jedoch keine politische Macht im engen Sinne ausüben.

Aufbauend auf diesem klar definierten theoretischen Rahmen bietet Tsebelis einen grundlegenden Ansatz zur Beantwortung der Frage, welche Vetospieler auf welche Weise die politische Steuerungsfähigkeit in demokratischen Systemen beeinflussen und möglicherweise einschränken (vgl. Strohmeier 2005: 11). Die Theorie fokussiert jedoch einzig auf politische Systeme im Gesamten und berücksichtigt keine Politikfelder im Einzelnen. Das grundlegende Erkenntnisinteresse dieses Beitrags liegt darin, zu diskutieren, inwieweit dieser Ansatz zur Erklärung von Entscheidungsblockaden und Reformuntätigkeit auch auf Politikfelder und die Erklärung einzelner politischen Entscheidungen übertragen werden kann und an welchen Stellen die Theorie gegebenenfalls der Ergänzung bzw. Erweiterung bedarf.

Diesem Anliegen wird im Folgenden anhand einer Untersuchung des Politikfeldes Bildung – speziell des Bereichs Schule – nachgegangen. Dabei steht die Frage im Mittelpunkt, welche Vetospieler im engeren Sinne auf welche Weise die politische Steuerungsfähigkeit der Schulpolitik vorantreiben bzw. blockieren. Hintergrund für die Auswahl dieses Politikfeldes ist die Beobachtung, dass obwohl die Gesetzgebungskompetenz für diesen Bereich – und damit die formale Vetomacht – eindeutig bei den Ländern liegt, sowohl der Bund als auch andere gesellschaftliche Akteure eine zentrale Rolle für Reformtätigkeit und Entscheidungsprozesse in der Bildungspolitik spielen. Deutlich wurde dies zum Beispiel bei von Bund und Ländern im Rahmen der ehemaligen Bund-Länder-Konferenz (BLK) gemeinsam initiierten Investitionsprogrammen, wie dem IZBB (Investitionsprogramm Zukunft Bildung und Betreuung) oder FÖRMIG (Förderprogramm für Kinder und Jugendliche mit Migrationshintergrund). Bei diesen Programmen wurde die Beteiligung des Bundes durch gemeinsame Verwaltungsvereinbarungen legitimiert. Der Bund erhielt die Möglichkeit, auch ohne die eigentliche Entscheidungskompetenz zu besitzen, Einfluss auf bildungspolitische Prozesse zu nehmen.

Die Föderalismusreform 2006 setzte dieser Möglichkeit formal ein Ende, indem sie die Kompetenzen zwischen Bund und Ländern im Bildungsbereich klarer voneinander abgrenzte: Fortan unterlagen die beiden Ebenen im Schulbereich einem Kooperationsverbot (Art. 104 GG, Fassung vom 31.08.2006). Dies hatte zur Folge, dass Programme wie die oben genannten ausliefen und nicht verlängert wurden. Gleichwohl hat der Bund in der Zwischenzeit neue Wege gefunden, um in einigen Bereichen auch weiterhin gestaltend Einfluss zu nehmen, und das nicht nur moderierend, sondern auch durch die konkrete Bereitstellung von Ressourcen.

Durch diese Entwicklungen, die im Folgenden im Detail dargestellt werden, wird die Vetospielertheorie insofern geprüft, als dass sie mit Entwicklungen konfrontiert wird, die über ihr ursprüngliches Erkenntnisinteresse hinausgehen. Die Theorie verliert in diesem Fall an Erklärungskraft. Während Tsebelis von einer klaren Einteilung der Vetomacht durch formale statische Kriterien ausgeht, die die Vetospielräume klar definieren und abgrenzen, scheinen Entscheidungsprozesse in der Bildungspolitik eher durch ein „dynamisches Kuddelmuddel" realer Vetomachtverhältnisse zwischen Ländern, Bund und anderen gesellschaftlichen Akteuren geprägt zu sein. Ohne die Ergebnisse der detaillierten Diskussion vorweg zu nehmen, erscheint das Konzept des Vetos als sinnvolles Element der Analyse, seine formale Herleitung aus der Verfassung scheint der empirischen Realität jedoch nicht zu genügen. Das spezifische Erkenntnisinteresse dieses Beitrags liegt nunmehr darin, zu überprüfen, welche Merkmale diese realen Vetomachtverhältnisse zwischen Bund und Ländern kennzeichnen, auf welchen Grundlagen sie beruhen und welche Folgen sich daraus für die Schulpolitik ergeben.[3]

Der Beitrag ist wie folgt gegliedert: Zunächst wird ein grober Überblick über den Status quo der Bildungspolitik im Schulbereich gegeben. Im Anschluss wird die Vetospielertheorie auf das Politikfeld Bildung angewendet und die Verteilung von Vetomacht zur Erklärung von Politikwechseln bzw. Reformblockaden aufgezeigt. Dazu werden zum einen die klassischen formalen Vetomachtverhältnisse in der Bildungspolitik vorgestellt. Zum anderen erfolgt eine Analyse der realen Machtverteilung in diesem Bereich. Im Mittelpunkt steht die Überprüfung der Relevanz des Bundes und seiner Möglichkeiten, Einfluss auf die Steuerungsfähigkeit der Bildungspolitik zu nehmen. Besondere Berücksichtigung erfahren dabei auch die veränderten Entscheidungsspielräume im Zuge der Föderalismusreform. Es soll eine Aussage darüber gemacht werden, inwieweit sich die reale Machtverteilung von der formalen Kompetenzzuordnung durch das Gesetz unterscheidet und inwieweit hier gegebenenfalls andere oder neue Handlungsspielräume identifiziert werden können.

---

3   Zur Eingrenzung des Untersuchungsgegenstandes bleibt die Einflussnahme durch gesellschaftliche Akteure im Rahmen dieses Beitrags ausgeklammert und wäre in einer weiteren Untersuchung zu überprüfen.

2   Der Status quo der deutschen Bildungspolitik

Das gesamte Schulwesen steht laut Art. 7 GG „unter der Aufsicht des Staates" und liegt aufgrund der Kulturhoheit der Bundesländer in deren Verantwortungsbereich. Sie sind für die Durchführung, Aufsicht und Gestaltung des Schulwesens zuständig. Dies geschieht über die jeweiligen Schulgesetze und Schulordnungen sowie Lehrpläne und Curricula der Länder. Der Bund verfügt vor diesem Hintergrund über keine Gesetzgebungskompetenzen in diesem Bereich.

Dennoch zeigt der Blick in die Vergangenheit, dass es immer wieder zu einer Vermischung der Zuständigkeiten und einer ebenenübergreifenden Politikverflechtung kam. So gründeten Bund und Länder im Zeitverlauf Gremien auf nationaler Ebene, um länderübergreifende Kooperationsangelegenheiten zu vereinfachen. Hierzu zählten der Deutsche Ausschuss für das Erziehungs- und Bildungswesen (1953–1965), der Deutsche Bildungsrat (1965–1975) ebenso wie die Bund-Länder-Konferenz für Bildungsplanung und Forschungsförderung (1979–2007). Diese gemeinsamen Gremien unterstrichen die Bedeutung des Bundes, gaben aber auch Anlass zur Diagnose einer damit einhergehenden stärkeren „Politikverflechtung" (Scharpf 1976) im deutschen Bildungsföderalismus.

Bereits in den 1960/70er Jahren hatte der Bund im Zuge der Bildungsexpansion wesentlich an Einfluss auf den Bereich Bildung gewonnen. Die damalige sozialliberale Koalition unter Willi Brandt beabsichtigte, durch Strukturveränderungen im Bildungswesen eine grundlegende Gesellschaftsreform zu bewirken. Maßnahmen wie das 1969 verabschiedete Berufsbildungsgesetz oder das 1971 beschlossene Berufsbildungsförderungsgesetz sollten die materielle Chancengleichheit auch für Angehörige wirtschaftlich und sozial schwacher Schichten verbessern. Nach den Jahren jener Bildungseuphorie folgte jedoch schnell die bildungspolitische Ernüchterung. Die ökonomische Krise der 1970er Jahre und der damit einhergehende Konjunktureinbruch rückten das Interesse an einer gesamtstaatlichen Bildungspolitik wieder in den Hintergrund und führten zu einer Dominanz der Finanzpolitik. Bundeseinheitliche Lösungsansätze für die nach wie vor bestehenden bildungspolitischen Probleme waren nicht mehr in Sicht. In der Schulpolitik blieb das Gesamtschulkonzept Stückwerk, während sich das dreigliedrige Schulsystem endgültig etablierte. Erst in den 1990er Jahren wurde die Forderung nach einer erneuten Kurskorrektur in der Bildungspolitik wieder lauter. Die Feststellung massiver Bildungsqualitätsunterschiede ebenso wie eines überdurchschnittlich starken Zusammenhangs zwischen Bildungserfolg und sozialer Herkunft (vgl. PISA) heizten die Diskussionen über ein zukunftsfähiges Bildungssystem erneut an. Insbesondere die internationalen Bildungsvergleichsstudien, bei denen Deutschland ein im Vergleich relativ schlechtes Zeugnis ausgestellt wurde, trugen zu einer Priorisierung von Bildung auf der politischen Agenda sowohl auf Bundes- als auch auf Landesebene bei. Im Mittelpunkt dieser politischen Auseinandersetzungen stand auch die Frage über eine angemessene Höhe der öffentlichen Bildungsausgaben und wer diese tragen sollte. Bis dahin lag die Verantwortung für den Bereich Schule aufgrund besagter Kulturhoheit allein bei den Ländern und Gemeinden. Dabei kann seit 1995 durchaus eine Steigerung der öffentlichen Bildungsausgaben beobachtet werden (vgl. Bildungsfinanzbericht 2008: 24–25; 2010: 20 f.). Der Anteil des Bildungsressorts am öffentlichen Gesamthaushalt wurde in diesem Zeitraum sogar überproportional gesteigert (vgl. Bildungsfinanzbericht 2008: 24 f.). Einschränkend hinzuzufügen ist jedoch, dass der Anteil der Bildungsausgaben am Bruttoinlandsprodukt in dieser Zeit zwischen 5,8 % (1995) und 5,6 % (2005) stagnierte (vgl. Bildungsbericht 2008: 227). Um Reformprozesse zur Verbesserung des deutschen Bildungssystems anzustoßen und voranzutreiben, wurden höhere Bildungsausgaben gefordert. Hinsichtlich der Frage, aus welchen Haushaltstöpfen diese langfristig finanziert werden könnten, war die Möglichkeit nach einer stärkeren Beteiligung des Bundes immer wieder Gegenstand politischer Diskussionen (vgl. Regierungserklärung Horst Seehofer 2008: 293 f.; GAL Hamburg 2006: 1; SPD Hamburg 2006: 2; Landtag NRW 2005: 1259).

Entgegen diesen Forderungen erfolgte mit der Föderalismusreform im Jahr 2006 jedoch die vollständige formale Trennung der Kompetenzen im Politikfeld Bildung. Indem die Kompetenzen für Bildungspolitik eindeutig den Ländern zugewiesen wurden (Art. 91b Abs. 2 GG, Fassung vom 31.08.2006), sollten die Möglichkeiten zur Reformierbarkeit des Bildungswesens verbessert und vereinfacht werden (vgl. Klemm 2006; Rürup 2005; Starck 2007). Der Bund blieb zwar weiterhin zuständig für die Bereiche Bildungsforschung, Berufs- und Weiterbildung sowie Abschlüsse und Forschungsförderung an Hochschulen, nicht aber für die Schulpolitik. Die vormalige Gemeinschaftsaufgabe der Bildungsplanung im Schulbereich entfiel.[4] Seither existieren kooperative Aktivitäten zwischen Bund und Ländern nur noch mit Blick auf gemeinsame Empfehlungen und Berichte zur Feststellung der Leistungsfähigkeit des deutschen Bildungswesens im internationalen Vergleich (z. B. PISA). Gemeinsame Investitionsprogramme wie das IZBB oder FÖRMIG liefen dagegen aus.

---

4   Als Nachfolgeorganisation der Bund-Länder-Kommission (BLK) nahm im Jahr 2008 die Gemeinsame Wissenschaftskonferenz (GWK) ihre Arbeit auf. Ihre Aufgaben konzentrieren sich auf Förderaktivitäten im Hochschulbereich.

Trotz dieser formalen Änderungen die auf eine klarere Zuteilung der Verantwortlichkeiten abzielten, vermitteln aktuelle Debatten über ein zukunftsfähiges
deutsches Bildungssystem nach wie vor den Eindruck von Stagnation anstatt von
Reformfähigkeit. Der Rückzug des Bundes ebenso wie anhaltende Länderdispari-
täten scheinen jegliche Reformbemühungen der Länder zu lähmen. Damit stellt
sich die Frage, ob und inwieweit die strikte Trennung der Kompetenzen tatsächlich zu einer höheren Reformfähigkeit des Bildungssystems beigetragen hat, oder
ob sie nicht eher „ein Schuss ins eigene Knie" (Sell 2007: 3) war.

Allerdings wird die Beteiligung des Bundes in der Bildungspolitik nicht nur gefordert. Tatsächlich mischt er bereits auf verschiedenen Wegen in diesem Politikfeld mit. Dieser Zustand führt zu der in der Einleitung aufgestellten Frage, ob der
Bund jenseits der formalen Gesetzgebungskompetenzen dennoch als Vetospieler
in der Bildungspolitik identifiziert werden kann und welche Merkmale diesen Ve-
tospielertyp kennzeichnen. Über welche Machtressourcen verfügt der Bund, um
Entscheidungsprozesse in der Bildungspolitik gegebenenfalls steuern oder blockieren zu können und in wie fern entsprechen sie – wie auch die Entwicklungen in
der Bildungspolitik insgesamt – Tsebelis' Annahmen in der Vetospielertheorie?

3   Der Bund als Vetospieler in der Bildungspolitik?

3.1   Der Bund als Agenda-Setter

Nach Tsebelis zählen zu den formalen Vetospielern sämtliche Akteure, die die poli-
tische Steuerung in einem politischen System einschränken (können) bzw. deren
Zustimmung für eine politische Entscheidung (ein Gesetz) erforderlich ist (vgl.
Tsebelis 1995: 293).

Nach dieser Definition ist der Bund, wie bereits erläutert, kein Vetospieler in
der Bildungspolitik. Tatsächlich beteiligt er sich an den schulpolitischen Debatten über Reformprozesse derzeit in erster Linie als Agenda-Setter und Modera-
tor, der bildungspolitische Leitvorstellungen und Ziele artikuliert. In regelmäßigen
Abschnitten beruft die Bundesregierung hierzu nationale Bildungsgipfel ein, um
gemeinsam mit den Länderchefs über diese Leitvorstellungen zu diskutieren (beispielsweise Bildungsgipfel 2008, 2009). Dabei geht es ihr vor allem darum, zu de-
monstrieren, dass Bildungspolitik nicht nur ein Anliegen der Länder ist, sondern
dass es in der gemeinsamen Verantwortung von Bund und Ländern liegt, für ein
Schulsystem zu sorgen, das sozial unterschiedliche Ausgangslagen ausbalanciert
und eine gerechte Verteilung von Bildungschancen für die gesamte Gesellschaft,

von der frühkindlichen Bildung bis zur beruflichen Bildung und Weiterbildung, anstrebt (vgl. Nationale Bildungsberichte 2008, 2010; BMAS 2006). Das defizitäre Abschneiden bei PISA verlieh dieser Ausrichtung maßgeblichen Anschub. „Die durch PISA deutlich gewordenen Mängel und der wachsende Fachkräftebedarf [können nur] von Bund und Ländern gemeinsam behoben werden" (Bundesregierung 2009a). Was heißt in diesem Zusammenhang jedoch „gemeinsame Verantwortung" und wie versucht der Bund, dieser auch ohne Gesetzgebungskompetenzen gerecht zu werden?

Zunächst artikuliert er als Agenda-Setter seine eigenen programmatischen Zielvorstellungen. Diese beziehen sich überwiegend auf den Übergang zwischen Schulen und Beruf/Ausbildung. Unter anderem wird die Notwendigkeit betont, die Stellschrauben für Bildungsabschlüsse und Übergänge in den Beruf zu verbessern und bereits an den Schulen eine vertiefte Berufsorientierung der Schüler zu forcieren. Die Quote der Schulabgänger ohne Abschluss soll bis zum Jahr 2015 von acht auf vier Prozent gesenkt und damit einhergehend die Durchlässigkeit des Bildungssystems nach oben verbessert werden. Im Hinblick auf die damit verbundenen neuen Anforderungen an die Lehrerschaft sollen gleichzeitig Aus- und Weiterbildungsmaßnahmen ausgebaut werden. Zusätzlich wird eine Notwendigkeit im Auf- und Ausbau von Ganztagsschulen gesehen, vor allem in Reaktion auf die veränderten Rahmenbedingungen zur Vereinbarkeit von Familie und Beruf (vgl. Bildungsbericht 2008).

Über dieses Agenda-Setting hinaus hat der Bund jedoch keine weiteren formalen Kompetenzen, um die Umsetzung dieser bildungspolitischen Zielvorstellungen tatsächlich umzusetzen. An dieser Stelle wird bereits ein Unterschied zum Theorieansatz von Tsebelis deutlich: Während dem Bund im Politikfeld Bildung über das Agenda-Setting hinaus die Hände gebunden sind, ist bei Tsebelis der Agenda-Setter direkt an den Politikentscheidungen beteiligt: Dadurch, dass dieser einen Schwerpunkt aus dem gemeinsamen *winset* der Vetospieler auswählen kann, bestimmt er die Richtung einer Entscheidung wesentlich mit. In Hinblick auf die Schulpolitik betrachten die 16 Landesregierungen gerade diese eingeschränkte Funktion des Bundes als entscheidende Stärkung ihrer eigenen formalen Vetomacht, um sich vom Bund und auch von der Kanzlerin nicht „dreinreden [zu] lassen" (SZ 2009).[5] Inwieweit diese Gewaltentrennung tatsächlich zur Stärkung

---

5   Die ehemalige Vorsitzende der Kultusministerkonferenz (KMK), Annegret Kramp-Karrenbauer, betont in einem Interview, dass „jeder Versuch des Bundes, die Länder an einem goldenen Zügel in eine Richtung zu ziehen, kontraproduktiv [sei] … Die Länder werden sich ganz sicher nicht kaufen lassen" (Fokus Online 2008).

der politischen Steuerungsfähigkeit in der Bildungspolitik beiträgt, ist bisher nicht
eindeutig belegt. Kritiker bezweifeln dies und befürchten, dass auch weiterhin
das „alte Hickhack um Geld und Macht" (SZ 2009) zwischen Bund und Ländern
und den Ländern selber überwiege.[6] Lässt sich – entsprechend dieser provokan-
ten Presseformulierung – die Frage nach der Reformfähigkeit der Bildungspolitik
tatsächlich auf die einfache Formel von Geld und Macht reduzieren? Zur Beantwortung werden im Anschluss Veränderungen der Interaktionsstrukturen zwischen Bund und Ländern vor und nach der Föderalismusreform aufgezeigt und
daraus resultierende Folgen für die politische Steuerungsfähigkeit in der Schulpolitik diskutiert.

3.2   Nach der Föderalismusreform: Stillstand trotz höherer Entscheidungsfähigkeit?

Das bereits erwähnte im Jahr 2003 initiierte Förderprogramm IZBB liefert ein
Beispiel für die Zusammenarbeit zwischen Bund und Ländern vor der Föderalismusreform. Auf der Grundlage einer Verwaltungsvereinbarung unterstützte der
Bund in diesem Rahmen den Ausbau von Ganztagsschulen mit einer Gesamtför-
dersumme von vier Milliarden Euro. Zahlreiche neue Ganztagsschulen, vorschu-
lische Sprachstandserhebungen und verpflichtende Sprachförderangebote wurden
eingerichtet. Im Zuge der Föderalismusreform lief das Programm jedoch mit dem
Jahr 2009 aus und wurde nicht weiter fortgesetzt (vgl. Internetportal des BMBF zu
Ganztagsschulen). Fortan waren die Länder allein für die Fortsetzung bzw. den
weiteren Ausbau von Ganztagsschulen verantwortlich. Inwieweit stärkte dies die
Reformtätigkeit in den einzelnen Ländern?

Bezugnehmend auf den Vetospieleransatz von Tsebelis ist zunächst festzuhalten, dass die Föderalismusreform auf den ersten Blick durchaus seiner Argumentation entspricht: Entscheidungsprozesse sollten aufgrund einer klareren
Kompetenzverteilung und der damit einhergehenden geringeren Zahl formaler
Vetospieler einfacher werden. Bei den ausgelaufenen gemeinsamen Programmen
von Bund und Ländern ist dies jedoch fraglich: Nur wenige Länder weisen bisher
Lösungsvorschläge für eine langfristige Fortentwicklung der angestoßenen Initiati-
ven und Projekte vor. In den meisten Bundesländern ist der Ausbau von Ganztagsschulen ohne die Hilfe des Bundes noch nicht abschließend geklärt. Zwar werden

---

6   Vgl. auch Spiegel Online: „Länderchefs blockieren Merkels Prestigeprojekt". Artikel vom
    22. 10. 2008.

durchaus eigene Mittel zur vorläufigen Fortführung einzelner Projekte bewilligt.[7] Es besteht jedoch keine Einigkeit darüber, inwieweit diese ausreichen und wie eine langfristige Finanzierung aussehen kann. Bleiben finanzielle Mittel aus, kann dies dazu führen, dass bereits begonnene Projekte wieder eingestellt werden müssen. Es besteht die Befürchtung, dass durch die fehlende gemeinsame Orientierung und Bündelung der Kräfte Ressourcen geradezu verschwendet werden und erhebliche Investitionssummen am Ende verpuffen (vgl. Netzwerk Bildung 2009: 5; Grüne NRW 2005; MSW NRW 2006). Im schlimmsten Fall würden die Zielvorstellungen der ursprünglichen Bund-Länder-Initiative konterkariert.

Diese Entwicklungen geben Anlass zu der Annahme, dass die Föderalismusreform für die Bundesländer eher ein Eigentor war und die Reformuntätigkeit in einzelnen Bereichen der Bildungspolitik weiter fortgesetzt wird. In der Tat ergaben sich für einige Bundesländer neben den auslaufenden gemeinsamen Bildungsprogrammen weitere für sie allein zum Teil nur schwer zu bewältigende Herausforderungen: so zum Beispiel im Hinblick auf den gestiegenen Wettbewerb um das beste Bildungssystem. Nicht zuletzt aufgrund differierender sozioökonomischer Rahmenbedingungen verfügen die Länder über unterschiedliche Handlungs- und Investitionsspielräume, um an diesem Wettbewerb überhaupt teilzunehmen.[8]

Einige daraus resultierende Probleme im Streben um ein besseres Schulsystem werden am Beispiel der in Hessen und Baden-Württemberg gestarteten Lehrerabwerbkampagne deutlich. Die beiden Bundesländer werben Lehrer aus anderen Ländern mit dem Versprechen einer besseren Besoldung und besserer Aufstiegschancen ab. Auf diese Weise versuchen sie, „die eigene Unterrichtsversorgung in Mangelfächern wie den Naturwissenschaften sicherzustellen" (Netzwerk Bildung 2009: 3). Für die Bildungsqualität dieser beiden Bundesländer mag die Initiative durchaus Vorteile bringen. Allerdings gehen derartige Abwerbaktivitäten zu Lasten der Länder, die bei einem solchen Wettbieten nicht mithalten können. In der Folge liegt die Befürchtung nahe, dass schließlich die regionale Herkunft über die Zugangschancen zu Bildung entscheidet und die Gleichwertigkeit der Lebensverhältnisse in den Bundesländern weiter auseinanderdriftet: „die Föderalismusreform hat die Länder in ihrer originären Kompetenz und in ihrer Aufgaben- und Finanzverantwortung zwar jeweils einzeln gestärkt. In der Bewältigung der aktuellen zentralen Problemlagen zeigen sie sich als einzelne aber häufig überfor-

---

7   Vgl. u. a. Maßnahmen des Ministeriums für Schule und Weiterbildung NRW: Bildungsportal. Rubrik zum Ganztag.

8   In seiner Ländervergleichenden Studie zeigt Klaus Klemm die unterschiedlichen Fähigkeiten der Bundesländer zur Steigerung der Bildungsausgaben auf: Klemm, Klaus (2009): Bildungsausgaben im föderalen System. Zur Umsetzung der Beschlüsse des Bildungsgipfels.

dert", so Wolfgang Meyer-Hesemann, ehemaliger Staatssekretär des Ministeriums für Bildung und Forschung in Schleswig Holstein (Netzwerk Bildung 2009: 13). Ebenso weisen Jutta Allmendinger und Stephan Leibfried insbesondere auf die finanziellen Herausforderungen für die Länder und die nicht hinreichenden Investitionen in Bildung, auch wenn der deutsche Föderalismus die „dezentrale[n] Tendenzen zur stärkeren Gliederung des Bildungssystems" schütze (Allmendinger/ Leibfried 2004: 524).

Bisher haben sich die Bundesländer nicht auf ländergemeinsame Rahmenregelungen zur Gewährleistung eines fairen Wettbewerbs geeinigt. Einzig wurde eine allgemeine Erklärung über eine gegenseitige Informationspflicht abgegeben, die jedoch nichts an der eigentlichen Problematik geändert hat (vgl. Netzwerk Bildung 2009: 17). Damit ist es den Ländern noch nicht gelungen, nach Abschaffung der gemeinsamen Bildungsplanung zwischen Bund und Ländern im schulischen Bereich eine Alternative an deren Stelle zu setzen. Auch im Rahmen der Kultusministerkonferenz (KMK) gelingt eine Verständigung häufig nur auf dem kleinsten gemeinsamen Nenner. Es besteht demnach kein Konsens über eine tragfähige Infrastruktur, über die gemeinsame Vorhaben und die Vertretung der Länderpositionen gegenüber dem Bund, der EU oder der OECD kommuniziert werden können. Eine der Ursachen dafür liegt unter anderem in der „unterschiedlichen Betroffenheit der Länder von Problemlagen und der unterschiedlich ausgeprägten Fähigkeit zu deren Bewältigung – meist korrespondierend mit strukturellen Problemen einzelner Länder" (Netzwerk Bildung 2009: 18).

Vor diesem Hintergrund scheinen gegenseitige Blockaden zwischen den Ländern durch die neu bestätigte „Nicht-Zuständigkeit" des Bundes und seiner damit einhergehenden Abwesenheit nur bedingt reduziert und die politische Steuerungsfähigkeit in der Bildungspolitik kaum gestärkt worden zu sein. Letztere lässt sich bisher – wenn überhaupt – vielmehr in den wenigen Bereichen beobachten, in denen Bund und Länder nach wie vor zusammenarbeiten: So wurden zur Verbesserung der internationalen Vergleichbarkeit und des Bildungsmonitorings gemeinsame Bildungsstandards vereinbart und ein nationaler Bildungsbericht veröffentlicht. Die Vetomacht des Bundes entspricht hier weniger einem reinen Veto, sondern ist eher von gestaltender Funktion für den bildungspolitischen Prozess. Anders als Tsebelis, der die negativen Folgen von Vetospielern in den Vordergrund rückt, indem er ihre negativen Wirkungen, also eine geringe Steuerungsfähigkeit (verbunden häufig mit einem kleinen *winset* bei mehreren Spielern) skizziert, wird hier ein Veto auch als Möglichkeit zum Anstoßen von Reformprozessen behandelt.

3.3 Umwege: Politikgestaltung ohne formale Macht

Möchte der Bund über seinen durch die Verfassung begrenzten Gestaltungsspielraum hinaus weitere eigene bildungspolitische Projekte initiieren und fördern, musste er nach der Föderalismusreform zunächst andere „Wege der Umgehung" finden, auf denen die Länderhoheiten nicht verletzt werden. Ein Beispiel für diese Wege der Umgehung sind die in den letzten Jahren gewachsenen zivilgesellschaftlichen Bildungsbündnisse. Im Rahmen dieser lokalen Kooperationsverhältnisse werden für den Schulbereich relevante Akteure einbezogen. Ihre Finanzierung erfolgt unter anderem über einen Stifterverband, mit dem der Bund wiederum kooperiert und zusammenarbeitet.[9] Reformen im Bildungswesen werden durch die Einbeziehung dieser Akteurskonstellationen zunehmend als gesellschaftliche und weniger als staatliche Aufgabe verstanden, da die Zivilgesellschaft quasi die Richtung der Bildungspolitik mitbestimmt, ohne die Zuständigkeiten der Länder zu verletzten.[10] Die Stärkung dezentraler Strukturen erfolgt hier demnach nur bedingt zugunsten eines Kompetenzzuwachses der dezentralen Gebietskörperschaften. Vielmehr ist eine Verlagerung von Verantwortlichkeiten auf Bildungseinrichtungen selber bzw. Institutionen der Zivilgesellschaft festzustellen. Während Tsebelis diese Akteure im Zuge der Absorbtionsregel weitestgehend vernachlässigt, gewinnen sie – neben dem Bund, der diese Mechanismen unterstützt – an Vetomacht im Rahmen der bildungspolitischen Entscheidungsprozesse.

Diese Entwicklungen führen zu der Schlussfolgerung, dass der Prozess, der zu bildungspolitischen Veränderungen führt, scheinbar nicht nur von unterschiedlichen *Policy*-Präferenzen der Vetospieler geprägt ist, sondern auch von vorhandenen bzw. nicht-vorhandenen „*Policy-Capabilities*". Während Tsebelis solche materiellen Spielräume ausblendet und nur formale Zuständigkeiten berücksichtigt, sind es gerade erstere, die dem Bund zu erneuter Vetomacht im Politikfeld Bildung verhelfen. Reformen scheinen hier also nicht notwendigerweise eine Frage des „Wollens" oder „Nichtwollens" sondern vielmehr des „Könnens" oder „Nichtkönnens": Bestimmte Maßnahmen werden einfach dadurch verhindert, dass die entscheidungsrelevanten Akteure keine (weiteren) Mittel zur Finanzierung bereit-

---

9   Beispiele für gemeinsame Schul- und Schülerförderungsprogramme sind u. a. das „Schülerstipendienprogramm für engagierte Zuwanderer" (START) oder das „Programm für die gute gesunde Schule" (Anschub.de).

10   Gleichwohl ist anzumerken, dass die bildungspolitische Kompetenz der Stifter zum Teil zweifelhaft und auch fragwürdig ist, wird doch die demokratisch legitimierte Verantwortung durch die „private Macht geldmächtiger und durch ihre Gemeinnützigkeit steuerlich geförderter Stifter zurückgedrängt" (Lieb 2009).

stellen. Ein Veto würde sich hier also nicht vor dem Hintergrund konstitutioneller Restriktionen ergeben, sondern wäre sozusagen „erkauft". Tsebelis' Annahme über die Anzahl formaler Vetospieler – je mehr Spieler, desto wahrscheinlicher ein Veto – tritt in diesem Fall in den Hintergrund, während materielle Handlungsmöglichkeiten in den Vordergrund rücken.

Die in den letzten Abschnitten aufgeführten Entwicklungen schwächen Tsebelis' Theorieansatz als Erklärung für die Reform(-un)fähigkeit des Bildungssystems. Zwar sollten mit der Föderalismusreform die gegenseitigen Blockaden zwischen Bund und Ländern aufgehoben werden – was durchaus noch im Sinne der Vetospielertheorie war. Die danach zu beobachtenden bildungspolitischen Entwicklungsprozesse relativieren jedoch die Annahmen von Tsebelis über die Anzahl von Vetospielern: Durch die verstärkten Dezentralisierungsprozesse wurden andere, neue Spieler ins Boot geholt, durch die Reformprozesse angestoßen werden. Mithilfe von Arbeitskreisen, Fachausschüssen und Experten-Kommissionen, in denen zivilgesellschaftliche und politische Akteure zusammenarbeiten, wird versucht, Bildungsreformansätze im Sinne des föderalen Grundgedankens, die Demokratiefähigkeit und damit einhergehend das Gemeinwohl durch das Prinzip der Gewaltenteilung zu stärken und existierenden Konfliktpotenzialen (z. B. durch Parteienwettbewerb und Ressourcenknappheit) entgegenzuwirken (vgl. Heinrich-Böll-Stiftung 2001; Hans-Böckler-Stiftung 1998).

Kritiker dieser Dezentralisierungsprozesse sehen durchaus auch die Gefahr, dass die gestiegene Zahl der Akteure erneut zu Intransparenz und Verantwortungsdiffusion im Sinne der Politikverflechtungsfalle führen. Besonders bei Fragen der Lehrerbildung, Kerncurricula, Bildungsstandards oder Qualitätssicherung seien bundeseinheitliche Absprachen für ein koordiniertes Vorgehen durchaus sinnvoll. Eine zu starke Zergliederung, so die Annahme, würde die Bildungsreformen vielmehr lähmen und zu einer „Beliebigkeit der Länderinteressen" führen.[11]

Die Vielzahl dieser Positionen und die an sie geknüpften Entwicklungsprozesse seit der Föderalismusreform sind kennzeichnend für die diffusen Machtstrukturen im Politikfeld Bildung und die Schwierigkeit, die realen Vetomachtverhältnisse im Sinne von Tsebelis eindeutig zuzuordnen.

Auch dem Bund obliegt in seiner Rolle als Agenda-Setter in der Bildungspolitik nicht die gleiche formale Vetomacht, die Tsebelis einem Agenda-Setter zuschreibt.

---

11   Vgl. Anfrage der Grünen in NRW 2005: Was bedeutet die Einigung der großen Koalition zur Föderalismusreform für die Schulen in NRW; Bundeselternrat 2005: Resolution. Bildungsverantwortung im Föderalismus der Bundesrepublik.

Gleichwohl verfügt er über andere Machtfaktoren, insbesondere finanzielle Ressourcen, durch die er direkten Einfluss auf die Entwicklung politischer Prozesse nehmen kann. Diese werden bei Tsebelis jedoch vollständig ausgeblendet. Seine statische Definition der formalen Vetospieler scheint in diesem Fall zu eng.

Die hier geschilderten Prozesse werden nach Gerhard Lehmbruch als Übergang von einer stärkeren vertikalen Koordinierung durch eine selbständige Aufsicht zu einer mehr horizontalen in Gestalt einer offenen Bund-Länder-Kooperation, unter Berücksichtigung anderer gesellschaftlicher und privater Akteure bezeichnet (vgl. Lehmbruch 2004: 94). Jutta Allmendinger spricht von einem „koordinierten Bildungsföderalismus" (Allmendinger 2004: 527), in dem sich die strikten Struktur- und Ressorttrennungen relativieren, eine absolute Zentralisierung aber weiter ausgeschlossen bleibt.

4   Die Föderalismusreform: Stillstand oder Reformfähigkeit?

Die im letzten Kapitel aufgeführten Entwicklungsprozesse machen deutlich, dass das Ziel, durch Entflechtung Reformstaus zu lösen, von neuen Hindernissen blockiert wird. Der Forderungsdruck gegenüber den Bundesländern als faktische Vetospieler hat sich im Zuge der Föderalismusreform erhöht. Gleichzeitig ist die Unterstützung durch den Bund bei der politischen Durchsetzung, Verteidigung und vor allem Finanzierung politischer Aufgaben nicht mehr gegeben (vgl. Strohmeier 2005: 126). Besonders bei den kleinen und leistungsschwachen Bundesländern kann diese Mehrbelastung dazu beitragen, dass sie jeglichen vorhandenen „Reformeifer" senken. Vor diesem Hintergrund drohen die gesellschaftlichen Verhältnisse zwischen den Bundesländern stärker auseinanderzudriften. Das Wissen um diese gesellschaftlichen Belastungen sozialer Ausgrenzung, ungleicher Zugangschancen oder eingeschränkter Partizipationsmöglichkeiten hat die Diskussion über eine Stärkung des Bundes erneut belebt. Seine Zuständigkeit wird in diesem Zusammenhang damit gerechtfertigt, dass „eine höhere Autonomie der Gliedstaaten die stärkeren Gliedstaaten stärken und die schwächeren Gliedstaaten schwächen [würde], wodurch der Bund – aufgrund der Verfassungsgebote der Gleichwertigkeit und der Einheitlichkeit der Lebensverhältnisse – korrigierend eingreifen müsste" (Strohmeier 2005: 126, vgl. Art. 72 Abs. 2 GG).

Dass eine solche Begründung der Interaktion zwischen Bund und Ländern tatsächliche Relevanz besitzt und durch die Föderalismusreform noch nicht das letzte Wort gesprochen wurde, zeigen die gegenwärtigen politischen Entwicklungsprozesse im Zuge der globalen Wirtschafts- und Finanzkrise: Bund und Länder haben

in direkter Reaktion auf diese Krise ein Konjunkturpaket verabschiedet, das gerade
für das Politikfeld Bildung von zentraler Bedeutung ist: Ein Großteil der Investitionen (rund 65 %, 6,5 Mrd. €) fließt in Infrastrukturmaßnahmen im Bildungsbereich und damit auch in Schulen (vgl. BMF 2009; Bundesregierung 2009b), und
dass, obwohl die Verfassungsänderung im Jahr 2006 solchen Maßnahmen einen
Riegel vorgeschoben hatte. Um diesen „Geldfluss" zu ermöglichen, bedurfte es
deshalb einer erneuten Lockerung des festgelegten Kooperationsverbots zwischen
Bund und Ländern. Artikel 104b GG wurde um einen Satz erweitert, wonach der
Bund abweichend von Satz 1 „im Falle von Naturkatastrophen oder außergewöhn-
lichen Notsituationen, die sich der Kontrolle des Staates entziehen und die staat-
liche Finanzlage erheblich beeinträchtigen, auch ohne Gesetzgebungsbefugnisse
Finanzhilfen gewähren [kann]" (Art. 104b GG, Stand: 29. Juli 2009). Mit diesem
Einschub erfolgte quasi eine Abkehr von der Föderalismusreform. Der Bund kann
Finanzhilfen in Bereiche beisteuern, die in der alleinigen Gesetzgebungskompetenz der Länder liegen – und damit auch in den Bereich Bildung. Begründet wurde
diese Öffnungsklausel vor allem mit dem Prinzip zur Herstellung gleichwertiger
Lebensverhältnisse als gesamtstaatliche Aufgabe (vgl. Art. 72 Abs. 2 GG). Gleichzeitig liefert diese erneute Überarbeitung der Verfassung ein weiteres Merkmal für
die besonderen Vetomachtverhältnisse im Politikfeld Bildung: Während Tsebelis
von fixen und statischen *Polity*-Strukturen ausgeht, sind hier einige Bestandteile
der Verfassungsordnung in Anlehnung an den politischen Prozess dynamisch und
veränderbar bzw. anpassbar: „Besonders einem starken externen Problemdruck
[kann] dabei offenbar eine lösungsförderliche Rolle zukommen, da im Gefolge
dieser externen Schocks neue Wertprioritäten und kausale Annahmen entstehen
können, welche zu Lernprozessen der politischen Akteure führen können, und
im Extremfall sogar die Macht der Vetospieler brechen (…) können" (Blancke/
Schmid 2003: 235).

Anders als zunächst im Rahmen der Föderalismusreform festgeschrieben, sollte die erneute Umverteilung der realen Vetomachtverhältnisse zwischen Bund und
Ländern einen Beitrag zur Bewältigung bildungspolitischer Herausforderungen
von gesamtgesellschaftlicher Relevanz und zur Lösung von Politikblockaden leisten. Bis dato ist diese Lockerung des Kooperationsverbots auf „außergewöhnliche
Notsituationen" beschränkt, wobei der Begriff sicherlich interpretationsfähig ist.
Bereits jetzt stellt sich die Frage, warum übergreifende Programme zur Schulentwicklung zwischen Bund und Ländern nur in Krisenzeiten und nicht grundsätzlich auf Wunsch der Länder möglich sein sollten.

Gleichzeitig macht die Lockerung des Kooperationsverbots erneut deutlich,
dass neben der formalen Vetomacht scheinbar weitere Variablen direkten Ein-

fluss auf politische Entscheidungsprozesse nehmen. Die Investitionsspielräume bzw. -grenzen der Länder und Kommunen spielen bei der Entscheidung über eine Verlängerung, Ausdehnung oder eben doch Einstellung von Reformmaßnahmen eine entscheidende Rolle. Insgesamt wäre eine solche Reduktion auf finanzielle Ressourcen als Stellgröße für Reformaktivitäten in der Bildungspolitik sicher zu einfach. Dennoch haben die in den letzten Abschnitten aufgeführten Entwicklungsprozesse gezeigt, dass sie eine zentrale Variable sind, sowohl für die Ausrichtung von Entscheidungen als auch dafür, ob Reformmaßnahmen überhaupt ergriffen werden oder nicht.

Gleichwohl weist der Blick in die Vergangenheit auf die Kehrseite der damit verbundenen erneuten Stärkung von Kooperationsmechanismen zwischen Bund und Ländern: Die Initiierung gemeinsamer Reformprogramme erfordert eine gegenseitige Anpassung und Abstimmung bildungspolitischer Ziel- und Reformvorstellungen. Entsprechend der Theorie von Tsebelis befürchten einige Bundesländer daher eine erneute Einschränkung ihrer Kompetenz- und Handlungsspielräume. Bundespolitische Schwerpunkte vermischen sich mit landeseigenen Interessen und letztendlich stehen die Länder wieder vor der Frage, was die Rechte der Landtage noch wert seien (vgl. Landesregierung NRW 2008). Während die Föderalismusreform gerade der Stärkung der Länder und damit einhergehend der Reformfähigkeit dienen sollte, hat sie im Bildungsbereich aber genau Gegenteiliges bewirkt. Die Länder selber scheinen bisher kaum in der Lage zu sein, zufriedenstellende Antworten auf die Herausforderungen in der Bildungspolitik zu geben und zu einer Stärkung der politischen Steuerungsfähigkeit beizutragen. Dagegen zeigen gemeinsame Förderprogramme wie das IZBB ebenso wie die aktuellen Bundesfinanzhilfen des Konjunkturpakets, dass eine stärkere Einbeziehung des Bundes neue Reformtätigkeiten in den Bundesländern anstoßen kann. Eine solche Stärkung des Bundes kann deshalb auch als Chance zur Erleichterung der politischen Steuerungsfähigkeit in der Bildungspolitik gesehen werden.

5   Resümee

Vor dem Hintergrund der in diesem Beitrag skizzierten Vetomachtverhältnisse zwischen Bund und Ländern im Politikfeld Bildung lässt sich festhalten, dass die beiden Ebenen auch nach der Föderalismusreform in einem Wechselverhältnis zueinander stehen und miteinander interagieren und damit nicht losgelöst voneinander betrachtet werden sollten. Entgegen der Intention der Verfassungsänderung im Jahr 2006 wurden erneut Wege geschaffen, die es dem Bund ermöglichen, die

Bildungspolitik nicht nur moderierend, sondern auch materiell mitzugestalten, sei es in Form von Finanzhilfen oder in Form von Kooperationsprojekten mit anderen zivilgesellschaftlichen Akteuren.

Entsprechend reicht eine Zuordnung der relevanten Vetospieler einzig auf der Grundlage institutioneller Rahmenbedingungen – wie Tsebelis es getan hat – nicht aus. Neben den formalen scheinen auch materielle Kriterien eine entscheidende Stellgröße für die reale Vetomacht von Akteuren im Politikfeld Bildung zu sein. Dies berücksichtigend lassen sich folgende Schlussfolgerungen über die politische Reformfähigkeit im Politikfeld Bildung ziehen:

Reformprozesse scheinen – anders als bei Tsebelis – nicht nur eine Folge von formalen Entscheidungsprozessen zu sein. Finanzielle Handlungsmöglichkeiten führen dazu, dass Vetospieler die Durchsetzung ihrer Interessen regelrecht erkaufen. Neben *Policy*-Präferenzen spielen demnach auch *Policy-Capabilities* eine entscheidende Rolle. Damit relativiert sich Tsebelis' These über die Anzahl von Vetospielern. Zwar konnte das Kooperationsverbot zwischen Bund und Ländern zunächst durchaus als Bestätigung seines Ansatzes verstanden werden: Die klare Trennung und Definition der Kompetenzen bestätigte die alleinige institutionelle Vetomacht der Länder und schloss den Bund als formalen Vetospieler aus. Die bildungspolitischen Entwicklungen nach der Föderalismusreform stehen jedoch im Widerspruch zu Tsebelis' Theorie: Die Reformblockaden wurden nicht aufgehoben und anstatt eines kleineren Akteurskreises wurde die Zahl der Beteiligten an bildungspolitischen Prozessen vielmehr größer. Ohne die Länderhoheit im Bildungsbereich zu verletzen, nahm die reale Vetomacht des Bundes ebenso wie weiterer gesellschaftlicher Akteure zu und führte im Jahr 2009 schließlich zu einer erneuten Verfassungsänderung.

Gleichwohl bleibt dabei festzuhalten, dass die Kooperationsmechanismen zwischen Bund und Ländern im Grundgesetz weiterhin begrenzt sind. Ebenso sind für die Zusammenarbeit mit gesellschaftlichen Akteuren Verwaltungsvereinbarungen mit den Ländern erforderlich. Damit erhalten auch sie eine rechtliche Grundlage und passieren „nicht einfach so", ohne Zustimmung der formalen Vetospieler.

Bezugnehmend auf die Föderalismusreform bleibt festzuhalten, dass die erneute Stärkung des Bundes einerseits im Gegensatz zu der ursprünglichen Föderalismusidee einer Stärkung des demokratischen Prinzips der Gewaltenteilung steht. Andererseits bleibt die Frage nach Alternativen: Was wäre, wenn der Bund die genannten Unterstützungsmaßnahmen nicht leisten würde? Die bildungspolitische Realität zeigt zumindest, dass, sobald finanzielle Förderungen ausbleiben (wie im Fall des IZBB), die Fortsetzung der jeweiligen Projekte und Reformansätze häufig gefährdet, reduziert, wenn nicht sogar eingestellt wird. Außerdem haben in der

Vergangenheit diese gemeinsamen Programme mit dem Bund dazu beigetragen, dass Reformansätze – und hierbei insbesondere solche, die auf soziale Aspekte gerichtet sind (Ganztagsschulen, Integrationsoffensive, Sprachförderung, Reduktion der Schulabbrecherquote usw.) – überhaupt initiiert und angestoßen wurden.

Die mit der Interaktion von politischen Akteuren auf verschiedenen Ebenen und unterschiedlichen formalen Kompetenzen verbundenen verschachtelten politischen Strategien des Kaufens, der Umgehung oder der Bestechung von Vetospielern (z. B. durch so genannte Paketlösungen) kennt die ursprüngliche Vetospielertheorie von Tsebelis nicht (vgl. Merkel 2003; 2007: 166). Die bildungspolitischen Handlungsmöglichkeiten des Bundes führen jedoch zu dem Schluss, dass Entscheidungsprozesse nicht allein durch die Verteilung formaler Vetomacht bestimmt werden, sondern dass zusätzlich noch weitere Kriterien zur Erklärung von politischer Steuerungsfähigkeit bzw. von Reformuntätigkeit von Vetospielern einbezogen werden sollten. Für die Analyse einzelner Politikfelder bzw. Entscheidungsprozesse sollte daher die Vetospieler-Theorie als nützlicher Ansatzpunkt gesehen werden, der hilft, die formalen Zuständigkeiten zu klären. Eine Erweiterung der Begründungen von faktischer Vetomacht in einzelnen Programmen kann die Analysemöglichkeiten dennoch sinnvoll ergänzen; das weitere Instrumentarium der Theorie (*winsets*, Absorption etc.) ist auch in diesen Fällen anwendbar. Das Konzept des Vetos bleibt damit aber gültig: Es geht um die Macht, politische Prozesse beenden zu können und die damit verbundene Verhandlungsposition gegenüber anderen Spielern. Diese Ergänzung bedeutet nicht, jeden politischen Akteur, der Einfluss auf andere ausübt (ob mit Erfolg oder ohne), zu einem Vetospieler zu adeln. Die direkte Entscheidungsgewalt bleibt der zentrale Punkt.

Für die Bildungspolitik scheint ein Ausbau von Kooperationsvereinbarungen zwischen Bund und Ländern eine pragmatische Herangehensweise zur Bewältigung der genannten Reformdefizite und zur Findung von Lösungen für gesamtgesellschaftliche Aufgaben zu sein. Im Sinne eines koordinierten Bildungsföderalismus schließt dies eine parallele Dezentralisierung von Kompetenzen nicht notwendigerweise aus. Eine Untersuchung dieser dezentralen gesellschaftlichen Vetospieler und der Merkmale ihrer Vetomacht im Rahmen bildungspolitischer Reformprozesse wäre Gegenstand weiterer Untersuchungen.

Literatur

Böhmer, Wolfgang, 2006: Regierungserklärung des Ministerpräsidenten und Aussprache vom 08.06.2006, Plenarprotokoll 5/2, Magdeburg.

Bundeselternrat, 2005: Resolution. Bildungsverantwortung im Föderalismus der Bundesrepublik, Oranienburg.

Bundesministerium für Arbeit und Soziales (BMAS), 2006: Sozialbudget 2006, Entwicklungen der Sozialausgaben 1991–2006, Berlin.

Bundesministerium für Arbeit und Soziales, 2008) Nationaler Strategiebericht 2006–2008, Berlin.

Bundesministerium für Bildung und Forschung, 2008: Bildung in Deutschland 2008, Ein indikatorengestützter Bericht mit einer Analyse zu Übergängen im Anschluss an den Sekundarbereich II, Bielefeld.

Bundesministerium für Bildung und Forschung, 2009: Nationales Bildungspanel (NEPS). [URL: http://www.uni-bamberg.de/neps/] (13. Februar 2011)

Bundesministerium für Bildung und Forschung, 2009: Bildung in Deutschland. [URL: http://www.bmbf.de/de/6204.php] (13. Februar 2011)

Bundesministerium für Bildung und Forschung, 2009: Bildungsfinanzbericht 2008, Berlin.

Bundesministerium für Bildung und Forschung, 2010: Bildung in Deutschland 2010, Ein indikatorengestützter Bericht mit einer Analyse zu Perspektiven des Bildungswesens im demografischen Wandel, Bielefeld.

Bundesministerium für Bildung und Forschung, 2010: Bildungsfinanzbericht 2009, Berlin.

Bundesministerium für Finanzen (BMF), 2009: Informationen zum Konjunkturpaket im Januar 2009. [URL:http://www.bundesfinanzministerium.de/nn_53848/DE/BMF__Startseite/Aktuelles/Monatsbericht__des__BMF/2009/01/uebersichten__und__termine/UT0_20-_20Konjunkturpaket/Konjunkturpaket.html?__nnn=true] (04. März 2011)

Bundesregierung, 2008: Ziel: Bildungsrepublik Deutschland. [URL: http://www.bundesregierung.de/Content/DE/Artikel/2008/06/2008-06-12-60-jahre-soziale-marktwirtschaft.html] (13. Februar 2011)

Bundesregierung, 2009a: Bund und Länder kooperieren bei Bildungsfragen. [URL: http://www.bundesregierung.de/Content/DE/StatischeSeiten/Breg/ThemenAZ/Bildung/bildung-2006-08-03-bund-und-laender-kooperieren-bei-bildungsfragen.html] (13. Februar 2011)

Bundesregierung, 2009b: Der Bundestag verabschiedet Konjunkturpaket II. [URL: http://www.bundesregierung.de/nn_1264/Content/DE/Artikel/2009/01/2009-01-27-zweites-konjunkturpaket-kabinett.html] (13. Februar 2011)

Fokus Online, 2008: Nationaler Bildungsgipfel. Merkel auf Bildungsreise. Artikel vom 21. August 2008. [URL: http://www.focus.de/intern/archiv/nationaler-bildungsgipfel-kanzlerin-merkel-auf-bildungsreise_aid_326784.html] (31. Oktober 2010)

GAL Hamburg, 2006: Föderalismusreform: Kleinstaaterei bei Forschung und Wissenschaft verhindern – Vielstaaterei bei Bildung und Schule aufbrechen. Antrag Drs. 18/4190 der GAL vom 26.04.2006.

Grüne Nordrhein-Westfalen, 2005: Was bedeutet die Einigung der großen Koalition zur Föderalismusreform für die Schulen in Nordrhein-Westfalen? Kleine Anfrage Drs. 14/833 vom 30.11.2005.

Hans-Böckler-Stiftung, 1998: Für ein verändertes System der Bildungsfinanzierung in: Diskussionspapiere des Sachverständigenrates Bildung, Nr.1, Düsseldorf.

Heinrich-Böll-Stiftung, 2001: Chancengleichheit oder Umgang mit Gleichheit und Differenz, 2. Empfehlung der Heinrich-Böll-Stiftung, Berlin.

Klemm, Klaus, 2006: Der Bund als ‚Player' im Feld der Schulentwicklung. Entwicklung, Wege und Instrumente, in: Weingart, Peter/Taubert, Niels C. (Hrsg.), 2006: Das Wissensministerium. Ein halbes Jahrhundert Forschungs- und Bildungspolitik in Deutschland, Weilerswist, 378–402.

Klemm, Klaus, 2009: Bildungsausgaben im föderalen System. Zur Umsetzung der Beschlüsse des Bildungsgipfels. Studie im Auftrag der Friedrich-Ebert-Stiftung, Berlin.

Landesarbeitsgemeinschaft der Ausländerbeiräte Nordrhein-Westfalen (LAGA NRW), 2001: PISA macht alle wach. Die Schulerfolge von Migranten verbessern. Bildungspolitische Positionen der LAGA NRW. [URL: http://www.laga-nrw.de/design/laganrw/archiv/10%20brosch-pisa.pdf] (18.Februar 2011)

Landesregierung Nordrhein-Westfalen, 2008: Europäischer Qualifikationsrahmen – Was sind die Rechte des Landtags NRW noch wert? Antwort Drs. 14/6565 der Landesregierung vom 14.04.2008 auf eine Anfrage der SPD-Fraktion.

Landtag Nordrhein-Westfalen, 2005: Beratung und Beschluss der Vereinbarungen der Koalitionsparteien der neuen Bundesregierung für eine Föderalismusreform. Plenarprotokoll 14/14 vom 01.12.2005.

Lieb, Wolfgang, 2009: Föderales Absurdistan. Artikel in: NachDenkSeiten. [URL: http://www.nachdenkseiten.de/wp-print.php?p=4340] (05. März 2011)

Merkel, Wolfgang, 2003: Institutionen und Reformpolitik: Drei Fallstudien zur Vetospielertheorie, in: Egle, Christoph/Ostheim, Tobias/Zohlnhöfer, Reimut (Hrsg.), 2003: Das Rot-Grüne Projekt. Eine Bilanz der Regierung Schröder 1998–2002, Wiesbaden, 163–190.

Merkel, Wolfgang, 2007: Durchregieren? Reformblockaden und Reformchancen in Deutschland, Berlin.

Ministerium für Schule und Weiterbildung (MSW), 2006: Was bedeutet die Einigung der großen Koalition zur Föderalismusreform für die Schulen in NRW? Antwort Drs. 14/1055 vom 13.01.2006 auf die Kleine Anfrage der Grünen Drs. 14/833 vom 30.11.2005.

Ministerium für Schule und Weiterbildung (MSW), 2009: Ganztag [URL: http://www.schulministerium.nrw.de/BP/index.html] (13. Februar 2011)

Netzwerk Bildung, 2009: Bildungsföderalismus auf dem Prüfstand. Status Quo und Perspektiven. Friedrich-Ebert-Stiftung , Berlin.

PISA-Konsortium Deutschland 2008: PISA 2006 in Deutschland. Die Kompetenzen der Jugendlichen im 3. Ländervergleich. [URL: http://pisa.ipn.uni-kiel.de/Zusfsg_PISA2006_national.pdf] (13. Februar 2011)

Rürup, Matthias, 2005: Der Föderalismus als institutionelle Rahmenbedingung im deutschen Bildungswesen – Perspektiven der Bildungspolitikforschung. Trends in

Bildung, Nr. 9 [URL: http://www2.dipf.de/publikationen/tibi/tibi9_foederalismus_ruerup.pdf] (31. Oktober 2010).

Scharpf, Fritz/Reissert, Bernd/Schnabel, Fritz, 1976: Theorie und Empirie des kooperativen Föderalismus in der Bundesrepublik, Kronburg/Ts.

Seehofer, Horst, 2008: Regierungserklärung zur 16. Wahlperiode. In: Landtagsdokumentation, PlPr. 16/7, München.

Sell, Stefan, 2007: Bildungsfinanzierung – Finanzströme zwischen Bund, Ländern und Kommunen überprüfen. Schriftliche Stellungnahme zur Anhörung der Enquetekommission II des nordrhein-westfälischen Landtags am 22.10.2007 in Düsseldorf.

SPD Hamburg, 2006: Föderalismusreform – Modernisierung der bundesstaatlichen Ordnung jetzt realisieren. Antrag Drs. 18/4261 vom 09.05.2006.

Spiegel Online, 2008: Bildungsgipfel. Länderchefs blockieren Merkels Prestigeprojekt. Artikel vom 22.10.2008. [URL: http://www.spiegel.de/politik/deutschland/0,1518,585892,00.html] (05. März 2011)

Starck, Christian, 2007: Föderalismusreform, München.

START-Stiftung: Das Schülerstipendienprogramm für engagierte Zuwanderer. [URL: http://www.start-stiftung.de/] (19. Juni 2011)

Strohmeier, Gerd, 2005: Vetospieler – Garanten des Gemeinwohls und Ursachen des Reformstaus. Eine theoretische und empirische Analyse mit Fallstudien zu Deutschland und Großbritannien, Baden-Baden.

Süddeutsche Zeitung, 2009: Duell mit den eigenen Leuten. Artikel vom 21.09.2009. [URL: http://www.sueddeutsche.de/politik/123/311047/text/] (18.Oktober 2010)

Tagesspiegel, 2009: „Schule im Klein-Klein." Artikel vom 08.09.2009. [URL: http://www.tagesspiegel.de/magazin/wissen/Bildungsfoederalismus-Kultusministerkonferenz%3Bart304,2893978] (18.Oktober 2010)

Tsebelis, George, 2002: Veto Players. How Political Institutions Work, New York.

Verband Bildung und Erziehung (VBE), 2008: PISA-E als Faustpfand für Länderinteressen ungeeignet. Pressemitteilung vom 08. Juli 2008. [URL: http://bildungsklick.de/pm/16309/vbe-pisa-e-als-faustpfand-fuer-laenderinteressen-ungeeignet/] (13. Februar 2011)

Verein Anschub.de: Programm für die gute gesunde Schule. [URL: http://www.anschub.de/] (19. Juni 2011)

Wolf, Frieder/Henkes, Christian, 2007: Die Bildungspolitik von 2002 bis 2005: Eine Misserfolgsgeschichte und ihre Ursachen, in: Egle, Christoph/Zohlnhöfer, Reimut (Hrsg.), 2007: Ende des rot-grünen Projektes. Eine Bilanz der Regierung Schröder 2002–2005, Wiesbaden, 355–378.

Absolute Werte in der Vetospieler-Theorie: „Wiederbewaffnung" und „Rentenreform" in den 1950er Jahren

Sebastian Nawrat

1 Einleitung: Kontroversen in der Ära Adenauer – Wiederbewaffnung und Rentenreform

„Wenn wir Geld für die Aufrüstung bewilligen, dann wollen wir auch Geld für die Rentner bewilligen" (Hockerts 1980: 416), rechtfertigte Konrad Adenauer intern und öffentlich sowohl die Westintegration als auch die Beteiligung der Rentnerinnen und Rentner am „Wirtschaftswunder" (vgl. Lindlar 1997; Lutz 1984). Beide Entscheidungen waren konstitutiv für die außen- und innenpolitische Konsolidierung der Bundesrepublik in den 1950er Jahren. Während die außerordentliche ökonomische Prosperität und die sozialpolitische Expansion als Orte der Erinnerung und Gründungsmythen der Bundesrepublik gelten, wurde die Westbindung allerdings eher als Vernunftentscheidung ohne emotional-narrative Komponente interpretiert (Münkler 2009: 457; Francois/Schulze: 2005: 258).

Mit einem Blick auf die Vetospielertheorie nach George Tsebelis (Tsebelis 2002) lässt sich feststellen, dass der deutsche Verteidigungsbeitrag und die Rentenreform in den 1950er Jahren auch strukturelle Disparitäten aufwiesen. Tsebelis geht in seinem Theorem davon aus, dass Policies grundsätzlich ein „Mehr" oder „Weniger" zulassen (vgl. Tsebelis 2002: 20), was Verhandlungen zwischen Spielern im Rahmen eines gemeinsamen winsets ermöglicht. Während es sich bei der Rentenreform um solch eine grundsätzlich teilbare Policy handelte, die mit Verhandlungsmasse für Kompromisse ausgestattet gewesen ist und sich somit innerhalb des Referenzrahmens der Annahmen von Tsebelis bewegte, war die Durchsetzung des deutschen Wehrbeitrages eine fundamentalere Kategorie politischen Entscheidungshandelns: Denn mit der Wiederbewaffnung wurde nicht nur die von den Alliierten seit 1945 betriebene Demilitarisierung Deutschlands auf den Kopf gestellt, sondern auch die verantwortliche Politik und die besorgte Öffentlichkeit mit absoluten Werten und einer bipolaren Entscheidung, die kein mehr oder weniger, sondern vordringlich ein Ja oder Nein als Alternativen der Entscheidung zuließen, konfrontiert.[1] In Anlehnung an Tsebelis ließe sich dieser Fall so beschreiben, dass die zur Debatte stehende Policy-Dimension nominal skaliert ist und nur über die Ausprägungen 0 und 1 verfügt.

Wendet man die Erkenntnispotenziale der Vetospielertheorie auf die historischen Fallbeispiele der Wiederbewaffnung und der Rentenreform an, so könnte nun die Vermutung darin bestehen, dass bei teilbaren Policies wie der Rentenreform die Möglichkeit eines Kompromisses der entscheidende Faktor ist, durch den die Interaktion der Akteure und damit auch die Ausübung eines erfolgreichen Vetos beeinflusst wird, während bei absoluten Werten andere Mechanismen wirkmächtig sein müssen. Um dieser Vermutung nachzugehen, sollen in diesem Beitrag die folgenden Fragestellungen untersucht werden: Welche relevanten Akteure sind auszumachen? Wie gestaltete sich ihre Kongruenz und interne Kohäsion? Wo lag die Anreizstruktur begründet, politische Einflusschancen zu nutzen? Welche Artikulationsformen wurden verwendet, um ein Veto vorzubringen? Welche Rolle spielte dabei die gesellschaftliche Wahrnehmung? Welche Mechanismen wurden benutzt, um die Ausübung des Vetos zu verhindern? Welche Rückschlüsse können auf die Erfolgschancen von Vetos gezogen werden?

Im Folgenden werden die politischen Prozesse die zur Rentenreform und der Entscheidung für die Wiederbewaffnung führten, im Detail rekonstruiert. Dabei wird das analytische Instrumentarium der Vetospieler-Theorie verwendet, um die gegebenen Machtstrukturen zu beleuchten und zu untersuchen, inwieweit der Charakter der beiden Policies auch die Politics bestimmte. Ziel dieser systematischen Rekonstruktion ist es, begründete Aussagen zu generieren, wie die politischen Inhalte die Politics beeinflussen. Die Ergebnisse werden in einem abschließenden Kapitel diskutiert. In dem Beitrag wird zwar von einem engen Verständnis von Vetospielern ausgegangen, d.h. Vetospieler sind diejenigen Akteure, die formal berechtigt sind, effektiv einen politischen Prozess zu beenden. In der Rekonstruktion der Diskussions- und Entscheidungsprozesse werden im Folgenden jedoch auch andere Akteure berücksichtigt, etwa gesellschaftliche Akteure oder Oppositionsparteien. Dies dient nicht nur zur Illustration, sondern ist auch notwendig, um zu verstehen, welche Motive und Handlungslogiken die entscheidenden Akteure schließlich zu ihrem Handeln bewegt haben.

---

1   Die faktische Vetomacht der Alliierten im Bereich der Sicherheitspolitik bleibt in diesem Beitrag ausgeklammert.

2　Wohlstand für alle: Die Rentenreform von 1957

Wie kaum eine andere sozialpolitische Weichenstellung stieß die von CDU/CSU (Christlich-Demokratische Union/Christlich-Soziale Union), FVP (Freie Volkspartei), GB/BHE (Gesamtdeutscher Block/Bund der Heimatvertriebenen und Entrechteten) und oppositioneller SPD (Sozialdemokratische Partei Deutschlands) gegen die Stimmen der FDP (Freie Demokratische Partei) bei überwiegender Enthaltung der DP (Deutsche Partei) vom Deutschen Bundestag verabschiedete Rentenreform auf eine beachtliche Würdigung in den Überblicksdarstellungen zur Geschichte der Bundesrepublik. Wie eine „Baumkrone", so Edgar Wolfrum, rage die Rentenreform aus den sozialpolitischen Entscheidungen im Nachkriegsdeutschland heraus (Wolfrum 2007: 92) und war, folgt man der Diktion von Hans-Ulrich Wehler, „das populärste Gesetz, das je in der alten Bundesrepublik verabschiedet wurde" (Wehler 2008: 262). Bereits mit der Gesetzgebung zum Lastenausgleich hatte die Bundesrepublik bewiesen, dass sie das Sozialstaatspostulat des Grundgesetzes zur Geltung zu bringen vermochte. Schaut man auf die nüchternen Daten, so lag der Anteil der Sozialleistungen schon 1953 bei 19,4 Prozent des Volkseinkommens, womit die damalige Bundesrepublik deutlich vor Schweden (13,5 Prozent) und Großbritannien (12,5 Prozent) rangierte (Schwarz 1981: 328). Dennoch blieb es für die Sozialgesetzgebung kennzeichnend, dass mit ihr relativ situativ auf vorhandene sozialpolitische Problemlagen reagiert wurde.

Daher gab Kanzler Adenauer auch in seiner Regierungserklärung zu Beginn der 2. Wahlperiode das Ziel eines „umfassenden Sozialprogramms" (Sten. Prot. 2/3, 20.10.1953: 13) aus. Nachdem zunächst Kompetenzstreitigkeiten zwischen Arbeits- und Finanzministerium zu Verzögerungen führten, wurde zur Mitte der Legislaturperiode immer deutlicher, dass die Zeit davonlief und die Rentenproblematik zu einer ungelösten Reformaufgabe zu werden drohte. Unter Berücksichtigung der drängenden Problematik, dass die Rentnerinnen und Rentner nicht im gleichen Zuge wie die Erwerbstätigen vom wachsenden Wohlstand profitiert hatten, einigte sich die Koalition auf die Einrichtung eines Sozialkabinetts, das seine Arbeit rasch auf eine Reform der Alterssicherung konzentrierte und in dem die wesentlichen Entscheider versammelt waren. In diesem Kreise wurden unter dem Vorsitz von Konrad Adenauer die Grundlagen der Rentenreform beraten und festgelegt: Die Zielvorstellung von Bundesarbeitsminister Anton Storch (CDU), dass die Lebensverhältnisse der Rentner grundsätzlich an die der Arbeitenden anzugleichen seien (Martin-Weber 1999: 132), setzte sich in den dortigen Beratungen schlussendlich durch. So gelang die faktische Beteiligung der Rentnerinnen und Rentner am „Wirtschaftswunder" mit der Reform des Jahres 1957. Eine Erhöhung der Renten um 60 Prozent und die Koppelung der Alterseinkünfte an die Entwicklung der Löhne durchbrachen den Zusammenhang von Alter und Armut und sicherten den im Arbeitsleben erreichten Lebensstandard auch in der Lebensphase des „wohlverdienten Ruhestandes" (Schildt 2007: 23). Außerdem wurde das Kapitaldeckungsverfahren durch das Prinzip der Generationenumlage ersetzt. Das Sozialkabinett repräsentierte in diesem Kontext nicht nur die Schlichtung eines Kompetenzgerangels zwischen Finanz- und Arbeitsministerium, sondern präjudizierte ebenso den Zwang zu einem inhaltlichen Kompromiss noch vor den Wahlen zum 3. Deutschen Bundestag (Hockerts 1980: 299).

Welche Akteure zur Ausübung eines Vetos sind auszumachen? Vetospieler sind nach Tsebelis alle jene Akteure, die politische Reformen (Gesetze) direkt verhindern beziehungsweise durchsetzen können (Tsebelis 2002: 19). Streng genommen bedeutete dies, dass die Durchsetzung der Rentenreform mit vier parteipolitischen und drei institutionellen Vetospielern zu tun hatte. Dazu zählten die die Bundesregierung stellenden Koalitionsparteien CDU, CSU, DP und FVP[2] mit ihre Mehrheit im Bundestag sowie drei institutionelle Vetospieler: Erstens der Bundesrat bei zustimmungspflichtigen Gesetzen, zweitens das Bundesverfassungsgericht, sofern es nach einer Anrufung eine direkte oder indirekte Normenkontrolle vornimmt, und drittens der Bundespräsident im Rahmen seines abgeschwächten Prüfungsrechts. Von vornhinein kann gesagt werden, dass der Bundespräsident und das Bundesverfassungsgericht als Vetospieler insofern unberücksichtigt bleiben können, als dass sie kein Veto artikuliert haben. Der Bundesrat und der Grund für seine Zustimmung werden weiter unten behandelt

Untersuchen wir zunächst die Parteien der Regierungskoalition und die Minister im Sozialkabinett. Während Bundeskanzler Adenauer die Grundgedanken der „Dynamischen Rente" rasch in seine eigene Vorstellungswelt übernahm, da ihm auch das wahlpolitische Potenzial unmittelbar einleuchtete (Wehler 2008: 262), blieb es im Regierungslager heftig umstritten. Denn obgleich Wirtschaftsminister Erhard unter Beifall der Regierungsparteien und Zurufen aus der SPD in Parlamentsdebatten erklärte,

> „dass besondere Anstrengungen unternommen werden müssen, auch den Rentnern, Sozialversicherungsempfängern und allen Bevölkerungskreisen, die dem Produktionsprozess ferner stehen und die deshalb mit ihrem Einkommen nicht automatisch an dem wirtschaftlichen Fortschritt und steigenden Wohlstand teilhaben können, dennoch das

---

2   Die FDP-Fraktion verließ 1956 die Koalition. Eine Abspaltung beteiligte sich unter dem Namen FVP weiter an der Regierung von Konrad Adenauer und ging wenig später in der DP auf.

Gefühl und die Gewißheit einer immer besseren Existenzsicherung zu vermitteln" (Sten.
Prot. 2/106, 19. 10. 1955: 5821),

wandte er sich strikt gegen zentrale Ziele der Rentenreform. Erhard machte auf
seine Bedenken zunächst dadurch aufmerksam, dass er eine Denkschrift mit dem
Titel „Sinnvolle Maßstäbe für eine Produktivitätsrente" verfasste, verschickte und
veröffentlichte. Darin kritisierte Erhard die Absicht Adenauers, die „Anfangsrente"
so zu bestimmen, dass sie den erreichten Lebensstandard sicherte, die regelmäßige
Erhöhung der Renten im Rahmen der Produktivitäts- und Inflationszuwächse und
die diskutierte Einbeziehung von Selbstständigen in die Gesetzliche Rentenversicherung (Hentschel 1998: 366). Die exorbitante Steigerung der Rentenbezüge hielt
der Wirtschaftsminister aus zwei Erwägungen heraus für falsch. Während er zum
einen das volkswirtschaftliche Argument betonte, dass die Sparneigung der Bürger
drastisch zurückgehen würde und somit Engpässe auf den Kapitalmärkten zur Bereitstellung von Investitionen einzutreten drohten, widersprach eine den Lebensstandard aufrecht erhaltende Rente den sozialmoralischen Vorstellungen Erhards
zutiefst. Denn der spätere Bundeskanzler befürchtete einen Domino-Effekt für
Ansprüche auf andere Zweige der Sozialversicherung. Jener bestünde darin, dass
immer mehr gesellschaftliche Gruppen die Eigenverantwortung beiseite schöben
und sich in den Arm staatlich-kollektiver Fürsorge begeben. Mehr noch: Der Nes-
tor der sozialen Marktwirtschaft sah die vorgesehene Rentenreform als unvereinbar mit einer freien gesellschaftlichen Ordnung an (Hentschel 1998: 366). Kanzler
Adenauer reagierte auf die Kritik seines Bundesministers empört. Nicht wegen
des Memorandums, sondern wegen der öffentlichen Bemerkungen, so etwa an-
lässlich der Hauptversammlung der privaten Versicherungswirtschaft wies er Erhard mit deutlichen Worten auf die Richtlinienkompetenz des Bundeskanzlers hin
(Hentschel 1998: 369).

Sein Ressortkollege Bundesfinanzminister Fritz Schäffer (CSU) sprang Erhard
bei, aber trug die Rentenreform letztlich ebenfalls mit. Immer darum bedacht,
Ausgaben, die er für unbegründet hielt, „zu blockieren, mindestens zu kürzen"
(Grosser 1990: 67), verweist Schäffers Handeln auf die prinzipielle Bereitschaft
zum Kompromiss, die sich aus einer teilbaren Policy ergab. Sein Zieren gehörte
sicherlich auch zu der ressortbedingten Rolle eines Finanzministers, der ausgabe-
wirksame Beschlüsse des Kabinetts wo immer möglich abzuwehren hat (Henzler
1994: 502). Nachdem der grundsätzliche Einwand des Bundesfinanzministeriums
gegen die bisherigen Usancen der deutschen Sozialversicherung – das Ministerium plädierte für eine generelle Bedürftigkeitsprüfung für alle Rentenzahlun-
gen (Hockerts 1980: 237) – schon im Vorfeld der Beratungen zu den Akten gelegt

wurde, schaltete sich das Ministerium intensiv als zu berücksichtigender Akteur in die Debatte ein. Finanzminister Schäffer (CSU) argumentierte, dass eine Bindung der Rente an den Bruttolohn die Mehrheit der Rentner zu „Komplizen" überzogener Lohnforderungen der Gewerkschaften machen würde. Mit der dahinter stehenden Warnung vor einer Inflation sprachen Schäffer und auch Erhard ein Argument an, das historisch gewissermaßen vorbelastet war und offensichtlich zog. Fritz Schäffer wurde mit der folgenden Bemerkung aktenkundig:

> „Koppele man die Rente an den Lohn, dann lege man damit das Schicksal der Rentner in die Tarifverhandlungen der Gewerkschaften … Um den Bedenken des Bundesministers für Wirtschaft Rechnung zu tragen, die auch von ihm geteilt würden, schlage er vor, dass während der Laufzeit der Rente von einer automatischen Bindung an den Lohn abgesehen und stattdessen die Bundesregierung verpflichtet werde, periodisch (etwa alle drei Jahre) die Lage im Rentensektor zu überprüfen" (Martin-Weber 1999: 143).

Obwohl keine formelle Abstimmung über den Vorschlag des Finanzministers im Protokoll vermerkt ist, scheint mit dem vermerkten Zuspruch von Arbeitsminister Storch und Kanzler Adenauer ein Kompromiss gefunden worden zu sein (Martin-Weber 1999: 144). Einen weiteren Kompromiss auf der semantischen Ebene erzielte das Sozialkabinett bei der Begrifflichkeit der Dynamischen Rente, die von Erhard und Storch kritisiert wurde und zu Irritationen bei den Arbeitgeberverbänden geführt hatte. Unter expliziter Zustimmung von Konrad Adenauer kam das Sozialkabinett überein, künftig in allen Verlautbarungen den Ausdruck „Produktivitätsrente" zu verwenden (Martin-Weber 1999: 159), was eine Anbindung an die wirtschaftlichen Möglichkeiten zum Ausdruck brachte. Ein dritter Kompromiss bestand in der Ausklammerung der Selbstständigen, nachdem sowohl Wirtschaftsminister Erhard und Finanzminister Schäffer sich ebenso wie der Staatssekretär im Landwirtschaftsministerium für eine gesonderte Lösung des Selbstständigenproblems verwandt hatten (Hockerts 1980: 330).

Innerhalb des Regierungslagers übten der wirtschaftsliberale Flügel der CDU/CSU-Fraktion, Teile der FVP sowie die Deutsche Partei vor und hinter den Kulissen Kritik an der Rentenreform, ohne dass irgendeine Formation aufgrund der in Aussicht gestellten Zustimmung der Sozialdemokraten als ein Vetospieler die Reform zu Fall bringen konnte. Im Kabinett beispielsweise brachten Wohnungsbauminister Preusker (FVP), Justizminister Neumayer (FVP), Bundesratsminister von Merkatz (DP) und Postminister Balke (CSU) das bekannte Inflations- und Spararguments vor (Hockerts 1980: 347). Bedienten sich diese Akteure innerhalb des Kabinetts ähnlicher Argumente wie der Finanz- und Wirtschaftsminister, so

sei hier noch ein besonderes Augenmerk auf die Vertreter der kleinen Koalitionsparteien FVP und DP gelegt. Die sozialpolitische Expertin der Deutschen Partei,
Margot Kalinke, nahm unter Bezugnahme auf die totale Versicherungspflicht Stellung zum Gesetzesentwurf ihrer Regierung:

> „Dagegen ist von unseren Koalitionspartnern – es ist ein offenes Geheimnis, dass wir in
> dieser Frage nicht immer einer Meinung gewesen sind – die Frage der Versicherungs-
> pflicht […] nicht mit der Klarheit und Konsequenz verhandelt worden, die wir von
> der CDU/CSU zur Reform der Rentenversicherung erwartet haben" (Sten. Prot. 2/184,
> 16.1.1957: 10186).

Die streitbare Margot Kalinke votierte überdies vehement für eine eigenständige
Angestelltenversicherung und hielt der „Großen Koalition" in der Sozialpolitik vor:
„Sie werden das bisherige Angestelltenversicherungsrecht beseitigen, nicht wir"
(Sten. Prot. 2/187, 21.1.1957: 10529). Ihr sekundierte die Deutsche Angestellten-
gewerkschaft, die ebenfalls gegen eine Zusammenlegung von Arbeiter- und An-
gestelltenrentenversicherung optierte und im Endeffekt auch erreichte, dass zwei
getrennte Gesetze verabschiedet wurden (Schwarz 1981: 334; Glootz 1999: 122). Zur
Taktik Adenauers gehörte es freilich auch, dass er auf klientelorientierte Pauscha-
leinwände, wie etwa, dass der Mittelstand „jedes Mal auf der Strecke" bliebe, sehr
abwehrend reagierte und immer wieder auf das Ziel der Reform hinwies, das in
der Verbesserung der Lage der Sozialrentner läge und es nicht die Aufgabe sein
könne, die „harte Nuss" für die privaten Lebensversicherer zu knacken (Hockerts
1980: 323).

Es blieb für die Kritiker im Regierungslager kennzeichnend, dass kein Akteur über eine reale Möglichkeit verfügte, die Rentenreform zu blockieren. Und
mehrheitlich bestand bei den Abgeordneten der Koalitionsfraktionen auch nicht
der inhaltliche Wunsch nach einem Veto. Einzig die 1956 in die Opposition ge-
wechselte, ehemalige Regierungspartei FDP hätte über den Bundesrat zumindest
eine Möglichkeit gehabt, den Versuch eines Vetos zu unternehmen. Die Freien
Demokraten waren zum Zeitpunkt der Verabschiedung schließlich mit Ausnahme von Hessen an allen Länderregierungen in verschiedenen Konstellationen als
Koalitionspartner beteiligt.[3] Da allerdings die Zustimmung des Bundesrates am

---

3   Zum Zeitpunkt der Abstimmung über die Rentenreform im Bundesrat am 8.2.1957 war die FDP
    mit Ausnahme von Hessen und Berlin an allen übrigen Landesregierungen beteiligt: Baden-Würt-
    temberg (CDU, SPD, FDP/DVP, GB/BHE), Bayern (SPD, BP, BHE, FDP), Bremen (SPD, CDU,
    FDP), Hamburg (CDU, FDP, DP), Niedersachsen (DP, CDU, FDP, GB/BHE), NRW (SPD, FDP),

8. 2. 1957 einstimmig erfolgte (Hockerts 1980: 421), kann von einer Billigung der
FDP zur Rentenreform 1957 ausgegangen werden. Ganz offensichtlich wollte die
FDP, die seit der Abspaltung der regierungstreuen FVP in schwieriges politisches
Fahrwasser geraten war (Lösche/Walter 1996: 39; Dittberner 2005: 46), ihre Beteiligungen an den Landesregierungen nicht wegen einer einzelnen Sachfrage in
Gefahr bringen. Und selbst wenn die FDP auf breiter Front Koalitionsbrüche an-
gedroht hätte, um zumindest „symbolische" Enthaltungen der von ihnen mit regierten Bundesländer zu erreichen, so wäre diese konfrontative Strategie einem
Kamikaze-Kommando gleichgekommen. Zu Recht wurde in der Forschung darauf hingewiesen, dass das Vetopotenzial von Parteien im Unterschied zu institutionellen Vetospielern von ihrer politischen Sanktionsmacht abhängt (Strøm 2003:
55–106). So hätte die FDP über den Bundesrat ihre Zustimmung nur dann ver-
weigern können, wenn sie glaubwürdig damit gedroht hätte, die entsprechenden
Länderregierungen zu verlassen. Deshalb fiel auch ein Veto des Bundesrates zur
Rentenreform aufgrund machtpolitischer Erwägungen aus. Der Einfluss der Liberalen auf die Reform blieb daher denkbar gering (Hegelich 2006: 131), obgleich
die Legende entstand, die FDP habe geschlossen gegen die Dynamisierung der
Rente votiert.

An dieser Stelle gilt es herauszustreichen, dass die Vetospielertheorie in Bezug
auf die strategischen Erwägungen zur Willensbildung von Vetospielern zu kurz
greift. Insofern sprengt das gespaltene Abstimmungsverhalten der FDP die Erklärungskraft des Vetospielertheorems. Die Annahmen von Tsebelis erweisen sich
demgegenüber aber als tragfähig, wenn es um die Entscheidung der FDP-Bundes-
tagsfraktion geht. Denn da die Freien Demokraten schon im Vorfeld der dritten
Lesung der Reform im Bundestag aus der Regierung ausgeschieden waren, ver-
kleinertes sich das „Core" für die Rentenreform. Gleichzeitig vergrößerte sich das
„Winset", sodass die Protagonisten der Rentenreform mit den übrigen Regierungsparteien ein leichteres Spiel hatten, als wenn die FDP in der Regierung verblieben
wäre (vgl. Tsebelis 2002: 21 ff.).

Bevor noch auf die Rolle der sozialdemokratischen Opposition der 1950er Jahre
eingegangen werden soll, stellt sich die Frage, in wie weit die öffentliche Wahrnehmung und Einflussnahme als relevante Akteure ernst zu nehmen sind. Denn gegen
die Rentenreform opponierten neben den genannten Vertretern aus dem Regierungslager auch die Bank deutscher Länder, die Versicherungswirtschaft und die
Spitzenverbände der Wirtschaft. Allerorten warnten sie vor der Gefahr einer In-

Rheinland-Pfalz (CDU, FDP), Saarland (CDU, SPD, FDP/DPS) und Schleswig-Holstein (CDU,
FDP, GB/BHE).

flation und vor einer Dynamisierung anderer Sozialleistungen (Morsey 2000: 71). Die Bank deutscher Länder mahnte vor allem die Folgen für den Kapitalmarkt an. Nicht nur die Drosselung der Sparquote wurde als Problem gesehen, sondern auch die Verminderung der Vermögensbildung bei den Trägern der Rentenversicherung führte zur Artikulation von Sorgen (Schmähl 2005: 409). Die Bank ging sogar an die Öffentlichkeit, warnte vor einem „Verfall der Währung" und bekräftigte ihre Mahnung mit dem demographisch bedingten Anwachsen der Rentenlasten (Hockerts 1980: 340).

Die Einwände dieser nicht mit Vetomacht im engeren Sinne ausgestatten Akteure wurden in der Regel öffentlich vorgetragen, wobei es aber auch nichtöffentliche und informelle Versuche der Einflussnahme, wie beispielsweise Briefwechsel bis direkt zum Bundeskanzler, gegeben hat (Hockerts 1981: 391). Dazu zählten überdies die vielfältigen Kontakte der Wirtschaftsverbände zu den Abgeordneten der Koalitionsparteien und eine von den großen Zeitungen mitgetragene publizistische Kampagne. Die Süddeutsche Zeitung überschrieb etwa einen Artikel mit der Schlagzeile „Opa als Ernährer" (Süddeutsche Zeitung 14. 8. 1956). Mit einem nüchternen Blick auf die Wirkungen kann allerdings konstatiert werden, dass die öffentliche Meinungsbildung und Erwartungshaltung der Mehrheit der Bundesbürger in viel stärkerem Maße von der von DGB, SPD, Unionsparteien und Bundesarbeitsministerium gelenkten Reformpropaganda beeinflusst worden sind (Hockerts 1980: 394). Es gilt zudem zu betonen, dass in den unzähligen Stellungnahmen und Denkschriften ganz überwiegend auch Vorschläge für Kompromisse unterbreitet wurden (Hockerts 1980: 387). Zudem blieb die Union gegenüber den Wirtschaftsverbänden konziliant. Das 1957 verabschiedete Kartellgesetz enthielt zahlreiche Ausnahmen und wurde gleichsam „entschärft", sodass anzunehmen ist, dass manche Kritiker der Rentenreform auf der Arbeitgeberseite ihren Widerstand im Zuge eines Kompromisses aufgegeben haben (Bösch 2002: 22; Schwarz 1981: 335).

Welche Rolle spielte bei der Kompromissfindung die Einbindung der oppositionellen SPD? „Ihr abschließendes Ja half der SPD allerdings nicht viel [...]. Die umfangreichen Nachzahlungen zusammen mit der regulären Erhöhung kamen wohl gezielt vom Mai 1957 an zur Auszahlung" (Schwarz 1981: 334). Mit diesen Worten wies der Adenauer-Biograph Hans-Peter Schwarz auf das wahlpolitische Resultat der „Großen Koalition" in der Sozialpolitik hin. Der oppositionelle FDP-Abgeordnete Jentzsch beklagte sich schon vorab mit den Worten:

„Es liegt im Zuge unserer Zeit, dass alles zum Kollektiv drängt. Die Einzelpersönlichkeit fühlt sich hilflos" (Sten. Prot. 2/187, 21. 1. 1957: 10517).

Schließlich hatte die Mehrzahl der Wählerinnen und Wähler ganz offenkundig die kollektiven sozialen Sicherungssysteme befürwortet und begrüßte die Rentenreform: Die Bundestagswahlen am 15. September 1957 bescherten den Unionsparteien mit 50,2 Prozent der Stimmen einen überragenden Sieg. Es gehört deshalb zu den Paradoxien in der Geschichte der bundesrepublikanischen Sozialpolitik, dass es die SPD vermochte, erheblichen Druck auf die Verabschiedung der Rentenreform auszuüben, aber gleichfalls bei den Bundestagswahlen 1957 in keiner Weise davon zu profitieren. Nicht von ungefähr verfolgte den sozialdemokratischen Sozialpolitiker Ernst Schellenberg das Trauma, Adenauer zur absoluten Mehrheit verholfen zu haben (von Berlepsch 1991: 477). Für den Diskussionsprozess im Sozialkabinett sei aber auf den beschleunigenden Effekt hingewiesen, der eintrat, nachdem die Sozialdemokraten einen kompletten Gesetzentwurf zur Rentenreform vorlegten. Mit der Vorlage des SPD-Entwurfs zur Neuordnung der Rentenversicherung am 18. 4. 1956 geriet die Regierung in Zugzwang (Schmähl 2005: 406) und legte ihren Gesetzentwurf am 27. 6. 1956 ebenfalls vor. Ob die spekulative Deutung zutrifft, dass vor dem Hintergrund der Auseinandersetzungen zwischen Fritz Schäffer, Ludwig Erhard und Anton Storch „womöglich ohne den Druck der SPD keine Reform mehr zustande gekommen wäre" (von Berlepsch 1991: 477), kann an dieser Stelle nicht seriös beantwortet werden. Eher trifft es zu, dass sich die rentenpolitischen Vorstellungen von SPD und Union im Großen und Ganzen ähnelten (Hockerts 1980: 352). Die Quellen belegen jedoch auch, dass nach der Vorlage der SPD nun sämtliche Bedenken der koalitionsinternen Kritiker mit dem Hinweis auf die anstehende Bundestagswahl zurückgedrängt und der Zwang zum koalitionsinternen Kompromiss verstärkt wurden:

> „Er [Bundesarbeitsminister Anton Storch] unterstreicht, daß höchste Eile geboten sei, um einen Gesetzentwurf zu verabschieden. Da anderenfalls die SPD mit einem eigenen Gesetzentwurf zuvorkomme" (Martin-Weber 1999: 155).

Außerdem mussten sich die Kritiker an der Rentenreform schon deswegen konzessionsbereiter zeigen, weil der SPD-Vorschlag weit über die geplanten Maßnahmen der Regierung hinausging. Mit Besorgnis wies der im Bundesarbeitsministerium tätige Ministerialdirektor Jantz darauf hin, dass nach Auffassung der SPD

> „bei einer Versicherungsdauer von 40 Arbeitsjahren eine Rente gewährt werden solle, die 75 % des Bruttoverdienstes vergleichbarer Arbeitnehmer entspreche. Die Formel der SPD besage, daß nach 10 Versicherungsjahren eine Rente erreicht werde, die 30 % des Bruttoverdienstes vergleichbarer Arbeitnehmer entspreche und daß für jedes weitere

Versicherungsjahr ein Zuschlag von 1,5 % des Bruttoverdienstes hinzukomme. Abgesehen von finanziellen Bedenken müsse dem SPD-Plan entgegengehalten werden, daß die hohen Renten in vielen Fällen praktisch die Höhe des Arbeitslohnes erreichten. Da nach dem Plan der SPD die Renten nach 40 Arbeitsjahren nicht mehr stiegen, bestehe für den Versicherten keine Möglichkeit mehr durch seine eigene Leistung seine Altersrente zu erhöhen" (Martin-Weber 1999: 151).

Die Quellenlage erlaubt es daher, von einer doppelten Argumentationsstruktur auszugehen: Neben der bereits erwähnten Zugzwangsituation wurden offensichtlich auch wertegebundene Argumente über einen Appell an den unionsnahen Topos von „eigener Leistung" ins Feld geführt, um den Kritikern innerhalb der Koalitionsparteien die Zustimmung zur eigenen Konzeption zu erleichtern. Dieser Mechanismus findet sich im Übrigen auch schon in der so genannten Rothenfelser Denkschrift vom 26.5.1955, die zentrale Aspekte der späteren Rentenreform diskursiv antizipierte und zugleich dezidiert die Gedanken der Selbsthilfe und der Subsidiarität als Elemente der katholischen Soziallehre hervorgehoben hatte und so auf Anklang im christdemokratischen Spektrum hoffte. Der schließlich gefundene Kompromiss erschien auch den harten Kritikern der Rentenreform möglicherweise als geringeres Übel, forderte die SPD doch die automatische jährliche Anpassung der Renten entsprechend der jährlichen Lohnentwicklung (Schmähl 2005: 415).

Zusammengenommen ist zu sagen, dass im Falle der Rentenreform als teilbare Policy die Argumente der Kritiker nicht zum Zuge kamen und ein formelles Veto ausblieb, weil überwiegend Kompromisse geschlossen werden konnten Als relevante Vetospieler traten vor allem Bundesminister auf, die ihre unterschiedlichen (Ressort-)Interessen miteinander vereinbaren mussten. Die Rentenreform wurde infolgedessen mit einer Zustimmung von CDU/CSU, FVP und BHE aber auch der SPD, bei einer überwiegenden Enthaltung der DP und bei den Gegenstimmen der FDP (im Bundestag, nicht im Bundesrat!) durchgesetzt. Der Bundesrat, ein potenzieller Vetospieler, wurde frühzeitig an den Beratungen beteiligt (Hockerts 1980: 399) und übte kein Veto aus. Schließlich blieb selbst ein theoretisch denkbarer Vetoversuch im Bundesrat von Seiten der FDP aus, weil er nur über den Preis einer Androhung von Koalitionsbrüchen in den Bundesländern angestrengt hätte werden können und selbst dann vermutlich auch erfolglos geblieben wäre, da die „Große Koalition" in der Sozialpolitik eine Einigung auch ohne die Liberalen in beiden Kammern hätte herbeiführen können. Wahrscheinlich wollte niemand und ganz offensichtlich auch nicht die FDP im Bundesrat die Verantwortung dafür übernehmen, dass im Vorfeld der Bundestagswahlen 1957 eine von der Bevölkerung erwünschte und erwartete Reform scheiterte. Sieht man einmal von den

Kompromissen ab, traten taktische Winkelzüge und Hinweise auf die Richtlinienkompetenz des Bundeskanzlers ebenfalls wie Elemente wertegebundener Argu-
mentationsfiguren ergänzend hinzu.

Zentral blieb aber das, was als Kompromiss wahrgenommen wurde: Selbststän-
dige wurden nicht per se einbezogen, die Begrifflichkeit der Dynamik sollte durch
den der Produktivität ersetzt werden, das Kartellgesetz wurde entschärft und statt
einer automatischen Anpassung der Renten an die Lohnentwicklung wurde eine
„Halbautomatik" eingebaut. Nach der Stellungnahme eines Sozialbeirates sollte die
Bundesregierung jährlich über die Rentenanpassung befinden. Es fand also mit einigen Rücksichten gegenüber den kritischen Stimmen im Koalitionslager eine weit
reichende Angleichung der rentenpolitischen Positionen von Union und SPD statt,
um einen Konsens zu erzielen. Demgegenüber fanden die vom Bundesfinanzmi-
nisterium vorgetragenen Einwände in Bezug auf die prognostizierte demographi-
sche Entwicklung keine Berücksichtigung (Schmähl 2005: 398; Hockerts 1981: 341).

Unter dem Strich war die Rentenreform das Resultat eines Kompromisses
durch ein Zusammenspiel von Integration und Austarierung von Interessen. Bei
den vorgebrachten Einwänden wurden überwiegend Präzisierungen und Alternativen mitgeliefert, die eine generelle Einigung nicht in Frage stellten. Die Argumente der Kritiker bewegten sich nahezu alle im Rahmen einer Möglichkeit zum
Kompromiss. Und im Umkehrschluss waren die Befürworter – und allen voran
Kanzler Adenauer – darauf bedacht, die innerparteiliche Konkurrenz einzubinden
und die rentenpolitische Kompetenz am Vorabend der Bundestagwahlen nicht
den oppositionellen Sozialdemokraten zu überlassen. Die Bundestagswahlen 1957
fest im Blick habend, beharrte Adenauer auf einer „umfassenden Sozialreform",
die er bereits zu Beginn der Legislaturperiode in Aussicht gestellt hatte.

3   Nie wieder Krieg: Die Debatte um den deutschen Verteidigungsbeitrag

In der Frage der Wiederbewaffnung der Bundesrepublik standen absolute Werte
im Zentrum der Diskussion. Ein „Ja" oder „Nein" als Entscheidungsoptionen
waren angezeigt und es lag keine teilbare Policy vor. Es stellt sich damit die Frage,
ob in diesem Policy-Prozess andere Mechanismen als bei der Rentenreform wirkmächtig waren, die Akteure anderes miteinander interagiert haben. Die Frage nach
einem anderes gelagerten Politikprozess wird auch durch den knappen Zeitraum
von der Befreiung und Demilitarisierung des nationalsozialistischen Deutschlands
im Mai 1945 bis zur Aufhebung des Besatzungsstatuts und der Wiederbewaffnung
berührt, der dieser Frage mit einer weitaus höhere politische Brisanz auflud.

Nach der Ratifikation des General- oder Deutschlandvertrags (1952) und der Wehrnovelle (1954) traten bereits am 5. Mai 1955 die Pariser Verträge in Kraft, womit der deutsche Verteidigungsbeitrag und die Westintegration ihren vorläufigen Abschluss gefunden hatten. Die von der SPD als „Erfüllungspolitik" gebrandmarkte Strategie der Wiederbewaffnung und Westintegration erschien für Adenauer als probateste Option, dem Provisorium Bundesrepublik zu militärischer Sicherheit, internationaler Gleichberechtigung und politischer Mitsprache zu verhelfen (Morsey 2000: 26). Sicherlich veränderte der Ausbruch des Korea-Krieges am 25. Juni 1950 die internationale Situation, so dass nicht nur die Bundesregierung, sondern auch die Alliierten in konzeptioneller Hinsicht über die Aufstellung deutscher Truppenverbände im Rahmen einer Europäischen Verteidigungsgemeinschaft (EVG) nachdachten und somit nicht mehr als Vetospieler auftraten (Steininger 1989: 392; Wettig 1967: 339). Nach dem Scheitern der EVG durch das Veto der französischen Nationalversammlung am 30. 8. 1954, was Adenauer als „schwarzen Tag für Europa" in Erinnerung behielt (Adenauer 1965: 289), sollte die Bundesrepublik rasch in die Nato aufgenommen werden. Die deutsche Wiederbewaffnung war dabei die Eintrittskarte in das westliche Verteidigungsbündnis für die Bundesrepublik.

Obgleich in der Forschung sowohl die Position vertreten wurde, dass die Debatte um die Wiederbewaffnung die Bundesrepublik erschüttert habe (Sontheimer 1996: 168) und den inneren Frieden zu zerstören drohte (Schwarz 1981: 119), als auch die praktische Belanglosigkeit der Kritiker akzentuiert wurde (Baring 1969: 340), kann festgehalten werden, dass die Kontroverse um die Wiederbewaffnung den Fall einer bipolaren Entscheidung repräsentiert. Die kaum noch zu revidieren gewesene „Kernfrage, ob die Bundesrepublik nur ein provisorisches Gebilde sein und bleiben werde oder sich zu einem souveränen Eigenstaat konsolidieren, ob sie der Wiedervereinigung oder der westeuropäischen Integration den Vorrang geben sollte und wollte" (von Schubert 1970: 7), führte zu heftigen innenpolitischen Reaktionen.

Zur Identifikation der Vetospieler und Diskussion ihres Verhaltens betrachten wir im Folgenden zunächst die Bundesregierung und die sie tragenden Parteien. Auf den Bundesrat und das Bundesverfassungsgericht wird weiter unten eingegangen. In die 1949 von CDU/CSU, FDP und DP gebildete Bundesregierung trat nach der Wahl 1953 auch der BHE ein, wobei die FDP 1956 aus der Regierung ausschied und nur die Abgeordneten der FVP in der Regierung verblieben. In der zweiten Legislaturperiode verfügte die Regierung Adenauer damit bis zum Inkrafttreten der Pariser Verträge am 5. 5. 1955 über eine Zweidrittelmehrheit im Bundestag. Von den Koalitionsparteien wurde kein Veto vorgebracht. Denn innerhalb der Regierungskoalition bestand bis 1955 eine generelle Übereinstimmung zu den zentralen außen- und sicherheitspolitischen Linien, die Konrad Adenauer vorgab (Rupp 1984: 51). Während sich die CDU/CSU-Bundestagsfraktion überwiegend „fügsam" (Baring 1969: 173) verhielt[4] und die DP-Fraktion geschlossen für die Wiederbewaffnung votierte (Volkmann 1990: 349), wies das Bemühen der Freien Demokraten um ehemalige Soldaten ohnehin eine grundsätzlich „wehrbejahende Haltung" auf (Wagner 1991: 156). Obgleich die Fixierung auf die Westintegration in der FDP zusehends mit einer Strategie des begrenzten Konflikts in der Koalition begleitet wurde (Lösche/Walter 1996: 38), genoss die Westintegration bei den Liberalen in den 1950er Jahren Vorrang vor der Wiedervereinigung (Langewiesche 1988: 293).

Wie gestaltete sich nun die – auch innerparteiliche – Debatte, die zu dieser Entscheidung führte? Was waren die Auseinandersetzungen innerhalb der Parteien und wie gestaltete sich die Interaktion mit anderen gesellschaftlichen Akteuren? Für die damals neu gegründeten überkonfessionellen C-Parteien CDU und CSU war der Widerstand aus religiösen Motiven – auch in den eigenen Reihen – ein besorgniserregenderes Moment als Vorstellungen und mögliche Vetodrohungen der Koalitionspartner und anderer Vetospieler. So artikulierte Bundesinnenminister Gustav Heinemann (bis 1952 CDU-Mitglied) öffentlich Kritik gegen die Strategie der Wiederbewaffnung. Gustav Heinemann, späterer Bundespräsident und Mitglied der SPD, ein Mann der Bekennenden Kirche und damaliger Präses der Synode der EKD fühlte sich nicht nur als zuständiger Minister von der Präsentation von Adenauers Sicherheitsmemorandum übergangen, sondern wandte sich auch prinzipiell gegen die Wiederaufrüstung der Bundesrepublik, wie er im Briefwechsel mit Adenauer erläuterte:

„Wenn das Wort von der Politik aus christlicher Verantwortung unter uns nicht eine Phrase sein soll, dann werden wir gerade in dieser entscheidenden Frage bedenken müssen, was in unserer Situation Gottes Wille ist. Wir sind in zwei blutige Kriege und zwei nationale Katastrophen hineingeraten, weil wir allzu sehr bereit waren, unser Vertrauen auf die Kraft der Waffen zu setzen. Gott hat uns gezeigt, dass diese Rechnung eine Fehlrechnung ist [...]. Ich kann mich des Gedankens nicht erwehren, dass der Ruf nach einer deutschen Remilitarisierung ebenso sehr ein Ausdruck einer ungläubigen Angst ist, wie die fatalistische Apathie, von der ein anderer Teil unseres Volkes befallen ist" (Koch 1972: 517).

---

4   Sieht man einmal von einzelnen Politikern wie z. B. Wilhelm Elfes ab. Vgl. hierzu Lütgemeier-Davin 2008.

Selbst wenn die Neubesetzung des vakanten Innenressorts durch den protestanti-schen CDU-Politiker Robert Lehr 1950 ein innerparteiliches Balance- und Befrie-dungsangebot darstellte, wog die Kritik aus christlichen Motiven schwer für die CDU/CSU. Zwar blieb Heinemann nur sein Rücktritt, um seine persönliche Hal-tung zur Geltung zu bringen. Die Konsequenz bestand aber nunmehr darin, dass auch wenn Gustav Heinemann im Kabinett unmittelbar isoliert da stand (Baring 1969: 168), seine Haltung aber eine „Öffentlichkeit" erzeugte, zumal es sich um eine prominente, bürgerliche und dezidiert antikommunistische Persönlichkeit handelte (Koch 1972: 193). Sowohl die persönlichen, außenpolitisch-taktischen und deutschlandpolitischen Divergenzen als auch die christlich-religiösen Motive Heinemanns waren schlichtweg unvereinbar mit der auf Westintegration und Wie-derbewaffnung ausgerichteten Strategie Konrad Adenauers, die a priori nur ein Entweder-Oder zwischen der Westbindung und einer „Preisgabe" an „Sowjetruss-land" kannte (Lindemann 1978: 106). Daher war es aus Adenauers Sicht gleichfalls logisch, wenn er – anders als etwa in der Frage der Rentenreform – auf ein ge-schlossenes Auftreten der Kabinettsmitglieder bedacht war (Koch 1972: 173). Auf die Ablehnung des Ganzen durch Gustav Heinemann erfolgte erst im Nachhinein eine Präzisierung, die sich in den Neutralitätsbestrebungen der Notgemeinschaft für den Frieden, die Heinemann gemeinsam mit der ehemaligen Zentrums-politikern Helene Wessel und späteren Sozialdemokraten wie Erhard Eppler und Johannes Rau gründete, niederschlug (Koch 1972: 301).

Der Widerstand mit der Berufung auf Gewissensgründe und religiöse Motive kann nicht als formelles Veto im Sinne des Vetospielertheorems gewertet werden. Es sollte gleichwohl ernst genommen werden, da es keine Einzelmeinung darstellte. Vielmehr scheint es eine Besonderheit von Entscheidungen, hinter denen absolu-te Werte stehen, zu sein, dass beide großen christlichen Kirchen in der Bundesre-publik auf die Debatte eingewirkt haben, wenn auch nur auf mittelbarem Wege. Für die evangelische Kirche war es kennzeichnend, dass populäre Vertreter ihrer Organisation, wie der stets polarisierende Martin Niemöller, der sich schon mit der Wendung „in Rom gezeugt und in Washington geboren" gegen die Gründung der Bundesrepublik ausgesprochen hatte, oder eben Gustav Heinemann zu den prominenten Gegner der Adenauerschen Sicherheitspolitik avancierten und somit ein Bild der protestantischen Skepsis gegenüber einem deutschen Verteidigungs-beitrag mit geprägt haben dürften. Allerdings war die evangelische Kirche in die-ser Frage zwischen den einzelnen Landeskirchen tief gespalten und konnte sich zu keinem Zeitpunkt zur Einnahme einer von der EKD autorisierten, ablehnen-den Position durchringen (Ehlert 1993: 379; Permien 1994: 199). Außerdem kam es nicht zu einer Allianz aus Wiederbewaffnungskritikern aus den Kirchen mit ebensolchen aus den Sozialdemokaten. Dafür waren die Gräben in den frühen 1950er Jahren noch zu tief, wie auch der erst 1957 erfolgte Eintritt von Gustav Heinemann in die SPD zeigte (Schwarz 1981: 126).

Außerdem blieb es für die Reaktion im katholischen Spektrum kennzeichnend, dass die Träger der Wiederbewaffnungsdebatte vor allem die Laienorganisationen, wie die Katholische Arbeitnehmerbewegung (KAB), der Bund der Katholischen Jugend (BDJK) und die Gemeinschaft der katholischen Männer Deutschlands mit ihrem Zeitschriftenwesen gewesen sind (Doering-Manteuffel 1981: 59). Insbesondere nach dem Koreaschock teilten die organisierten Katholiken ganz überwiegend Adenauers Sorge vor einer Bedrohung durch die Sowjetunion und verzichteten auf skeptische Stimmen zur Aufrüstung. Mit Bezugnahme auf die päpstliche Weihnachtsansprache des Jahres 1948 wies etwa der Kölner Kardinal Frings 1950 auf dem Diözesan-Katholikentag darauf hin, dass der Papst keinen Zweifel darüber bestehen ließe, dass es eine „verwerfliche Sentimentalität" und „falsches Humanitätsdenken wäre", wenn die Völker mit Rücksicht auf die entsetzlichen Folgen eines Krieges jegliches Unrecht geschehen ließen. Und weil die Staaten von Fall zu Fall sogar die „Pflicht zum Kriege" hätten, wenn die „Gottesordnung" in der Welt bedroht sei, könne auch die Propagierung einer absoluten Kriegsdienstverweigerung mit christlichem Denken nicht vereinbart werden. Frings betonte eigens, dass jedermann wisse, wie aktuell zu dieser Stunde die Gedanken des Heiligen Vaters wären (Doering-Manteuffel 1981: 85). In der Kölner Kirchenzeitung konnte man weiter zur Predigt Frings lesen: „Kein Zweifel, der Prediger wollte uns auf die Stunde der Entscheidung vorbereiten. So ist er auch verstanden worden" (O. A. 1950: 1). Daher verwundert es nicht, dass auch der „Ohne mich" – Standpunkt auf eine überwiegende Ablehnung in der katholischen Öffentlichkeit stieß, sah man sich doch vielmehr herausgefordert, „dem Osten die Stirne zu bieten" (Doering-Manteuffel 1981: 119). Daher lässt sich schlussfolgern, dass der Katholizismus den weltanschaulichen und politischen Vorstellungen der Bundesregierung relativ nahe stand und so unter dem Strich eher als Multiplikator von Adenauers Außen- und Sicherheitspolitik wirkte. (Doering-Manteuffel 1981: 255).

Das Ausbleiben einer strikten Ablehnung von Adenauers Sicherheitspolitik von Kirchen, Arbeitgeberverbänden (Ehlert 1993: 353) und Gewerkschaften (Schneider 2000: 301) war schon deswegen bemerkenswert, weil in den durchgeführten Umfragen die öffentliche Meinung ein anderes Votum gefällt hatte. Die Antworten auf die Frage, „würden Sie es für richtig halten, wieder Soldat zu werden oder, dass Ihr Sohn oder Ihr Mann wieder Soldat wird" vermittelten bis Oktober 1952 eine konstante Ablehnung. So beantworteten im Oktober 1952 insgesamt 72 Prozent der Befragten diese Frage mit einem Nein (Volkmann 1990: 465). Da sich aber im selben Zeitraum die überwiegende Mehrheit der Westdeutschen von Russland bedroht fühlte (Volkmann 1990: 474), war die Bevölkerung in der Frage der Wiederbewaffnung gespalten. Im Oktober 1950 votierten 45 Prozent der Befragten für und 55 Prozent gegen einen deutschen Wehrbeitrag. Bald zwei Jahre später, im September 1952, sprachen sich nunmehr 52 Prozent für und 48 Prozent gegen einen deutschen Wehrbeitrag aus (Volkmann 1990: 477). Zwar hatte sich die Stimmung knapp gedreht, doch blieb die Zustimmung prekär. Die demoskopische Ausgangslage begünstigte die Durchsetzung der Wiederbewaffnung folglich nicht. Auch die meisten Zeitungsartikel bezogen eine ablehnende Position, „nicht selten mit Ausdrücken der Empörung darüber, dass die Frage überhaupt aufgeworfen worden war" (Wettig 1967: 251).

Die große Skepsis in der Bevölkerung schlug sich auch in der Formierung von Friedensbewegungen nieder. Auf die „Ohne mich" – Bewegung folgten die Volksbefragungsaktion, die Neutralitätsbestrebungen und die Paulskirchenbewegung. Der Bundesinnenminister zählte 1952 insgesamt 175 Organisationen, deren Motivstruktur – anders als bei den Argumenten gegen die Rentenreform – überaus heterogen gewesen ist, aber deren Engagement mit dem Beitritt der Bundesrepublik zur Nato merklich abflachte (Roth/Rucht 2008: 272). Die politische Stoßkraft der „Ohne mich" – Bewegung litt insbesondere darunter, dass sie keine hinreichende Unterstützung von politischen Parteien erfahren hat. Hinzu kam, dass nicht taktierende Agitation, sondern eine verneinende Protesthaltung in ihr zum Ausdruck kam. Die Wiederbewaffnung war eben keine verhandelbare Policy, sondern tangierte absolute Werte. Versteht man Politik als Zwang zum Kompromiss und zur Koalitionsbildung, könnte man sogar soweit gehen, die „Ohne mich" – Bewegung als passiv zu bezeichnen (Otto 1981: 70; Volkmann 1990: 495). Die „Notgemeinschaft für den Frieden" sammelte immerhin mit der Volksbefragungsbewegung Unterschriften (Volkmann 1990: 513), was allerdings durch Innenminister Lehr unter Verweis auf die Unzulässigkeit von Plebisziten und die am Aufruf mitbeteiligten Kommunisten am 24. 4. 1951 verboten wurde (Lütgemeier-Davin 2008: 94). Die später einsetzende Paulskirchenbewegung wiederum, die die Deutsche Einheit als positives Ziel aufgriff und sich ganz dezidiert vom Protest der „Ohne mich"-Strömung absetzen wollte und deren Kundgebungen auch vom Rundfunk übertragen wurden und die auf Resonanz sowohl bei Wissenschaftlern, Gewerkschaftern, Sozialdemokraten als auch bei Vertretern der Kirchen stieß (Koch 1972: 446), kam ebenfalls nach dem erfolgten Bundestagsbeschluss zur Ratifikation der Pariser Verträge an ihr Ende (Ehlert 1993: 413).

Trotz der beachtlichen Aktionen der Friedensbewegung bestanden schon 1951 keine Chancen mehr auf eine realpolitische Einflussnahme von Seiten außerparlamentarischer Akteure. Dafür fehlte nicht nur eine strahlende Leitfigur, hinter der sich die Protestbewegung hätte versammeln können. Ergänzend kam hinzu, dass der Diskurs des Kalten Krieges und speziell die Rede über mögliche Infiltrationsmaßnahmen aus der DDR den Protest begleitete und überlagerte, sodass die Wirkung auf die Sicherheitspolitik gering blieb (Werner 2006: 546). Ganz entscheidend waren aber auch die Widersprüche in der in sich jeweils kompromisslosen Motivstruktur, die sowohl zu einer breiten Resonanz als auch zur Erfolglosigkeit der artikulierten Vetos geführt haben (Otto 1981: 53). Trotz allen Engagements der Bewegung hat die öffentliche Wirkung ihrer Argumente die Ratifizierungsentscheidung kaum tangieren können (Ehlert 1993: 339).

Auch Kanzler Adenauer war sich bewusst, dass der Verteidigungsbeitrag „sehr unpopulär" gewesen war und machte dafür nicht nur die „Agitation der Kommunistischen Partei und der Sozialdemokratischen Partei", sondern auch „Rundfunkkommentare und Zeitungsäußerungen, auch von angeblich neutralen Blättern" in seinen Memoiren verantwortlich (Adenauer 1965: 387). Entscheidend aber war, dass die öffentlich agierenden Kritiker über keine Vetomacht verfügten. So kam Adenauer nicht in die Situation, den Protesten nachgeben oder den Kritikern irgendwelche inhaltliche Kompromisse unterbreiten zu müssen.

Dass Konrad Adenauer, wie er selbst meinte, als „Widerparte zur Aufrüstung" nur „die SPD, Heinemann, Niemöller und die Frauen auf dem Halse" gehabt habe (zitiert nach Baring 1969: 117), greift hierbei zu kurz. Denn die oppositionelle SPD, deren ablehnende Haltung gegen den Wehrbeitrag im Kontext der Westintegration nicht aus einer pazifistischen Haltung zu Stande kam, von der sie freilich auch beeinflusst worden war (Kleßmann 1991: 231), sondern vor dem Hintergrund zu erklären ist, dass die Sozialdemokratie über den ganzen Zeitraum der Debatten um einen deutschen Verteidigungsbeitrag auf der Herstellung nationaler Souveränität vor einem Eintritt in Verhandlungen über einen deutschen Wehrbeitrag bestand (Klotzbach 1996: 212–221), spielte über die Verfassungsorgane eine nicht unerhebliche Rolle in der Verzögerung der Entscheidung.

Während nun also die Politik der Bundesregierung bezüglich dieser bipolaren Entscheidung auf keinerlei gesellschaftliche Einwände Rücksicht nahm, ist nun für die anderen institutionellen Vetospieler zu prüfen, wie sie sich verhalten haben: Die Rede ist vom Bundespräsidenten, vom Bundesrat und vom Bundesverfassungsgericht, die von den Gegner einer Entscheidung, die keine Kompromisse zulässt, gegebenenfalls verwendet werden können, und zwar gerade nicht zur Unterstützung der eigenen Verhandlungsposition, sondern zur Politikverhinderung.

Eine wesentliche Hürde für die wertegebundene Entscheidung über einen deutschen Wehrbeitrag repräsentierte 1952/53 kurzfristig die Länderkammer, in der sonst die Mehrheiten für die Außen- und Sicherheitspolitik der Regierung Adenauer gesichert waren. Denn im Bundesrat hatten sich zwischen 1950 und 1952 die Mehrheiten zu Ungunsten der Unionsparteien verschoben, die nach den Hessischen Landtagswahlen und im Zuge der Länderfusion des Südweststaates in die Opposition verwiesen wurden. Im nun zusammengeschlossenen Bundesland Baden-Württemberg trat eine DVP(FDP)/SPD/BHE-Koalition unter der Leitung des als listig bekannten Ministerpräsidenten Reinhold Maier (FDP) an die Stelle des Züngleins an der Waage, denn ohne die Stimmen aus dem „Ländle" konnte der deutsche Wehrbeitrag nicht auf eine Zustimmung im Bundesrat hoffen. Denn Ministerpräsident Maier lehnte die Verträge eigentlich ab (Matz 1989: 411). Somit kam die in Bonn in der Opposition befindliche Sozialdemokratie unverhofft doch noch in eine mögliche Veto-Position hinein (Schwarz 1981: 123). Nachdem der Bremer Senatspräsident Wilhelm Kaisen in die Front der Gegner einer Wiederbewaffnung im Zusammenhang mit der Westintegration zurückgekehrt war (Sommer 2000: 306; Sommer 1988: 35, Volkmann 1990: 402), erhofften sich die Sozialdemokraten eine effektive Blockademöglichkeit des Vertragswerks im Bundesrat. Adenauer unternahm sogar den Versuch, dem baden-württembergischen Ministerpräsidenten Maier (DVP/FDP) im Falle seiner Zustimmung und eines Bruchs der Stuttgarter Koalition mit der SPD die Zusage zu geben, bei einem Eintritt der stärkeren CDU in die Regierung trotzdem Regierungschef bleiben zu dürfen (Matz 1989: 415). Während Maier dieses Szenario ablehnte, weil eine Verhandelbarkeit des Verteidigungsbeitrages nicht gegeben war, stand er bei seinen liberalen Parteifreunden in Bonn im Wort, mit seinem Koalitionsexperiment keine Schritte zu unternehmen, die eine Gefahr für die liberale Regierungsbeteiligung in Bonn bedeuteten. So entschied sich Reinhold Maier nach einem monatelangem Hin und Her, die Vertragswerke mit den Stimmen des Landes Baden-Württemberg im Bundesrat passieren zu lassen (Matz 1989: 417; Baring 1969: 291).

Ende Januar 1952 hatte die SPD-Bundestagsfraktion zudem eine vorbeugende Normenkontrollklage eingereicht, die das Bundesverfassungsgericht zur Prüfung der Verfassungsmäßigkeit der außen- und sicherheitspolitischen Abkommen veranlassen sollte. Die Klage wurde am 30. Juli 1952 als unzulässig zurückgewiesen, weil die parlamentarischen Beratungen der Legislative noch nicht abgeschlossen waren (Klotzbach 1996: 222). In die Auseinandersetzung vor Gericht schaltete sich auch Bundespräsident Theodor Heuss ein, der zwar die Wiedereinführung der Wehrpflicht ohnehin befürwortete (Baring 1969: 171), aber gleichfalls aktiv wurde, indem er ein Gutachten über die Rechtslage einforderte, um es am 10. Dezember 1952 wieder zurückzuziehen. Es besteht kein Zweifel, dass sich Theodor Heuss damit im Interesse der Bundesregierung in den Streit um Westintegration und

Wehrbeitrag hineinziehen ließ (Volkmann 1990: 383). Allgemein wurde das Ersuchen um ein Gutachten als Störmanöver wahrgenommen, das um gezielte Gespräche mit der SPD-Parteispitze ergänzt wurde. Daran erinnerte Konrad Adenauer:

> „Bundespräsident Heuss versuchte, einen mäßigenden und ausgleichenden Einfluss auf die SPD auszuüben, doch diese Bemühungen blieben ohne Erfolg. Heuss berichtet mir bei einem meiner üblichen Besuche über ein Gespräch, das er mit Dr. Schumacher geführt hatte" (Adenauer 1965: 414).

Nach den Interventionen von Bundespräsident Heuss und nachdem das Verfassungsgericht in Karlsruhe die Klage der SPD abgewiesen hatte, erreichten die Koalitionsparteien nach den Wahlen zum zweiten Deutschen Bundestag im Jahre 1953 eine Zweidrittelmehrheit, mit der nötigenfalls eine Verfassungsänderung hätte durchgesetzt werden können. Kanzler Adenauer integrierte den GB/BHE in seine CDU/CSU-FDP-DP-Koalition, nachdem die Wählerinnen und Wähler die vorgebrachte Kritik an der Adenauerschen Sicherheitspolitik in ihrer Legitimität entwertet hatten, indem durch ihr Votum eine breite parlamentarische Basis für die Ratifikation der Vertragswerke geschaffen worden war (Kleßmann 1991: 234). So fielen Theodor Heuss, von dem kein Veto in dieser Frage zu erwarten war, der Bundestag, der Bundesrat und auch das Bundesverfassungsgericht, welches die sozialdemokratische Opposition damals als einzig wirksame Bremse der Regierung Adenauer aufgefasst hatte (Baring 1969: 223), als Vetoinstanzen aus. Im Ergebnis führte der politische Prozess nur zu einer Verschleppung der Entscheidung für die Wiederbewaffnung.

4   Schlussbetrachtung

Bilanziert man die Geschichte der Rentenreform und der Wiederbewaffnung in den 1950er Jahren aus dem Blickwinkel der Vetospielertheorie, so legt man sich darauf fest, die beiden Initialzündungen im Nachkriegsdeutschland aus einem einheitlichen analytischen Blickwinkel zu betrachten.

Der primäre Befund erscheint auf den ersten Blick trivial: In beiden Fällen war das Set an Vetospielern im Grunde gleich, die potenziellen Vetospieler fielen aus unterschiedlichen Gründen aus und das jeweilige Vorhaben passierte die Gremien. Bevor man dem Bonmot von Arnulf Baring („Am Anfang war Adenauer") in Bezug auf die hier behandelten zentralen Reformen zur sicherheits- und sozialpolitischen Konsolidierung der Bundesrepublik ein Schulter zuckendes „Am Ende setzte sich Adenauer auch durch" hinzufügt, möchte dieser Beitrag nochmals auf seine Ausgangsüberlegungen verweisen: Macht es eigentlich einen Unterschied für das Vorbringen und das Entkräften eines Vetos, ob eine teilbare (Beispiel Rentenreform) oder unteilbare (Beispiel Wiederbewaffnung) Policy vorliegt? Welche Auswirkungen haben die Existenz absoluter Werte in Verbindung mit einer unteilbaren Policy im Lichte des Vetospielertheorems?

Das Argument dieses Beitrages besteht darin, hervorzuheben, dass absolute Werte, die hinter bipolaren Entscheidungen stehen, eine erhebliche Rolle bei der Artikulation eines Vetos und dessen Ausschaltung spielen. Da sich nämlich die Mehrheitsverhältnisse in beiden Fallbeispielen kaum verändert haben, verweisen die bisherigen Erwägungen auf einen qualitativen Unterschied der beiden Policies. Während im Falle einer teilbaren Policy wie der Rentenreform die Opposition und die Kritiker eingebunden wurden, blieben solche Mechanismen bei einer bipolaren Entscheidung wie der Wiederbewaffnung aus. Die Ablehnung einer Remilitarisierung der Bundesrepublik im Zuge der Westintegration wurde seitens der Befürworter zum Dogma erhoben und war damit politisch nicht mehr verhandelbar. Ein inkludierendes Handeln war hier nun gerade nicht möglich. Das Thema entzog sich auch einer „Großen Koalition" in der Sache von Union und SPD, da die Präferenzen in der Reihenfolge von Wiederbewaffnung und Wiedervereinigung als politisches Faktum zwischen den großen Parteien im Raume standen. So konnten Optionen zum Kompromiss nicht verhandelt werden, weil die Motivation von Gegnern und Befürwortern der Wiederbewaffnung kein Mehr oder Weniger – wie im Falle der Rentenreform – zuließ. Daher ist auch zu erklären, warum die SPD, die sich nach der Ratifizierung der Pariser Verträge an der Ausgestaltung der demokratischen Wehrverfassung beteiligte, nicht auf das Angebot Adenauers einlassen konnte, einen Staatssekretärsposten im neu geschaffenen Verteidigungsministerium mit einem SPD-Mitglied zu besetzen (Klotzbach 1996: 356). Der Grund für die verhärteten Fronten lag – jenseits aller taktischen Spielereien – vor allem an den absoluten Werten, die hinter der Entscheidung für oder gegen die Wiederbewaffnung binnen zehn Jahren nach dem Ende des Zweiten Weltkrieges standen. Blickt man auf den Prozess bis zur Ratifizierung der sicherheitspolitischen Verträge, die einen deutschen Verteidigungsbeitrag beinhalten, zurück, so zeigt sich, dass absolute Werte in der Vetospielertheorie unterkomplex behandelt werden.[5]

---

5 Dem ist allerdings noch hinzuzufügen, dass sich aus guten Gründen argumentieren lässt, dass auch die teilbaren Policies bei Tsebelis aus Sicht der Politikfeldanalyse keine angemessene Behandlung erfahren, da es ihm ja nur um die Identifikation von winsets, nicht aber um den eigentliche poli-

Bei dem Zustandekommen der Rentenreform gab es demgegenüber hinreichend Spielräume für Kompromisse, die auch ausgereizt wurden. Nicht nur die eigens geschaffenen Diskussionsforen wie das Sozialkabinett, sondern auch die in die Debatte eingebrachten Argumente der Akteure beinhalteten vor dem Hintergrund der spezifischen Struktur von teilbaren Policies die Option zu Verhandlungen. Ein Kompromiss blieb bei allen Differenzen über die Rentenpolitik durchgängig möglich und wurde angestrebt: Sei es in der Begrifflichkeit der „Dynamischen Rente" und der damit in Verbindung stehenden Frage der automatischen oder regelmäßigen Anpassung der Rentenbezüge, sei es bei der Ausklammerung der Selbstständigen oder sei es in dem kurz danach verwirklichten und aus Sicht der Arbeitgeberverbände „entschärften" Kartellgesetz, die Option zum Kompromiss ergab sich aus der Teilbarkeit der Policy.

Die Möglichkeit zur Austarierung von unterschiedlich gelagerten Werten und Interessen gab es bei dem deutschen Verteidigungsbeitrag nicht. Selbst innerhalb des Lagers der Wiederaufrüstungsgegner war – ganz entgegen der hohen programmatischen Kohäsion der Koalitionsparteien – eine auffallend geringe Kongruenz und Kohäsion zu verzeichnen, was auf wertebezogene Erwägungen der Spieler zurückzuführen ist. So traf ein „Ohne mich" – Standpunkt auf keinerlei Akzeptanz im deutschen Katholizismus und der Graben zwischen Sozialdemokraten und Kirchen war vor „Godesberg" für beide Seiten noch unpassierbar. Kurzum: Während sich bei der Rentenreform die Struktur der Teilbarkeit als tragfähige Basis zur Erreichung eines Kompromisses erwies und somit strategische Spielräume zur Ausschaltung innerparteilicher Kritiker und zur Einbindung der oppositionellen SPD bot, führten sowohl die Heterogenität der Akteure als auch die hinter der bipolaren Entscheidung stehende Logik von absoluten Werten zu einer kompromisslosen Durchsetzung der Wiederbewaffnung.

Zudem sind sowohl die Verhältnisse der relevanten Akteure zueinander als auch der Modus zur Vorbringung und Aufhebung eines Vetos bei unterschiedlichen Policies unterschiedlich ausgestaltet. Während als relevante Kritiker bei der Rentenreform vor allem die in die Kabinettsdisziplin eingebundenen Bundesminister Erhard und Schäffer sowie privatwirtschaftliche Verbände und die Bank deutscher Länder auftraten, kam es im Zuge der Debatte um den deutschen Wehrbeitrag zum Rücktritt des einzig opponierenden Bundesministers Heinemann und zu Widerständen in der sozialdemokratischen Oppositionsfraktion, in Teilen von Gewerkschaften und kirchlichen Organisationen beider christlichen Konfessionen

tischen Entscheidungsverlauf – einschließlich bspw. von Tauschhandlungen und Kompromissen – eingeht.

sowie in der Periode 1952/63 zu einem Schwebezustand im Bundesrat. Was die öffentliche Debatte anbelangte, so muss festgehalten werden, dass es zwar in beiden Fällen Interventionen gegeben hat, jedoch nur beim deutschen Verteidigungsbeitrag eine Protestbewegung zu Stande kam. Dieser Befund weist generell darauf hin, dass die relevanten Akteure sowohl im Set der formal beteiligten Vetospieler als auch unter den mit ihnen interagierenden gesellschaftlichen Gruppen je nach dem vorliegenden Sachverhalt zu benennen sind und keinesfalls von einem statischen Raster ausgegangen werden sollte. Aber auch die qua Amt und Mandat beteiligten Akteure müssen über ihre tatsächliche Relevanz für die politische Entscheidung stets neu erfasst werden. Zudem müssen die Legitimität sowie die taktisch-machtpolitischen Implikationen immer mit berücksichtigt werden. Schon deswegen ist darauf hinzuweisen, dass die Autorität von Kanzler Adenauer für beide Beispiele, die Einflussnahme von Bundespräsident Heuss insbesondere für das Beispiel des deutschen Wehrbeitrages nicht ausgeklammert werden dürfen. Gerade das „Einwirken" von Theodor Heuss durch die Anforderung eines Gutachtens vom Bundesverfassungsgericht und die Gespräche mit der SPD-Führung decken überdies auf, dass politische Präferenzen auch bei institutionellen Vetospielern eine nicht zu vernachlässigende Rolle spielen. Und der Bundesrat, so konnte im Falle der Wiederbewaffnung belegt werden, ist vor einer parteipolitischen Indienstnahme keineswegs grundsätzlich gefeit; obgleich wiederum gerade die Verabschiedung der Rentenreform im Bundesrat als Musterbeispiel dafür gelten kann, dass auch eine Partei wie die FDP ihre ablehnende Haltung gegenüber einem Ausbau des Wohlfahrtsstaates zurückstellen konnte, indem sie auf einen Blockadeversuch über ihre Beteiligungen in den Landesregierungen offenkundig verzichtete.

Wenngleich ein Veto in beiden Fällen nicht zu Stande kam, lassen sich doch unterschiedliche Mechanismen erkennen, die ein Veto entkräfteten, marginalisierten oder ausschalteten. Sollten in der Schlussphase der Beratungen über die Rentenreform Hinweise auf den drohenden Gesetzentwurf der SPD und die dahinter verborgene Parteienkonkurrenz vor der Bundestagswahl 1957 ebenso zur Verhinderung eines Vetos genügen wie der Verweis auf die zwischen allen politisch Verantwortlichen als erforderlich angesehene Besserstellung der Rentnerinnen und Rentner, so wurde in der Aufrüstungsfrage die politische Logik von absoluten Werten wirkmächtig. So scheint es eine Besonderheit von bipolaren Entscheidungen zu sein, dass abweichende Meinungen im Kabinett nicht toleriert werden können. Während Gustav Heinemann zurücktrat, um seine ablehnende Haltung zum Ausdruck zu bringen, konnten Ludwig Erhard oder Fritz Schäffer ihre Einwände gegen die Rentereform im eigens geschaffenen Sozialkabinett vortragen und in die Entscheidungsfindung einbringen. Beim Vorliegen absoluter Werte ist die Einbindung in die Kabinettsdisziplin ganz offenkundig ein höheres Gut als bei teilbaren Policies.

Vor dem Hintergrund der bisherigen Ausführungen kann festgehalten werden, dass das Vetospielertheorem in Bezug auf politische Entscheidungen, hinter denen absolute Werte stehen, ein Stück weit unterkomplex ist, da die Logik der teilbaren Policies, von denen Tsebelis ausgeht, vom Vorhandensein von Verhandlungsmasse und Kompromissmöglichkeiten ausgeht. Es ist in konzeptioneller Hinsicht auf teilbare Policies zugeschnitten. Es bleibt daher ein Auftrag für die zukünftige Forschung, die unterschiedlichen Logiken von bipolaren und teilbaren Policies unter Hinzuziehung eines größeren Samples an historischen, aktuellen und politikfeldübergreifenden Fallbeispielen und möglichst auch unter Berücksichtigung transnationaler Erwägungen näher zu beleuchten und für die Policy-Forschung fruchtbar zu machen. Über eine konsequente Erweiterung um die Frage nach der Relevanz von absoluten Werten bei politischem Entscheidungshandeln, das keine Kompromisse ermöglicht, kann das Vetospielertheorem der Forderung gerecht werden, die Policy-Forschung im Spektrum unterschiedlicher Varianten von politischem Entscheidungshandeln „an die Zügel zu nehmen", indem sie Strukturierungshilfen offeriert.

Literatur- und Quellenverzeichnis

Adenauer, Konrad, 1965: Erinnerungen 1945–1953, Bd. 1, Stuttgart.

Bald, Detlef/Wette, Wolfram (Hrsg.), 2008: Alternativen zur Wiederbewaffnung, Friedenskonzeptionen in Westdeutschland 1945–1955, Essen.

Baring, Arnulf, 1969: Außenpolitik in Adenauers Kanzlerdemokratie, München.

von Berlepsch, Hans Jörg, 1991: Sozialistische Sozialpolitik? Zur sozialpolitischen Konzeption und Strategie der SPD in den Jahren 1949 bis 1966, in: Tenfelde, Klaus (Hrsg.), 1991: Arbeiter im 20. Jahrhundert, Stuttgart, 461–482.

Bösch, Frank, 2002: Macht und Machtverlust, Die Geschichte der CDU, Stuttgart/München.

Dittberner, Jürgen, 2005: Die FDP, Geschichte, Personen, Organisation, Perspektiven, Wiesbaden.

Doering-Manteuffel, Anselm, 1981: Katholizismus und Wiederbewaffnung, Mainz.

Ehlert, Hans, 1993: Innenpolitische Auseinandersetzungen um die Pariser Verträge und die Wehrverfassung 1954 bis 1956, in: Militärgeschichtliches Forschungsamt (Hrsg.), 1993: Anfänge deutscher Sicherheitspolitik, Bd. 3, Die Nato-Option, München, 235–560.

Foerster, Roland G., 1982: Innenpolitische Aspekte der Sicherheit Westdeutschlands 1947–1950, in: Militärgeschichtliches Forschungsamt (Hrsg.), 1982: Anfänge deutscher Sicherheitspolitik, Bd. 1, Von der Kapitulation bis zum Pleven-Plan, München.

Francois, Etienne/Schulze, Hagen, 2005: Deutsche Erinnerungsorte, München.

Glootz, Tanja, 1999: Die Geschichte der Angestelltenversicherung im 20. Jahrhundert, Berlin.

Grosser, Dieter, 1990: Die Rolle Fritz Schäffers als Finanzminister in den ersten beiden Kabinetten Konrad Adenauers, in: Mückl, Wolfgang (Hrsg.), 1990: Föderalismus und Finanzpolitik, Paderborn, 67–80.

Hegelich, Simon, 2006: Reformkorridore des deutschen Rentensystems, Wiesbaden.

Henzler, Christoph, 1994: Fritz Schäffer 1945–1967, Eine biographische Studie zum ersten bayerischen Nachkriegs-Ministerpräsidenten und ersten Finanzminister der Bundesrepublik Deutschland, München.

Hentschel, Volker, 1998: Ludwig Erhard, Ein Politikerleben, Berlin.

Hockerts, Hans-Günter, 1980: Sozialpolitische Entscheidungen im Nachkriegsdeutschland, Stuttgart.

Kleßmann, Christoph, 1991: Die doppelte Staatsgründung, Deutsche Geschichte 1945–1955, 5. Auflage, Bonn.

Klotzbach, Kurt, 1996: Der Weg zur Staatspartei, Programmatik, praktische Politik und Organisation der deutschen Sozialdemokratie 1945 – 1965, Bonn.

Koch, Diether, 1972: Heinemann und die Deutschlandfrage, München.

Langewiesche, Dieter, 1988: Liberalismus in Deutschland, Frankfurt (Main).

Lösche, Peter/Walter, Franz, 1996: Die FDP, Richtungsstreit und Zukunftszweifel, Darmstadt.

Lindemann, Helmut, 1978: Gustav Heinemann, Ein Leben für die Demokratie, München.

Lindlar, Ludger, 1997: Das missverstandene Wirtschaftswunder, Westdeutschland und die westeuropäische Nachkriegsprosperität, Tübingen.

Lütgemeier-Davin, Reinhold, 2008: Wilhelm Elfes – Ein CDU-Politiker gegen die Wiederaufrüstung, in: Bald, Detlef/Wette, Wolfram (Hrsg.), 2008: Alternativen zur Wiederbewaffnung, Friedenskonzeptionen in Westdeutschland 1945 – 1955, Essen, 87–106.

Lutz, Burkart, 1984: Der kurze Traum immerwährender Prosperität, Eine Neuinterpretation der industriell-kapitalistischen Entwicklung im Europa des 20. Jahrhunderts, Frankfurt (Main)/New York.

Martin-Weber, Bettina, 1999: Die Kabinettsprotokolle der Bundesregierung, Ministerausschuss für die Sozialreform 1955–1960, München.

Matz, Klaus-Jürgen, 1989: Reinhold Maier (1889–1971), Eine politische Biographie, Düsseldorf.

Morsey, Rudolf, 2000: Die Bundesrepublik Deutschland, Entstehung und Entwicklung bis 1969, 4. Auflage, München.

Münkler, Herfried, 2009: Die Deutschen und ihre Mythen, Berlin.

O. A., 1950: Bereit sein ist alles, in: Kirchenzeitung für das Erzbistum Köln 5:19 vom 17.9.1950, 1.

Otto, Karl A., 1981: Der Widerstand gegen die Wiederbewaffnung der Bundesrepublik, Motivstruktur und politisch-organisatorische Ansätze, in: Steinweg, Reiner (Hrsg.), 1981: Unsere Bundeswehr? Zum 25jährigen Bestehen einer umstrittenen Institution, Frankfurt (Main), 52–105.

Permien, Andreas, 1994: Protestantismus und Wiederbewaffnung 1950–1955, Köln.

Roth, Roland/Rucht, Dieter (Hrsg.), 2008: Die sozialen Bewegungen in Deutschland seit 1945, Frankfurt (Main).

Rupp, Hans Karl, 1984: Außerparlamentarische Opposition in der Ära Adenauer, Köln.

Schildt, Axel, 2007: Die Sozialgeschichte der Bundesrepublik Deutschland bis 1989/90, München.

Schmähl, Winfried, 2005: Sicherung bei Alter, Invalidität und für Hinterbliebene, in: Schulz, Günther (Hrsg.), 2005: Bewältigung der Kriegsfolgen, Rückkehr zur sozialpolitischen Normalität. [Geschichte der Sozialpolitik in Deutschland. Bd. 3. 1949–1957], Baden-Baden, 357–438

Schneider, Michael, 2000: Kleine Geschichte der Gewerkschaften, Bonn.

von Schubert, Klaus, 1970: Wiederbewaffnung und Westintegration, Die innere Auseinandersetzung um die militärische und außenpolitische Orientierung der Bundesrepublik 1950–1952, Stuttgart.

Schwarz, Hans-Peter, 1981: Die Ära Adenauer, Bd. 1, Stuttgart.

Sommer, Karl-Ludwig, 2000: Wilhelm Kaisen, Eine politische Biographie, Bonn.

Sommer, Karl-Ludwig, 1988: Wiederbewaffnung im Widerstreit von Landespolitik und Parteilinie, Senat, SPD und die Diskussion um die Wiederbewaffnung in Bremen und im Bundesrat 1948/49 bis 1957/68, Bremen.

Sontheimer, Kurt, 1996: Die Adenauer-Ära, Grundlegung der Bundesrepublik, 2. Auflage, München.

Steininger, Rolf, 1989: Wiederbewaffnung, Die Entscheidung für einen westdeutschen Verteidigungsbeitrag: Adenauer und die Westmächte 1950, Bonn/Wien.

Strøm, Kaare, 2003: Parliamentary Democracy and Delegation, in: Strøm, Kaare/Müller, Wolfgang C./Bergmann, Torbjörn (Hrsg.), 2003: Delegation and Accountability in Parliamentary Democracies, Oxford, 55–106.

Tsebelis, George, 2002: Veto Players, How Political Institutions Work, New York/Princeton.

Volkmann, Hans-Erich, 1990: Die innenpolitische Dimension Adenauerscher Sicherheitspolitik in der EVG-Phase, in: Militärgeschichtliches Forschungsamt (Hrsg.), 1990: Anfänge westdeutscher Sicherheitspolitik 1945–1956, Bd. 2, München.

Wagner, Dietrich, 1991: FDP und Wiederbewaffnung, Die wehrpolitische Orientierung der Liberalen in der BRD 1949–1955, Boppard.

Wehler, Hans-Ulrich, 2008: Deutsche Gesellschaftsgeschichte, Bd. 5, Bundesrepublik und DDR 1949–1990, München.

Werner, Michael, 2006: Die „Ohne mich" – Bewegung, Die bundesdeutsche Friedensbewegung im deutsch-deutschen Kalten Krieg (1949–1955), Münster.

Wettig, Gerhard, 1967: Entmilitarisierung und Wiederbewaffnung in Deutschland 1943–1955, München.

Wolfrum, Edgar, 2007: Die geglückte Demokratie, Geschichte der Bundesrepublik Deutschland von ihren Anfängen bis zur Gegenwart, Bonn.

Vetospieler im Policy-Raum: Die Bedeutung von Richtung und Reichweite von Policy-Change

Jochen Dehling

> „The veto players approach does little to explain the position of policy.
> But it does illuminate the stability of policy."
> Caplan (2004: 260)

1 Einleitung: Vetospieler und die Politikfeldanalyse

Es kann und sollte nicht überraschen und schon gar nicht ein Ansatzpunkt für Kritik sein, dass bei einer naiv anmutenden anpassungsfreien Übertragung der Vetospieler-Theorie von Tsebelis (2002, 1995) auf politikfeldanalytische Bereiche Schwierigkeiten auftreten. Viele seiner theoretischen Grundannahmen sind – wie leicht zu erkennen ist – Vereinfachungen und Abstraktionen, die vor dem Hintergrund der *Zielsetzung* von Tsebelis, ein Instrumentarium für die systemübergreifende vergleichende Demokratieforschung zu schaffen, durchaus angemessen sind, da ihre spezifische Konstruktion den von ihm angestrebten Erkenntnisgewinn nicht oder zumindest nur geringfügig beeinträchtigt. Die Vetospielertheorie ist keine originäre Methode der Politikfeldanalyse: Ebenso wenig, wie man einem Messerhersteller vorwerfen sollte, dass man mit einem Käsemesser nur schwerlich kunstvolle Holzschnitzereien machen kann, so sollte man Tsebelis nicht vorwerfen, dass man mit der Vetospielertheorie nur schwerlich genuine Politikfeldanalyse betreiben kann.

Ein Grund, sie deshalb in Bausch und Bogen aus dem theoretisch-methodischen Werkzeugkasten der Politikfeldanalyse zu verbannen, ist dies aber nicht, ist doch der Grundgedanke, dass die Vetospieler mit ihren Präferenzen und Idealvorstellungen die Form und Ausgestaltung von Policies beeinflussen, nachgerade selbstevident. Das Blockadepotential der Vetospieler ist schließlich immer auch ein Gestaltungspotential: Existiert eine Schnittmenge der Vorstellungen der Vetospieler, kann die Politikfeldanalyse ins Spiel kommen und die Frage stellen, *wie* und *inwieweit* Vetospieler das konkrete Politikergebnis beeinflussen. Die Vetospielertheorie selbst gibt hierauf keine Antwort, weil sie eine andere Frage stellt.

Die Politikfeldanalyse vermag also von der Vetospielertheorie Tsebelis' insofern zu profitieren, als dass diese den Blick dafür schärft, dass es im Entscheidungsprozess in vielen Fällen eine große Anzahl von prinzipiell zustimmungsfähigen Policies gibt, welche die relevanten Politikakteure als besser als den Status quo einschätzen (der *winset* in der Tsebelis'schen Vetospielertheorie). Aus politikfeldanalytischer Sicht kann dies als *Ausgangspunkt* genommen werden, um darüber hinausgehend zu fragen, wie und auf welcher Grundlage die Vetospieler diese Policies untereinander bewerten, um dann letztlich zu erklären, wie und warum *eine bestimmte* Policy der vielen *möglichen, weil zustimmungsfähigen* Policies zustande kommt. Kritik an der Vetospielertheorie, wenn sie kompatibel mit den sehr systematischen Aussagen Tsebelis' bleibt und zugleich von den Interessen und Fragestellungen der Politikfeldanalyse inspiriert ist, kann – so die diesem Beitrag zugrunde liegende Hoffnung – wiederum in die Politikfeldanalyse zurück transportiert werden und dieser zu einem ebenso systematischen Handwerkszeug verhelfen. Durch einen Abgleich des Theoriegebäudes mit realen, auch wohlbekannten Eigenschaften des Policy-making-Prozesses sowie bisherigen Ansätzen, eben diese Eigenschaften analytisch zu greifen, wird einerseits die Aufmerksamkeit auf spezifische Einflussvariablen gelenkt, andererseits ein verstärktes Verständnis für deren Wirkungsweise erzeugt. Erste, experimentelle Überlegungen hin zu einer politikfeldanalytischen *Heuristik entlang der Vetospielertheorie* stehen also hier im Vordergrund.

In diesem Artikel werde ich zwei Einflussfaktoren auf den Prozess des Policy-making besonders in den Vordergrund stellen: die Bedeutung der *Richtung* und der *Reichweite* des Policy-change. Diese beiden Faktoren sind einflussreiche Variablen bei der Bewertung möglicher Policies, werden aber von Tsebelis nur stark abstrahierend einbezogen. Ziel wird es letztlich aber nicht sein, durch Aufzeigen der (aus politikfeldanalytischer Sicht) Schwach- und Leerstellen der Theorie diese zu dekonstruieren und als unangemessen zu disqualifizieren. Auch wird nicht das Ziel verfolgt, eine alternative Modellierung zu entwickeln, die solche Schwachstellen nicht besitzt. Vielmehr wird diskutiert und reflektiert, welche Rolle den beiden Faktoren Richtung und Reichweite bei der Bewertung der möglichen Status quo-Änderungen durch die Vetospieler zukommt.

Ich werde, einer Bestandsaufnahme gleich, in Kapitel 2 kurz die theoretische Fundierung bzw. die Modellannahmen der Vetospielertheorie darstellen, um anschließend dann detailliert aufzuzeigen, inwiefern Richtung (Kapitel 3) und Reichweite (Kapitel 4) von Policy-change die Bewertung von Policies beeinflussen. In Kapitel 5 werden die Ergebnisse der Diskussion dann zusammengefasst.

2   Die Vetospielertheorie

Tsebelis konstruiert für seine Analyse einen Policy-Raum, in dem jeder Punkt in einem n-dimensionalen kartesischen Koordinatensystem die Ausgestaltung von n Policies repräsentiert. Als illustrierendes Beispiel nennt er (vgl. 2002: 20) die Höhe der Haushaltsaufwendungen für soziale Sicherung und für Verteidigung, wobei diese auf der Abszisse (soziale Sicherung) und der Ordinate (Verteidigung) dargestellt sind.

Jeder Vetospieler hat nun in diesem Policy-Raum einen Idealpunkt (hier: A), also eine genaue Vorstellung davon, wie er, würde er alleine entscheiden, die Policies gestalten würde.[1] Diese Policy würde dem Vetospieler den größten Nutzen bringen. Zudem nimmt Tsebelis zirkuläre Indifferenzkurven an, der Vetospieler ist also indifferent gegenüber allen Punkten, die die gleiche Entfernung von seinem Idealpunkt haben. „Indifference curves are analogous to contour lines in hiking maps. Each curve (contour) gives points of common utility (altitude)" (Krehbiel 1988: 262). Die Nutzenfunktion wird als *eingipflig* und *symmetrisch* angenommen. In Abbildung 1 ist der Vetospieler bspw. indifferent gegenüber den beiden Punkten X und Y (sie liegen beide auf der gleichen Indifferenzkurve). Beide bevorzugt er aber vor Z, und P gegenüber allen drei anderen (vgl. Tsebelis 2002: 20).

Abbildung 1   Der Policy-Raum der Vetospielertheorie

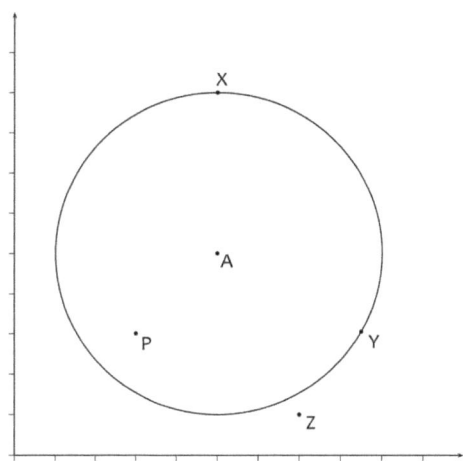

Quelle: Nach Tsebelis (2002: 20).

---

1   Der Einfachheit halber sei die Darstellung hier auf individuelle Vetospieler beschränkt.

Ausgehend von einem Idealpunkt und einem weiteren, den Status quo repräsentierenden Punkt, wird ein Vetospieler alle Punkte, die sich innerhalb der Indifferenzkurve befinden, die durch den Status quo geht und den Idealpunkt des Spielers als Mittelpunkt hat, gegenüber dem Status quo bevorzugen. Die dahinterstehende Logik leuchtet ein: Alle Punkte auf der Indifferenzkurve, die durch den Status quo geht, bringen dem Vetospieler den *gleichen* Nutzen wie der Status quo, entsprechend bringt ihm alles, was sich *innerhalb* der kreisförmigen Indifferenzkurve befindet, einen *größeren* Nutzen (weshalb er einem entsprechenden Policychange zustimmen wird), und alles, was sich *außerhalb* befindet, einen *geringeren* Nutzen (und er würde rationalerweise eine entsprechende Veränderung ablehnen bzw. verhindern, da der Status quo für ihn einen größeren Nutzen beinhaltet). Es handelt sich demnach also um ein Politikraummodell, welches auf einer *Distanzlogik* beruht: Die Präferenzen der Vetospieler werden mittels ihrer Verortung in diesem Raum und ihrer Distanz zu den übrigen Punkten erfasst.

Zunächst könnte man annehmen, dass die prinzipiellen Ausgangsüberlegungen der Vetospielertheorie sehr günstig *für* eine direkte Übertragung auf politikfeldanalytische Gebiete sind. Dies ist sicherlich auch einer der Gründe dafür, warum diese Theorie hier immer wieder Erwähnung findet (vgl. z.B. Blum/ Schubert 2011: 75). So schreibt auch Tsebelis zu Beginn seines Buches: „I start my analysis from policymaking (or, more accurately, from legislation and legislating) because policies are the principal outcome of a political system" (Tsebelis 2002: 6). Wenn auch für Tsebelis der Startpunkt seiner Überlegungen das Policy-making ist, so verschiebt sich das *Erkenntnisinteresse* seiner Theorie sehr schnell hin zur Policy-Stabilität, wobei er als Indikator hierfür das Vorhandensein und die Größe des *winsets,* also die Größe der Überschneidungsbereiche der Indifferenzkurven mehrerer Spieler durch den Status Quo, definiert.

Der politische Prozess könnte hingegen aus Sicht der Politikfeldanalyse theoretisch als Suche nach *dem einen Punkt* konzipiert werden, auf den sich die relevanten Vetospieler letztlich einigen. Legislative Raummodelle basieren auf eben diesem Grundgedanken (für viele: siehe Krehbiel 1988).

Wichtig ist hier der Hinweis, dass Tsebelis sogar methodologisch begründet, warum er sich auf die *Größe* des winsets beschränkt (vgl. 2002: 9): Der Fokus auf einen einzelnen Punkt im Policy-Raum (als das Ergebnis eines politischen Entscheidungsprozesses) sei deswegen in der allermeisten Fällen wenig erfolgsversprechend, weil in zwei- oder mehrdimensionalen Politikräumen nachweislich (Plott 1967) nur unter sehr restriktiven Annahmen ein *Gleichgewicht* existiere. Hier zeigt sich klar die Verortung des Vetospieleransatzes in der Rational-Choice-Theorie: Eindeutige Ergebnisse sind hier zumeist nur unter Rückbezug auf ein

Gleichgewicht erklärbar, verstanden als ein Zustand, in dem kein Akteur ein Interesse hat, sich aus dem Gleichgewichtszustand herauszubewegen. Wenn aber kein Gleichgewicht existiert (oder viele gleichzeitig), kann nicht eindeutig und befriedigend (bei Tsebelis: rational) erklärt werden, warum ausgerechnet dieser eine Punkt gewählt wurde und nicht ein anderer. Aufgrund dieses Arguments kommt er zu dem Schluss, dass „in the absence of equilibrium any outcome is possible" (Tsebelis 2002: 9).

Tsebelis kann also mit dem Vetospieler-Politikraum-Konzept zwar die *möglichen* Policy-Punkte angeben, auf die sich die Spieler prinzipiell einigen könnten, aber entscheidungstheoretisch nicht definitiv bestimmen, welcher von ihnen tatsächlich ausgewählt wird. Letztlich interessiert er sich gar nicht, wie es für die Politikfeldanalyse zielführend wäre, für den einzelnen Punkt im Raum (ergo: den Politikinhalt/die Policy), sondern nur für ihre *Anzahl*.[2] Er versucht nicht, eine konkrete Entscheidung zu erklären, sondern möchte die Möglichkeit und die Wahrscheinlichkeit einer Entscheidung herausarbeiten. So legitim eine solche Bereichsbeschränkung auch ist, so muss die Politikfeldanalyse doch genau hier ansetzen, will sie den Vetospieleransatz für sich fruchtbar machen. Denn: Aus dem Argument, dass in Abwesenheit von Gleichgewichtszuständen jeder Policy-Punkt im *winset* möglich ist, folgt weder, dass die letztendliche Auswahl *willkürlich* ist, noch dass *alle Punkte gleich wahrscheinlich* sind. Vielmehr ist interessant, zu analysieren, wie und auf welcher Grundlage die Vetospieler die einzelnen Punkte im *winset* bewerten.

In den folgenden beiden Kapiteln wird daher – als Beispiel für eben diese Bewertungsgrundlage – auf *Richtung* und *Reichweite* von Policy-change eingegangen und diskutiert, welchen Einfluss sie im Policy-making-Prozess spielen.

3   Die Bedeutung der Richtung von Policy-change

Auf einer Distanzlogik basierende Politikraummodelle fassen also die Präferenzen eines politischen Akteurs mittels der *Distanz* von seinem Idealpunkt: Je näher ein Punkt an diesem gelegen ist, desto stärker wird er bevorzugt. Dem gegenüber stehen Politikraumraumkonzepte, die auf einer *Richtungslogik* basieren: Hier wird von der Annahme ausgegangen, dass ein Akteur eine Policy in eine bestimmte *Richtung* zu ändern wünscht (vgl. Linhart/Shikano 2009: 86). Zwar stehen, wie

---

2   Einzige, hier aber nicht relevante Ausnahme bildet die spezifische Position des Agenda Setters (vgl. Tsebelis 2002: 34).

gleich noch näher zu spezifizieren ist, die Ideal*position* und die Ideal*richtung* eines Vetospielers in einem wechselseitigen Abhängigkeitsverhältnis, doch lassen sich durch einen zusätzlichen Einbezug einer Richtungslogik spezifische Phänomene des Policy-making weitaus besser fassen, als es bei einer allein auf die Distanzlogik beschränkten Sichtweise möglich ist.

In einem Überblicks- und Grundlagenartikel entwickeln Eric Linhart und Susumu Shikano (2009) ein allgemeines Richtungsmodell und setzen es in Beziehung zum klassischen Distanzmodell. Zunächst stellen sie die sich aufdrängende Frage, ob es nicht tautologisch ist, zwischen Idealpunkt und Idealrichtung zu unterscheiden (Lihart/Shikano 2009: 88): Ergibt sich die Idealrichtung des Policychange für einen Vetospieler nicht eindeutig aus der Idealposition? Ausgehend von einem gegebenen Status quo (SQ) wird in Abbildung 2 deutlich, dass die Idealrichtung $\vec{a}$ aus dem Punkt SQ und der Idealposition A hervorgeht.[3]

Der entscheidende Punkt ist allerdings nun, dass bei gegebenen Status quo (SQ) und Idealpunkt A die Richtung $\vec{a}$ *nicht die einzige Möglichkeit* ist, zu A zu gelangen. Unter bestimmten Umständen kann es für den Vetospieler mit Idealpunkt A durchaus rational sein, einen Schritt in Richtung $\vec{b}$ zu machen: Dieser weist zwar nicht direkt zum Idealpunkt, leitet aber einen Prozess ein, der sukzessive zu A

Abbildung 2   Idealposition und Idealrichtung

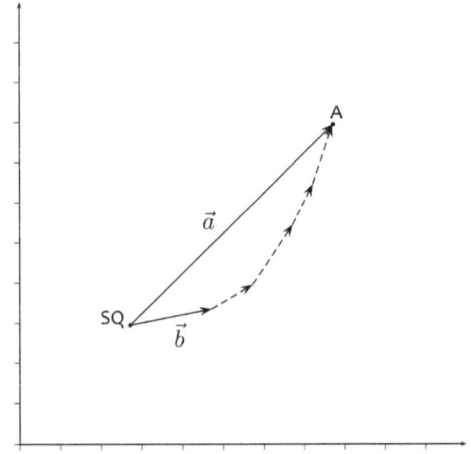

Quelle: Nach Linhart/Shikano 2009: 89

---

3   Idealrichtungen werden hier als *Vektoren* interpretiert (vgl. Linhart/Shikano 2009: 86).

führt. In mehreren kleinen Schritten mit etwas veränderter Richtung, und nicht nur in einem großen direkten Schritt, lässt sich der Idealpunkt ebenso erreichen.[4]

Was aber sind nun eben diese Umstände bzw. Gegebenheiten, die dazu führen, dass ein Vetospieler möglicherweise $\vec{b}$ anstelle von $\vec{a}$ verfolgt? Warum mag er von seiner Idealrichtung abweichen? Zum einen lässt sich konstatieren, dass ein Vetospieler immer auch in Interaktion mit anderen Vetospielern steht, deren Handlungen er mit in seine Kalkulation einbeziehen muss. Zum anderen muss er äußeren Bedingungen und Umwelteinflüssen Rechnung tragen, bspw. begrenzten Budgets.

An dieser Stelle werden drei in diesem Kontext wichtige Aspekte näher diskutiert: Erstens spielt die *Salienz* einer Politikdimension für einen Vetospieler eine große Rolle, zweitens mögen *strategisch-taktische Kalküle* $\vec{b}$ gegenüber $\vec{a}$ rationaler erscheinen lassen. Diese beiden Punkte werden in den folgenden Unterkapitel 3.1 und 3.2 besprochen. Im anschließenden Unterkapitel 3.3 wird dann vom einem etwas anders gelagerten Fall ausgegangen, der aber ebenfalls auf die Richtung des Policy-change rekurriert: Bezieht man den Faktor *Ungewissheit* mit ein und geht davon aus, dass einem Vetospieler weder, wie im Modell zunächst unterstellt, sein Idealpunkt, noch die Unabwägbarkeiten eines dynamischen Policy-making-Prozesses in der wünschenswerten Exaktheit bekannt sind, so lassen sich die getroffenen Entscheidungen eher über eine dem Vetospieler bekannte wünschenswerte Idealrichtung interpretieren.

3.1   Unterschiedliche Salienzen

Als erstes sei an dieser Stelle der Faktor Salienz als ein Grund genannt, der der Idealposition und -richtung ihren unmittelbaren Konnex nimmt. Die Salienz einer Politikdimension lässt sich in diesem Zusammenhang schlicht definieren als der Grad an Wichtigkeit, den ein politischer Akteur (hier: Vetospieler) eben dieser Politikdimension zuweist. Es liegt auf der Hand, dass verschiedene politische Akteure verschiedenen Politikdimensionen auch eine verschiedene Salienz zuschreiben (vgl. Laver 2001). Am deutlichsten wird dies mit Blick auf sog. *issue*-Parteien, also solche, die sich in ihrem Programm hauptsächlich auf ein stark begrenztes Themenfeld beschränken. So wird naheliegenderweise der Netzpolitik von der jungen „Piratenpartei" eine besonders hohe Salienz zugeschrieben, wo-

---

4   Diese Überlegung steht nicht in Widerspruch zur originären Vetospielertheorie, allerdings modelliert Tsebelis dies nicht selbst.

hingegen andere Themenfelder für gewöhnlich eine weniger große Wichtigkeit für sie besitzen (wenn sie denn überhaupt hierzu Politikvorschläge entwickeln). Dies trifft auch auf etablierte Akteure zu: So ist die Annahme plausibel, dass die Partei „Bündnis 90/Die Grünen" der Umweltpolitik eine höhere Salienz zuschreibt als der Technologiepolitik.

Dieser Punkt verweist darauf, dass es nicht nur möglich, sondern sogar realistisch ist, dass ein Vetospieler zwar hinsichtlich zweier Politikdimensionen spezifische Standpunkte entwickelt hat, welche sich dann in einem zweidimensionalen Politikraum mittels eines Idealpunktes darstellen lassen, diesen allerdings unterschiedliche Wichtigkeit zuordnet. Eine gleiche Salienz ist eher die Ausnahme als die Regel.

Übertragen auf den Aspekt der Richtung von Policy-change sei dies am auch von Tsebelis genannten Beispiel der Haushaltsverhandlungen zur Festlegung des Verteidigungs- und des Sozialbudgets verdeutlicht, wobei sich wieder auf die Abbildung 2 bezogen wird. Es sei angenommen, dass ein Vetospieler zwar den eindeutigen Idealpunkt A bezüglich der jeweiligen Höhe der beiden Budgets besitzt, letzten Endes aber dem Sozialbudget (Abszisse) einen zehnmal höheren Stellenwert einräumt als dem Verteidigungsbudget (Ordinate). Den größten Nutzen hätte er sicherlich, wenn der Status Quo in Richtung $\vec{a}$ hin zu A verschoben wird. Geht man allerdings davon aus, dass aufgrund (derzeitig) beschränkter Haushaltsmittel aber nur eins der beiden Budgets um eine größere Summe erhöht werden kann, so würde er sicherlich einem Policy Change in Richtung $\vec{b}$ zustimmen.

3.2   Strategisches Verhalten

Ein weiterer Punkt, der für eine Abweichung eines Vetospielers von der Idealrichtung spricht, ist der wichtige Faktor der verfolgten *Strategien*. Fasst man diese als „situationsübergreifende […] Ziel-Mittel-Umwelt-Kalkulationen" auf (Raschke/ Tils 2007: 127), so fällt direkt ins Auge, dass vom Vetospielerkonzept einzig das *Ziel* mit einbezogen wird. Die zur Erreichung erforderlichen Mittel sowie die Umwelt werden nicht, oder zumindest nur stark reduziert in Form anderer Vetospieler, beachtet. Beim Policy-making kommt ihnen aber große Bedeutung zu. So mögen es bspw. die zur Verfügung stehenden Mittel (z. B. beschränkte Haushaltsmittel) zu einem gegebenen Zeitpunkt nicht zulassen, sich direkt in Richtung der eigenen Idealvorstellung zu bewegen.

Gleiches gilt, sogar in gesteigertem Maße, für den Faktor „Umwelt". Diese ist dynamisch, befindet sich in stetigem Wandel und vermag es, die Handlungsmöglichkeiten von Vetospielern einzuschränken oder auch zu eröffnen.[5] Zu einem gegebenen Zeitpunkt mag ein bestimmter Policy-change nicht möglich sein, der zu einem früheren Zeitpunkt möglich gewesen wäre bzw. zu einem späteren Zeitpunkt wieder möglich sein wird. Steht ein Thema auf der politischen Agenda und ist der Fokus der Öffentlichkeit hierauf gerichtet, mögen bestimmte unpopuläre Maßnahmen realistischerweise nicht durchsetzbar sein, zu groß wäre der Ansehens- und Vertrauensverlust beim Wähler. Beherrschen aber andere Themen die öffentliche politische Debatte, sind die Maßnahmen möglicherweise erreichbar. Zu denken ist hier bspw. an Entscheidungen über Rüstungsinvestitionen oder -exporte. Rational-zielorientierte politische Akteure denken die zur Zielerreichung notwendigen Mittel und die Umwelteinflüsse mit und akzeptieren dann, zu einem bestimmten Zeitpunkt, Abweichungen von ihrer Idealrichtung, ohne aber gleichzeitig das eigentliche Ziel aus den Augen zu verlieren.

Wichtig ist der Hinweis, dass durch den Einbezug strategischer Faktoren nicht der Idealpunkt selbst in Frage gestellt wird bzw. als Orientierungspunkt abgewertet wird. Er ist und bleibt für den Vetospieler der entscheidende Bezugspunkt. Allerdings denkt der Vetospieler, ganz im Sinne der obigen Definition, die Zielerreichung in *situationsübergreifenden* Zusammenhängen: Was zu einem bestimmten Zeitpunkt nicht möglich ist, kann u. U. zu einem anderen Zeitpunkt und/oder mit ein oder mehreren Zwischenschritten erreicht werden.

3.3   Der Einfluss von Ungewissheit

Neben der Bedeutung von Faktoren wie Salienz und strategischem Vorgehen hat aber zudem der Einbezug des Faktors „Ungewissheit" einen nicht zu unterschätzenden Einfluss auf die Bedeutung der Richtung für den Policy-making-Prozess, ein Faktor, den Tsebelis in seiner Theorie nicht beachtet, und mit Blick auf sein Erkenntnisziel auch nicht zwingend beachten muss.

In seinem Modell wird das Policy-making als ein statisches Konstrukt dargestellt, in welchem perfekt informierte und niemals irrende Vetospieler genau wissen, was sie erreichen möchten (sie wissen also genau, wo ihr Idealpunkt zu verorten ist). Auch sind sie über alle Auswirkungen, die das Erreichen des Idealpunktes mit sich bringt, umfassend informiert. Das dies stark vereinfachende An-

---

5   Ein Ansatz, der dem stark dynamischen Charakter der Umwelt und der daraus resultierenden Eröffnung/Verschließung von Handlungsmöglichkeiten besonderes Augenmerk schenkt, ist der Multiple Streams-Ansatz (vgl. Zahariadis 2007).

nahmen sind, ist leicht erkennbar. Der Policy-making-Prozess ist im Gegensatz
hierzu viel eher von großer Dynamik, Wandelbarkeit und Komplexität geprägt, der
die politischen Akteure vor große Unwägbarkeiten stellt. Ein Mangel an Informationen ist eher die Regel als die Ausnahme. Dies gilt für den Vetospieler auch und
sogar hinsichtlich der Frage, „wo er eigentlich hin möchte". Es ist in vielen Fällen
über Gebühr anspruchsvoll, davon auszugehen, dass die Vetospieler bereits ganz
zu Beginn eines Policy-making-Prozesses wissen, was sie eigentlich ganz genau
möchten (und diese Festlegung dann auch auf keinen Fall ändern).[6] Außerdem
sind für sie nicht alle Folgen, die das erfolgreiche Erreichen eines Idealpunktes
hat, im Vorhinein absehbar. Veränderte Rahmenbedingungen, sich wandelnde
Problemstellungen etc. erzeugen im Verlauf der politischen Problembearbeitung
Einsichten und Konsequenzen, die in Gänze nie vollständig prognostizierbar sind,
aber potentiell einen Einfluss auf die Idealpunkte der Vetospieler haben. Diese
Ungewissheit und Unsicherheit steigt, je größer der angestrebte Policy-change ist.
Verabschiedet man sich also von der Idee perfekt informierter Vetospieler und lässt
Ungewissheit zu, so erhält die Richtung des Policy-change eine größere analytische
Bedeutung. Wenn ein Vetospieler unsicher hinsichtlich seines eigenen Idealpunkts
ist, trotzdem aber eine ungefähre Vorstellung davon hat, wohin er *in etwa* gelangen möchte (bspw. aufgrund ideologischer Prädispositionen), so kann dies über
die Idealrichtung besser erfasst werden als bspw. über eine Menge von prinzipiell
denkbaren Punkten. Vom Status quo ausgehend hat ein Vetospieler dann keine
eindeutige Idealrichtung, sondern einen sich mit steigender Entfernung strah-
lenförmig verbreiternden „Korridor". Auf diese Weise ist es möglich, Tendenzen
oder Grundsatzorientierungen darzustellen, ohne dass vom Vetospieler verlangt
wird, dass er mehr als nur eine ungefähre Vorstellung davon hat, was er erreichen möchte.

Eine Folge dieser Überlegung, dass sich bei Vetospielern – sicherlich nicht
immer, aber in manchen Fällen – nur peu à peu die eigentliche Idealposition herausbildet, ist, dass die politischen Akteure eher kleinschrittig als großschrittig
vorgehen. Sie werden sich eher nach und nach in die von ihnen bevorzugte Richtung bewegen, und dabei keine größeren „Sprünge" vollziehen. „In general, policy
change is incremental and gradual rather than radical. Giant leaps as well as the
notorious policy cycles are rarely observed in the real world" (Linhart/Shikano
2009: 90). Ein solches inkrementelles Vorgehen ist vor dem Hintergrund von Un-

---

6   Die (bedingte) Unwissenheit der politischen Akteure ist bspw. eine Grundannahme des sog. Mul-
     tiple Streams-Ansatzes: „MS [Multiple Streams] assumes that policy makers have not made up
     their mind" (Zahariadis 2007: 70).

gewissheit nicht nur angemessen, sondern kann sogar geboten sein: Policy-making wird dann eher als ein kleinschrittiges, dynamisches Verschieben des Status quo in eine bestimmte grobe Richtung als das Streben nach dem eigenen Idealpunkt aufgefasst.

Als illustrierendes Beispiel mag hier die Internetpolitik dienen: Hierbei handelt es sich um ein äußerst schnelllebiges Politikfeld mit großer Dynamik, in welchem noch nicht auf lange Erfahrungen der politischen Steuerung zurückgegriffen werden kann. Was im Hinblick auf ein bestimmtes politisches Ziel (zu welchem sich seinerseits zunächst einmal eine Meinung gebildet werden muss) funktioniert, was nicht, und welche Nebenwirkungen dies hat, ist hochgradig unsicher. Ein inkrementelles Vorgehen vermag es, die geschilderten Unsicherheiten zumindest zu verkleinern und beherrschbar zu machen.

4 Die Bedeutung der Reichweite in der Politikfeldanalyse

Als zweiter wichtiger Punkt wird nun, neben der *Richtung,* der Aspekt der *Reichweite* von Policy-change besprochen. Wie in Kapitel 2 gesehen, nimmt nach der Tsebelis'schen Theorie die Präferenz eines Vetospielers mit steigender Entfernung von seinem Idealpunkt ab. Die Präferenzen werden hierbei als euklidisch angenommen (siehe Tsebelis 1995: 295, Fußnote 26), die Vetospieler haben also kreisförmige Indifferenzkurven. Diese Annahme ist, wie Tsebelis selbst feststellt, wenig realistisch. So ist es einem Vetospieler sicherlich nicht egal, ob bspw. eine festzulegende Budgethöhe einen bestimmten Wert *unterhalb* seiner Idealvorstellung liegt, oder den *gleichen* Wert *darüber.* Dies wird jedoch angenommen, sobald von sym-

Abbildung 3   Indifferenzkurve von A im eindimensionalen Raum

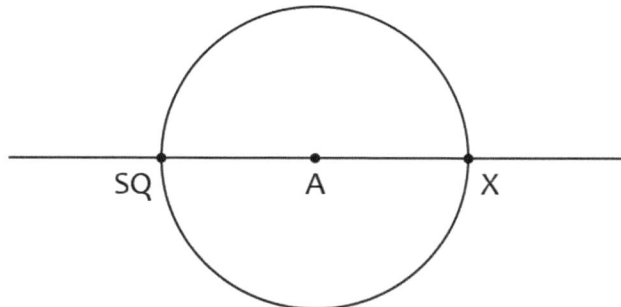

Quelle: Eigene Darstellung; vgl. Tsebelis 2002

metrischen Indifferenzkurven ausgegangen wird, wie Abbildung 3 für den eindimensionalen Fall verdeutlicht: Vetospieler A ist hiernach gegenüber den Punkten
SQ und X indifferent, schließlich liegen sie beide auf der gleichen Indifferenzkurve.

Dem steht aber entgegen, dass plausibel angenommen werden kann, dass es für
Vetospieler durchaus einen Unterschied macht, ob ein Politikvorschlag nun ober-
halb dessen liegt, was er als ideal empfindet, oder unterhalb (vgl. Behnke 1999: 62,
der dies für die Wahl von Parteien diskutiert). Vetospieler A aus Abbildung 3 fordert ja, relativ zum Status quo, eine Steigerung der Budgethöhe, daher wird er den
Punkt X, der ein sehr hohes Budget repräsentiert, realistischerweise wohl eher
(etwas) besser bewerten als den Status quo. Ähnlich plausibel ließe sich aber auch
genau entgegengesetzt argumentieren, dass A zwar ein höheres Budget fordert, ein
„Über das Ziel hinausschießen" aber als sehr gravierend empfindet (weil A bspw.
die eigene Position als nicht zu übertretendes Maximum auffasst). Die Schlussfolgerung bleibt aber die gleiche: Es lassen sich Fälle denken, in denen symmetrische
Indifferenzkurven unangemessen sind.

4.1   Die Bedeutung der Nutzenfunktion

Zu dem wichtigen, generellen Aspekt, dass der Nutzen in der Vetospielertheorie
in alle Richtungen gleich abfällt, kommt noch hinzu, dass die Distanz, welche zwischen Vetospielern und dem Status quo existiert, in verschiedener Weise in den
Nutzen des Vetospielers „umgerechnet" werden kann. Dieser etwas technische Aspekt der Transformation der „Distanz" in „Nutzen" mittels einer Nutzenfunktion
ist für das Erkenntnisziel der eigentlichen Vetospielertheorie von untergeordneter
Bedeutung, aus politikfeldanalytischer Sicht kann er aber sehr wichtig sein.

Die verschiedenen Transformationsansätze treffen unterschiedliche Annahmen über den Zusammenhang von Distanz und Nutzen für den Vetospieler. So
nimmt bspw. das sog. City-Block-Modell (vgl. Behnke 1999: 30–37[7]) einen di-
rekt-proportionalen Zusammenhang an: Ist bspw. ein Punkt X in einer Dimension doppelt so weit entfernt vom Idealpunkt eines Vetospielers als ein anderer
Punkt Y, so stiftet X entsprechend nur halb so viel Nutzen wie Y; ist er viermal so
weit entfernt, entspricht der Nutzen nur einem Viertel usw. Das Modell der qua-
dratischen euklidischen Distanz (vgl. Behnke 1999: 37–43) hingegen nimmt einen
nichtlinearen Zusammenhang an, indem es die *quadrierte* Distanz in einer Di-

---

7   Behnke (1999) diskutiert die verschiedenen Funktionen allerdings im Hinblick auf sachfrageorien-
     tierte Wahlentscheidungen.

mension zugrunde legt: Ein Punkt X, der wie im obigen Fall doppelt so weit vom
Idealpunkt entfernt ist wie ein Punkt Y, stiftet hiernach nur ein Viertel des Nutzens, ist Punkt X viermal so weit entfernt wie Punkt Y, stiftet er hingegen nur noch
ein sechzehntel des Nutzens usw.[8] Im letzteren Modell nimmt also der Nutzen
mit steigender Rate ab.

Die beiden Beispiele von Nutzenfunktionen, denen man noch viele weitere hin-
zufügen könnte, machen deutlich, dass mit der Wahl des Transformationsmodells
auch sehr spezifische Annahmen darüber getroffen werden, wie die Vetospieler
die Punkte im Policy-Raum bewerten. So liegt bspw. dem Modell der quadrierten
euklidischen Distanz die Annahme zugrunde, dass von Vetospielern immer größere Entfernungen vom Idealpunkt mit steigender Rate immer negativer bewertet
werden. Anders herum betrachtet, lässt sich auch sagen, dass in diesem Fall eine
zunehmende Annäherung an den Idealpunkt immer weniger zusätzlichen Nutzen bringt, die Steigerungsrate also abnimmt. Andere Nutzenfunktionen vermö-
gen es, andere, vielleicht ebenso plausible Annahmen über den Nutzenverlauf der
Vetospieler zu implementieren. Jede der unendlich vielen denkbaren Nutzenfunktionen macht also spezielle Annahmen darüber, wie nun *genau* der Nutzen mit
steigender Entfernung vom Idealpunkt des Vetospielers abnimmt.

Tsebelis braucht sich keine Gedanken zu einer genauen Nutzenfunktion zu machen – solange sie symmetrisch und für alle Vetospieler gleich ist –, schließlich
interessiert er sich im Wesentlichen für das *winset*, also die Größe der Überschneidungsbereiche der Indifferenzkurven durch den Status quo, und nicht für den
Nutzen, den die Vetospieler durch einzelne Punkte *innerhalb* des *winsets* erlangen.
Nun lässt sich natürlich vortrefflich darüber streiten, welches der vielen in der For-
schungsdiskussion genannten Nutzenfunktionsmodelle aus politkfeldanalytischer
Sichtweise angemessen ist und welches weniger. Die entscheidende Frage ist dann
demnach, wie die Reichweite des Policy-change – in angemessener Weise für die
Politikfeldanalyse – bewertet wird.

Sicherlich kann zunächst festgehalten werden, dass es nicht *die eine* Nutzenfunktion gibt, die sowohl für *alle* Vetospieler wie auch für *alle* Politikfelder gilt,
wie es Tsebelis stark abstrahierend annimmt. Vielmehr ist es durchaus sinnvoll,
je nach Einzelfall die Nutzenfunktion *anzupassen*. So mögen zum einen *verschiedene* Vetospieler auch *verschiedene* Nutzenfunktionen haben (z. B. aufgrund unterschiedlicher Salienzen, siehe Unterkapitel 3.1). Während einer vielleicht eine

---

8   In beiden Fällen gilt dies nur für Distanzen in jeweils *einer* Dimension. In einem zweidimen-
     sionalen Raum errechnet sich dann der Gesamtnutzen als Summe der Nutzen in den beiden
     Dimensionen.

immer größere Entfernung vom Idealpunkt besonders negativ bewertet, wird ein anderer vielleicht mit zunehmender Distanz indifferent. Zum anderen ist aber auch denkbar, dass *ein und derselbe* Vetospieler in verschiedenen Politikfeldern bzw. im Hinblick auf unterschiedliche Sachfragen *verschiedene* Nutzenfunktionen haben. Während ein *issue* für den einen Vetospieler vielleicht eine „Alles-oder-nichts-Frage" ist (und somit der Nutzen um seinen Idealpunkt herum besonders stark abfällt), mag für einen anderen der Nutzen proportional zur Distanz abfallen. Hier ist also dem Einzelfall Rechnung zu tragen.

Darüber hinaus möchte ich hier zusätzlich argumentieren, dass die Annahme einer über den gesamten Raum unveränderten Nutzenfunktion für einen Veto-spieler im Policy-making-Prozess in vielen Fällen unangemessen sein kann. Im Gegensatz dazu scheint es mir eher sinnvoll, sich ändernde Dynamiken anzuneh-men. Dies bedeutet, dass sich ab einem bestimmten (festzulegenden) Punkt der Verlauf der Nutzenfunktion *ändert*. Letztlich wird hiermit die eingangs erwähnte Annahme zwingend *symmetrischer* Nutzenfunktionen aufgegeben. So ist es bspw. denkbar, dass eine zunehmende Überschreitung des Idealpunktes anders bewertet wird als eine zunehmende Unterschreitung.

Auch kann z. B. davon ausgegangen werden, dass eine nur sehr leichte Ver-schiebung des Status quo, auch wenn sie im *winset* der Vetospieler geschieht, zu-nächst *keinen* Nutzen bringt. Hier ist es sinnvoll, von einer gewissen „Trägheit" des Status quo auszugehen. Ein Gesetzgebungsprozess ist immer auch mit erheblichen Kosten verbunden. So entstehen durch die Bearbeitung Informations- und Koor-dinierungskosten, aber auch Opportunitätskosten. Die für den Policy-change be-nötigte Zeit kann nicht für andere, politisch unter Umständen sogar nützlichere Projekte verwendet werden. Ein rationaler Vetospieler würde demnach also einer Annäherung an seine Idealposition nur dann zustimmen, wenn der daraus entste-hende Nutzen die zur Erreichung dieses Ziel benötigten Kosten übersteigt, und dies kann in vielen Fällen erst ab einer bestimmten Reichweite der Status quo-Ver-schiebung gegeben sein (vgl. Tsebelis 2002: 22).

Die angesprochene „Trägheit" mag je nach Einzelfall variieren. Ist aber diese Trägheit erst einmal überwunden, bringt eine Annäherung an den Idealpunkt eines Vetospielers Nutzen. Gleichzeitig spricht einiges dafür, dass eben dieser Nut-zen von der zunächst zu überwindenden *Beharrungsenergie* des Status quo ab-hängt: Die Auflösung politischer „Blockaden", der Pfad- bzw. Paradigmenwechsel in einem beharrungskräftigen Politikfeld ist in vielen Fällen politisch weitaus nütz-licher als ein inkrementelles Nachjustieren in leicht wandelbaren Politikfeldern. Auf die Nutzenfunktion bezogen lässt sich dies nun so interpretieren, dass durch die erreichte Veränderung des Status quo der Nutzen für einen Vetospieler sprungartig in die Höhe schießt. Anders herum gewendet bedeutet dies aber auch, dass ein dem Pfadbruch nachfolgender Policy-change nicht mehr den gleichen starken Nutzenzuwachs besitzt (die Änderungsrate sich also wandelt).

Zusammenfassend lässt sich also – wieder die politikfeldanalytische Brille aufsetzend – festhalten, dass die Wahl der Nutzenfunktion den Einfluss und die Bedeutung der Reichweite von Policy-change entscheidend variieren kann. Eine pauschale Aussage darüber, wie nun einzelne politische Akteure eine steigende oder abnehmende Reichweite bewerten, ist daher weder möglich noch angebracht. Vielmehr sollte einzelfallabhängig analysiert werden, welche Annahmen über die Bedeutung der Reichweite für den Untersuchungsfall sinnvoll sind und welche weniger.

4.2   Eingipflige Präferenzen

Das Politikraummodell von Tsebelis besitzt als Hintergrundannahme, dass die Nutzenfunktionen der Vetospieler eingipflig sind. Dieses Prinzip der Eingipfligkeit postuliert, dass die Punkte im Policy-Raum, die sich weiter entfernt vom Ideal-punkt des Vetospielers befinden, mit steigender Entfernung an Vorzugswürdig-keit abnehmen (vgl. Mueller 2003: 87). Anders ausgedrückt: *Kein weiter von seiner Idealposition entfernter Punkt kann vom Vetospieler gegenüber einem näher liegen-den Punkt bevorzugt werden.* Es handelt sich demnach um eine basale Annahme der in diesem Unterkapitel im Mittelpunkt stehenden *Reichweite* von Policy-change: Wäre keine Eingipfligkeit gegeben, würde eine Distanzmessung sinnlos werden, da die Entfernung vom Idealpunkt und der Nutzen nicht mehr konsistent miteinander verbunden wären.

Ist es aber gerechtfertigt, zweigipflige Präferenzordnungen von Vetospielern auszuschließen? In vielen Fällen mag dies gerechtfertigt sein. Um nochmals das Beispiel der Einigung auf das Sozialbudget aufzunehmen: Wer am liebsten ein hohes Sozialbudget implementieren möchte, bevorzugt in der Regel, wenn dies nicht durchführ- oder durchsetzbar ist, ein *möglichst* hohes Budget. Für einen solchen Vetospieler nimmt dann also mit sinkender Budgethöhe gleichzeitig die Vorzugswürdigkeit ab. Alles andere erscheint widersprüchlich: Es ist wenig sinn-voll, ein hohes Sozialbudget als höchste Präferenz einzuordnen (hier also seinen Idealpunkt zu haben) und gleichzeitig ein niedriges vor einem mittleren Budget zu bevorzugen (was ein Beispiel für eine zweigipflige Präferenzordnung wäre). „Es ergibt wenig Sinn, dass eine Person *beide* Extreme vor der Mitte einordnet." (Dehling/Schubert 2011: 85; Hervorhebung im Original).

Allerdings lassen sich ebenso gut Beispiele finden, in denen eine zweigipflige Präferenzordnung durchaus Sinn ergibt. Hierzu wird an dieser Stelle illus-
trativ das Beispiel der Diskussion innerhalb der amerikanischen Regierung aus
dem Jahre 2006/2007 um eine Neuausrichtung der Irak-Strategie herangezogen.[9]
In Anbetracht der sich nicht bessernden Situation im Irak wurden seinerzeit – so
zumindest die Berichterstattung – drei verschiedene Szenarien entwickelt: *Go big,
Go home* und *Go long*. Das Go-big-Szenario umfasste eine massive Truppenaufstockung, um die Abwärtsspirale der Gewalt im Irak zu durchbrechen. Die Go-
home-Option beinhaltete im Gegensatz dazu einen schnellen Truppenabzug. Das
Go-long-Szenario schlug eine Truppenreduzierung bei gleichzeitiger Verlängerung
der Verweildauer im Irak vor. In der nachfolgenden Diskussion wurde zudem ein
Kombi-Szenario entwickelt, welches eine kurzfristige Aufstockung beinhaltete, die
dann von einer stetigen Truppenreduzierung gefolgt wird („Go big but short while
transitioning to go long").[10]

Diese vier Alternativen lassen sich entsprechend des Umfangs des militärischen Engagements auf einer gemeinsamen Achse einordnen, wobei auf der einen
Seite „Go big" zu verorten ist, in der Mitte „Go big but short..." sowie „Go long"
und auf der anderen Seite „Go home". Klassische eingipflige Präferenzordnungen
wären in diesem Fall bspw. die eines „Falken", der sicherlich „Go big" bevorzugen würden, dann konsistenterweise die beiden mittleren Szenarien am zweit- und
drittbesten bewerten sowie die Option „Go home" am schlechtesten einordnen
würde. Genau umgekehrt verhielte sich eine „Taube", und gemäßigte Vertreter hätten ihre Präferenz irgendwo in der Mitte.

Eine zweigipflige Präferenzordnung wäre hier bspw. diejenige, durch die „Go
home" bevorzugt, die „Go big"-Option aber als zweitbestes Szenario bewertet
würde, und dann erst die mittleren Alternativen hinten anstünden. Ein solch hy-
pothetischer Standpunkt ist, im Vergleich zum vorherigen Beispiel, nicht nur weit
weniger inkonsistent, ganz im Gegenteil lässt er sich gut begründen. Hierbei handelt es sich um die Forderung nach einer *konsequenten* Strategie: Zwar wird der
Truppenabzug als beste Alternative angesehen, sollte dies aber z. B. nicht realistisch
sein, so wird die Truppenaufstockung bevorzugt, um endlich einen Durchbruch
zu erlangen. Diesem Standpunkt liegt also, etwas flapsig ausgedrückt, die Überzeugung zugrunde, dass es am besten wäre, den Irak zu verlassen, aber wenn man

---

9   Siehe hierzu auch Muellers (2003: 87), der das ähnlich gelagerte Beispiel des Vietnamkriegs
     heranzieht.
10   Zu den verschiedenen Szenarien siehe den Artikel „Pentagon May Suggest Short-Term Buildup
     Leading to Iraq Exit" vom 20. November 2006 von Thomas E. Ricks (Washington Post).

schon drin bleiben muss, man es dann mit der ausreichenden Stärke tun sollte. Die beiden Kompromiss-Lösungen („Go long" und „Go big but short ...") werden schlechter bewertet, da ihnen keine konsequente Strategie zugrunde liegt: Bei „Go long" werden die militärischen Kräfte als nicht ausreichend betrachtet, bei „Go big but short ..." läuft man Gefahr, einen „Moonwalk" aus dem Irak zu machen, also den Eindruck zu erwecken, man würde sich vorwärts bewegen, in Wirklichkeit aber Schritte zurück machen.[11] Zweigipflige Präferenzen von Vetospielern können also sinnvoll sein, allerdings nicht konsistent in einem Politikraumkonzept wie dem der Vetospielertheorie dargestellt werden.

5   Zusammenfassung und Ausblick

In diesem Beitrag wurde der Frage auf den Grund gegangen, welche Bedeutung der Richtung und der Reichweite eines Politikwandels bei der Bewertung von Policy-Alternativen durch Vetospieler zukommt. Dass die klassische Vetospielertheorie dies nicht oder nur eingeschränkt mit einbezieht, kann man ihr nicht vorwerfen – dies wurde oft genug betont –, nichtsdestoweniger mögen die hier angestellten Überlegungen dazu dienen, sie für die Theoriediskussion der Politikfeldanalyse nutzbarer zu machen.

Ein geeigneter Ansatzpunkt der Vetospielertheorie für die Politikfeldanalyse ist das *winset,* also die Menge aller möglichen Policies, die von den Vetospielern als besser als der Status quo angesehen werden. Die Vetospielertheorie selbst nimmt seine Größe als Indikator für Policy-Stabilität, allerdings ist dieser analytische Kunstgriff politikfeldanalytisch durchaus anschlussfähig: Zunächst wird durch die Feststellung eines *winsets* und seiner Größe schlicht die Möglichkeit einer Einigung bestimmt. Hiervon aus- und über Tsebelis hinausgehend lässt sich dann fragen, wie die einzelnen Vetospieler die jeweiligen prinzipiell möglichen Policies bewerten. Dies ist für die Frage, auf welche Policy sie sich letztlich einigen, hochrelevant.

In den Kapiteln 3 und 4 wurden unter den Oberbegriffen Richtung und Reichweite Einflussfaktoren diskutiert, die eine wichtige, aber auch sehr spezifische Wirkungsweise auf die Präferenzstruktur der Vetospieler haben. In der Diskussion wurde bewusst versucht, möglichst innerhalb des theoretischen Rahmens und der räumlichen Denklogik der Vetospielertheorie zu bleiben. Dies darf aber – hierauf wurde hingewiesen – nicht so verstanden werden, dass versucht werden soll, die Vetospielertheorie durch Modellmodifikationen so zu verändern, dass man dem

---

11   Diese schöne Metapher findet sich ebenfalls im oben genannten Washington Post-Artikel.

Fernziel eines legislativen Raummodells für die Politikfeldanalyse ein Stück näher
kommt. Die recht enge Diskussion entlang der Vetospielertheorie diente vielmehr
dazu, zu vermeiden, das Vetospielerkonzept durch Anpassungen so stark zu verwässern, dass es nicht mehr ist als eine metaphorische Umschreibung der relevanten Akteure im Policy-making-Prozess. Um aber gleichzeitig das andere Extrem,
nämlich die für die Politikfeldanalyse nicht immer angemessene mechanistisch-
kausalisitische Herangehensweise räumlicher Modelle mitsamt universellem Er-
klärungsanspruch zu vermeiden, lassen sich die Überlegungen am sinnvollsten als
heuristisches Mittel auffassen. Sie strukturieren für den Forscher die Realität und
schärfen die Aufmerksamkeit für spezifische Einflussfaktoren, indem nämlich der
Prozess des Policy-makings und speziell die Einigung zwischen Vetospielern als
eine *analytische Einkreisung* aufgefasst wird.

Der erste Schritt besteht für den Forscher in der Trennung der nicht-zustim-
mungsfähigen von den zustimmungsfähigen Policies *(winset)* – hier bewegt er sich
noch ganz im Rahmen der ursprünglichen Theorie. In einem zweiten Schritt wird
dann analysiert, wie und auf welcher Grundlage jeder Vetospieler die vielen im
winset enthaltenen Policies bewertet.

Das betrifft zunächst die Frage nach der Salienz, welche die Vetospieler den
Policy-Dimensionen zuschreiben. Ein Vergleich der Salienzen der Verhandlungs-
partner kann hier schon zu ersten Erkenntnissen führen. Daran schließt sich die
Frage nach strategischen Überlegungen an: Welche Themen stehen bspw. derzeit
noch auf der politischen Agenda und welche Auswirkungen hat eine interessierte
Öffentlichkeit? Wie positionieren sich die anderen Vetospieler?

Allerdings gibt auch die Feststellung eines Ideals Anlass zu Fragen: Wie genau
bzw. vage können Spieler ihr Ziel formulieren bzw. haben es schon vor dem Beginn
des eigentlichen Verhandlungsprozesses formuliert? Wird das Ziel reformuliert,
auch und gerade in Abgrenzung von anderen Spielern? Schließlich stellen sich
Fragen nach den Einschätzungen der Vetospieler hinsichtlich möglicher Kompro-
misslösungen: Handelt es sich für einen Vetospieler um eine „Alles-oder-nichts"-
Policy? Sind Details verhandelbar oder sind es gerade diese, die einem Vetospieler
wichtig sind? etc.

Vor dem Hintergrund dieses Tableaus, welches man letztlich als eine heuristi-
sche Rekonstruktion der Bewertung der prinzipiell möglichen Policies auffassen
kann, lässt sich dann in einem dritten Schritt besser und informierter als zuvor
klären, wie nun die Entscheidung für eine bestimmte Policy – und die ist das letztendliche Interesse der Politikfeldanalyse – zustande kam.

Literatur

Behnke, Joachim, 1999: Räumliche Modelle der sachfragenorientierten Wahlentscheidung. Formale Analyse und empirische Untersuchungen der Determinanten ihrer Eignung zur Prognose der Parteiwahl, Hamburg.

Blum, Sonja/Schubert, Klaus, 2011: Politikfeldanalyse, Wiesbaden.

Caplan, Bryan. 2004: George Tsebelis, Veto Players: How political institutions work, in: Public Choice 121 (2004), 260–262.

Dehling, Jochen/Schubert, Klaus, 2011: Ökonomische Theorien der Politik, Wiesbaden

Downs, Anthony, 1968: Ökonomische Theorie der Demokratie, Tübingen.

Krehbiel, Keith, 1988: Spatial models of legislative choice, in: Legislative Studies Quaterly 13 (1988), 259–319.

Laver, Michael, 2001: Position and salience in the policies of political actors, in: Laver, Michael (Hrsg.), 2001: Estimating the Policy Positions of Political Actors, London/New York, 66–75.

Linhart, Eric/Shikano, Susumu, 2009: A basic Tool Set for a Generalized Directional Model, in: Public Choice 140 (2009), 85–104.

Mueller, Dennis C., 2003: Public Choice III, New York.

Plott, Charles R., 1967: A Notion of Equilibrium and Its Possibility under Majority Rule, in: American Economic Review 57 (1967), 787–806.

Raschke, Joachim/Tils, Ralf, 2007: Politische Strategie. Eine Grundlegung, Wiesbaden.

Ricks, Thomas E., 2006: Pentagon May Suggest Short-Term Buildup Leading to Iraq Exit, Washington Post vom 20. November 2006, abrufbar unter http://www.washingtonpost.com/wp-dyn/content/article/2006/11/19/AR2006111901249.html (zuletzt abgerufen am 21.3.2011)

Tsebelis, George, 2002: Veto Players: How Political Institutions Work, New York.

Tsebelis, George, 1995: Decision Making in Political Systems: Veto Players in Presidentialism, Parlamentarism, Multicameralism and Multipartyism, in: British Journal of Political Science 25 (1995), 289–325.

Zahariadis, Nikolaos, 2007: The Multiple Streams Framework: Structure, Limitations, Prospects, in: Sabatier, Paul A. (Hrsg.), 2007: Theories of the Policy Process, Cambridge (Mass.), 65–92.

Vetospieler und Politikfeldanalyse – Institutionen und Dynamik

Florian Blank

1 Einleitung

Die Diskussion des Nutzens der Vetospieler-Theorie für die Politikfeldanalyse mag als ein Versuch erscheinen, Eulen nach Athen zu tragen. Institutionalistische Ansätze sind in der Policy-Forschung nicht neu: Die Spannbreite reicht von der vergleichenden, an Makrodaten orientierten Staatstätigkeitsforschung über an der Erklärung von konkreten Prozessen interessierten Ansätzen, die den institutionellen Rahmen einen geradezu determinierenden Einfluss auf das Verhalten von Akteuren zuschreiben (Immergut 1992), und den akteurszentrierten Institutionalismus (Mayntz/Scharpf 1995), der die Wechselwirkung von Institutionen und Akteuren betont, hin zu Beobachtungen, dass Institutionen auf bestimmte Problemlagen zugeschnitten sind, Kosten verursachen und – aber nicht nur deswegen – selber Gegenstand von politischen Prozessen werden.[1] Auch die Vetospielertheorie von Tsebelis wird in Einführungs- und Überblickswerken den Theorien der Politikfeldanalyse zugeordnet. Van Waarden (2009: 283) sieht Tsebelis als Begründer des Rational-Choice-Institutionalismus, Schneider und Janning (2006: 83) bezeichnen die Theorie als „typische Variante eines akteurszentrierten Institutionalismus […], in dem rationale Nutzenmaximierung politischer Akteure unter Bedingungen institutioneller Beschränkungen konzipiert und politische Richtungswechsel aus Interaktionskonstellationen rational handelnder Akteure erklärt werden".

Diesen Charakterisierungen ist zuzustimmen. Für ein besseres Verständnis der Theorie Tsebelis' und der Rolle, die sie in der Politikfeldanalyse spielt und spielen kann, ist es aber ebenso notwendig, auf den Zweck der Theorie hinzuweisen, für den sie ursprünglich konzipiert wurde: Ausgangspunkt der Überlegungen Tsebelis' sind zwar Policies, Zweck seiner Theorie ist aber der Vergleich von demokratischen Systemen. Nicht der einzelne politische Richtungswechsel interessiert ihn,

---

[1] Die Forschung zu Reform und Retrenchment im Wohlfahrtsstaat belegt das eindrücklich.

sondern die Möglichkeit eines solchen. In den Begriffen seiner Theorie geht es ihm – wie *Jochen Dehling* (in diesem Band) betont – um die Identifikation eines *winsets* und dessen Größe, nicht aber um den Prozess der Identifikation eines konkreten Punktes im *winset* durch die Akteure. Wie in der Einleitung erläutert, besteht das Erkenntnisinteresse der in diesem Band versammelten Beiträge im Gegensatz dazu in der Rekonstruktion von einzelnen Policy-Prozessen unter zu Hilfenahme des analytischen Instrumentariums von Tsebelis. Zugleich aber sollte die Theorie so genutzt werden, dass durch die Anwendung auf ihr ursprünglich fremde Fragestellungen im Rahmen mehrerer Fallstudien Hinweise auf allgemeine Ergänzungen und Erweiterungen gegeben werden, die für eine Übertragung auf Fragestellungen der Politikfeldanalyse notwendig sind. Diese Änderungen sollten aber letzten Endes mit der Theorie kompatibel bleiben. Es war stets der Anspruch der Autorinnen und Autoren dieses Bandes, das Konzept „Vetospieler" nicht zu entleeren, sondern seinen Grundgedanken – die institutionell begründete Möglichkeit zur Beendigung eines politischen Prozesses – zu bewahren.

In diesem Schlusskapitel werden die Möglichkeiten der Übertragung des Konzepts von Tsebelis diskutiert und dabei die Erkenntnisse der vorangegangenen Beiträge zusammengeführt. Dabei wird zunächst die ursprüngliche Vetospieler-Theorie dem Erkenntnisinteresse einer fallorientierten Analyse von politischen Prozessen gegenübergestellt. Daraus ergibt sich dann bereits die Frage nach einer Verschränkung der Perspektiven, die aus dem Blickwinkel der Politikfeldanalyse diskutiert wird. Daran schließt eine Zusammenfassung der Modifikationen der Vetospieler-Theorie an, wie sie sich aus den vorhergehenden Beiträgen ergibt. Zusammen ergibt sich daraus ein Fragenkatalog, der zugleich als ein heuristisches Hilfsmittel zur Behandlung von politikfeldanalytischen Fragen dienen kann.

2   Grenzen der Anwendbarkeit der Vetospieler-Theorie und Theoriebedarfe in der Policy-Forschung

Die vorausgehenden Kapitel haben eindrucksvoll die verschiedenen Möglichkeiten der Übertragung der Vetospieler-Theorie auf politikfeldanalytische Fragestellungen deutlich gemacht und gezeigt, an welchen Stellen die Theorie an Grenzen stößt bzw. einer Ergänzung bedarf, um den Bedürfnissen eines stärker auf die Erklärung konkreter Politikergebnisse und die Analyse von Prozessen konzentrierten Vorgehens gerecht zu werden. Diese Anwendungen und Ergänzungen lenken das Augenmerk zunächst auf grundlegende Eigenschaften der Theorie Tsebelis' und ihren ursprünglichen Zweck und Nutzen. Auch wenn Tsebelis explizit vom *policy-*

making und von Policies ausgeht (Tsebelis 2002: 6), so trägt die Theorie doch die deutlichen Spuren seines eigentlichen Forschungsinteresses, nämlich des Vergleichs von politischen Systemen, namentlich Demokratien, untereinander bzw. über verschiedene Zeiträume hinweg. Aus diesem Grund kann die Theorie auf den ersten Blick nur „Schnappschüsse" von politischen Systemen liefern, sie trägt zur Beschreibung eines Systems zu einem Zeitpunkt bei, blendet aber die Politics, die in Interaktion mit der Polity erst zu konkreten Policies und *policy change* führen, weitgehend aus. Dynamische Komponenten sind in seiner Theorie mit der Konstellation der *partisan players,* die sich insbesondere durch Wahlen ergeben, dem Verhältnis ihrer Präferenzen (Kongruenz) und dem Element der Kohäsion (der inneren Geschlossenheit der Spieler) zwar angelegt – alle drei werden in seiner Analyse zu Beginn des Policy-Prozesses jedoch fixiert.[2] Die Spieler gewinnen dadurch Gewicht, dass sie in institutionelle Strukturen eingebettet sind, die ihnen das formale Potential zur Beeinflussung der eigentlichen Policy-Prozesse verleihen. Aus ihren – wiederum ab Beginn des politischen Prozesses als unveränderlich angenommenen – Policy-Präferenzen ergeben sich dann inhaltliche Schnittmengen zwischen den Spielern, deren Vorhandensein allein über Reform oder Policy-Stabilität entscheidet.

Diese statische Konzeption ist aber für die Analyse von einzelnen Policy-Prozessen nur schwer direkt anwendbar, da hier gerade das dynamische Element in den Vordergrund rückt. „For a variety of reasons, the policy process involves an extremely complex set of elements that interact over time" – so beginnt Sabatier (2007: 3) eine Übersicht über den Policy-Prozess beeinflussende Faktoren. Die Vielzahl der Faktoren, die in einem politischen Prozess zum Tragen kommen können, mache wiederum ein systematisches Vorgehen notwendig.

> „In short, understanding the policy process requires the knowledge of the goals and perceptions of hundreds of actors throughout the country involving possibly very technical scientific and legal issues over periods of a decade or more while most of those actors are actively seeking to propagate their specific ‚spin' on events. […] Given the staggering complexity of the policy process, the analyst must find some way of simplifying the situation in order to have any chance of understanding it" (Sabatier 2007: 4).

---

2   Das Agenda-Setting bringt potentiell ein weitens dynamisches Element in die Analyse. Allerdings ist die Macht des Agenda-Settings bei Tsebelis wiederum vorwiegend institutionell bestimmt. Es geht weniger darum, welcher konkrete Vorschlag den Spielern durch einen anderen gemacht wird, sondern darum, wer zuerst einen Vorschlag machen darf (Tsebelis 91–115).

Warum nun überhaupt versuchen, die Theorie Tsebelis' zu nutzen, wenn ihr eigentliches Anwendungsgebiet doch gerade nicht in der Analyse einzelner Prozesse liegt? Die Politikfeldanalyse erscheint häufig als die Suche nach dem Mittelweg zwischen den zwei Extremen, zum einen systematische Klarheit walten zu lassen, zum anderen notwendige Informationen und den Blick für Ausnahmen von der Regel nicht zu verlieren. Während in der vergleichenden Staatsforschung und bei institutionelle Ansätzen zum Teil eine Überdeterminiertheit politischen Handelns kritisiert wird – Mayntz und Scharpf (1995: 45) wenden sich auch gegen einen „Kryptodeterminismus" –, kann in der detaillierten Analyse politischer Prozesse leicht das Gegenteil eintreten, nämlich eine Unfähigkeit, die Vielfalt der Fakten zu sammeln und zu interpretieren, verbunden mit einer Vernachlässigung von strukturellen Elementen und institutionellen Rahmungen, die für einen Großteil der politischen Prozesse in modernen Demokratien auf Dauer gestellt sind. So wird das in der jüngeren Zeit viel rezipierte Multiple Streams Framework (s. hierzu Zahariadis 2007) dafür kritisiert, dass es Institutionen kaum berücksichtigt (Rüb 2009: 360). Reformfähigkeit wird im Rahmen dieses Ansatzes eher auf Zeit und Personen zurückgeführt (Rüb 2009: 361).

> „Obwohl MS [Multiple Streams; FB] auf der systemischen Ebene theoretisiert ist, werden die institutionellen Formen von Regierungssystemen, insbesondere die des parlamentarischen, unterschätzt. Gerade weil situative Faktoren eine dominante Rolle spielen, müssen Interaktionen und Prozessmuster in einen institutionellen Kontext eingebettet werden, um die institutionell bedingten Positionen von Akteuren präzisere analysieren zu können. Institutionelle Faktoren sind sowohl für Agendasetting- als auch Entscheidungsprozesse relevant, weil sie Kompetenzen, Zuständigkeiten und zeitliche Prozessabläufe festlegen" (367).

Die von Rüb hier genannten Funktionen geben einen Hinweis darauf, welche strukturierenden Wirkungen von Institutionen in geordneten politischen Prozessen zu erwarten sind. Er geht im Weiteren noch auf die zeitliche Regelung von Abläufen durch Institutionen ein – sie teilten Prozessabläufe in erwartbare Schritte auf und öffneten so Zeitfenster, die zur Einflussnahme und zum Verkoppeln der „streams" dienen könnten (367).[3] Diese kurze Beschäftigung mit dem Multiple

---

3   Das Multiple Streams Framework geht davon aus, dass ein „problem stream", ein „politics stream" und ein „policy stream" weitgehend unverbunden nebeneinander herlaufen. D. h. dass, vereinfacht gesagt, das Bewusstsein um politische Probleme bzw. die Aufmerksamkeit für bestimmte Probleme, die Diskussion um Lösungsansätze, Ideen oder Reformvorschläge und schließlich die Akti-

Streams Framework hat von der Diskussion der Theorie Tsebelis' nur auf den ersten Blick weggeführt, zeigt sie doch die Potentiale, die mit seinem Ansatz für einen Einschluss institutioneller Faktoren in die Analyse politischer Prozesse verbunden sind.

Die Nutzung dieser Potentiale scheint aber auch aufgrund der Kritik an einem weiteren Standardkonzept oder -denkmodell der Politikfeldanalyse sinnvoll. Das betrifft ihr möglicherweise bekanntestes heuristisches Hilfsmittel, den Policy-Cycle, ein Modell, dass letztlich Politik im Zeitverlauf illustriert (hierzu Blum/Schubert 2011: 104–144; vgl. auch Sabatier 2007). Die stilisierte Gegenüberstellung von dem Zeitverlauf folgenden, dynamische und möglicherweise sogar chaotische Aspekte des Policy-Prozesses behandelnden Ansätzen und des „statischen" Vetospieler-Konzepts kann als erster Schritt dienen, um die beiden Bereiche miteinander zu verschränken. Diese Verschränkung wird im Folgendem nur einseitig behandelt: Es wird nach dem Nutzen der Vetospieler-Theorie für die Politikfeldanalyse gefragt. Genauer gesagt geht es um den Nutzen dieses institutionalistischen Ansatzes für Fallstudien, für die Analyse von einzelnen Prozessen. Institutionen sind im Folgenden damit gerade nicht Untersuchungsgegenstand aus eigenem Recht, sondern vielmehr ordnende Elemente, die – obgleich selbst empirische Fakten – die überbordende Empirie zu bändigen helfen. Dabei soll hier keineswegs der Fokus auf die Prägung (oder sogar Determinierung) von Politikergebnissen gelegt werden, sondern einem Verständnis von Institutionen der Vorzug gegeben werden, dass diese als Ordnungselemente – „verhaltensregulierende und Erwartungssicherheit erzeugende soziale Regelsysteme" (Czada 2005: 381) bzw. „auf Dauer angelegte Problemlösungen" (Schubert 2003: 149) – sieht, die zudem selbst Gegenstand der Politik sein können und in einer Wechselwirkung mit der Umwelt des politischen Systems stehen.

3 Möglichkeiten der Übertragung der Vetospielertheorie

Aus dem berechtigten Hinweis auf die Vielfalt der Faktoren, die Policy-Ergebnisse beeinflussen können, muss nicht folgen, dass die Elemente des politischen Prozesses als völlig abiträr anzusehen sind. Der *erste* Aspekt der Vetospieler-Theorie, den sich die Politikfeldanalyse zunutze machen kann, ist die Gliederung des politischen Prozesses durch Institutionen, wie von Rüb angemerkt (s. o.). Tsebelis

---

vitäten politischer Akteure sowie ihre Interaktion mit der Umwelt nur selten in Übereinstimmung gebracht werden können.

behandelt nicht Institutionen „an sich" oder alle Institutionen, sondern einen Spe-
zialtyp: Institutionen nämlich, die in jedem geregelten politischen Prozess jenseits
rein administrativer Entscheidungen eine Rolle spielen und diesen Prozess strukturieren, da sie bzw. die in ihnen eingebetteten Akteure einer weiteren Entwicklung im Sinne der Abweichung vom Status quo zustimmen müssen. Institutionen
haben also die Macht (bzw. verleihen die Macht an *partisan players*), einen Entscheidungsprozess zu einem bestimmten Zeitpunkt zu blockieren. Institutionen
wirken damit als Wegscheiden, die Entscheidungen erzwingen. Diese Einsicht, die
sicher nur eine Eigenschaft dieser speziellen Institutionen repräsentiert, kann helfen, die Analyse von politischen Prozessen in mehrfacher Hinsicht zu leiten. Institutionen wirken als ein Filter oder Knotenpunkt, an dem sich die Debatte verengt,
indem mannigfaltige Vorschläge und Inputs auf abstimmbare Entwürfe herunter-
gebrochen werden müssen. Hinzu kommt, dass die einzelnen Institutionen häufig
aufeinander bezogen sind und ein strukturiertes Verhältnis zueinander aufweisen:
Ein Gesetzesvorhaben wird durch mehrere Institutionen in einer festgelegten Abfolge abgearbeitet („political institutions sequence veto players in specific ways in
order to make policy decisions"; Tsebelis 2002: 2).[4]

Die Analyse oder Berücksichtigung von Institutionen ist *zweitens* auch eine
Form der Ortsbestimmung des Politischen in einem engen, formalen Sinne insofern, als dass die in diese Institutionen eingebundenen Akteure in diesem Schritt
zwar nicht abgekoppelt, jedoch formal unabhängig von gesellschaftlichen Dis-
kursen und Akteuren Herrschaft ausüben. Im Sinne einer Ortsbestimmung lässt
sich von zwei Mechanismen ausgehen, nämlich einer Abgrenzung nach Außen
und einer Binnenintegration. Die Vetospielertheorie lässt sich *cum grano salis* als
eine Theorie *spezieller* Machtressourcen lesen, die für das Verständnis von konkre-

---

4   Dieses Verständnis von Institutionen unterscheidet sich von anderen Ansätzen, die Veto-Punkte
    (statt Spieler) als Gelegenheiten, Einfluss zu nehmen, in den Mittelpunkt rücken. Der Unterschied
    liegt darin, dass hier keine weitere Aussage über den Einfluss der Vetomöglichkeit auf das Verhal-
    ten der Akteure gemacht wird, wie es etwa Kaisers (1998: 537–538) Verständnis von Veto-Punk-
    ten entspricht: Dieser sieht zwar in Veto-Punkten „eine institutionell angelegte Anreizstruktur für
    politische Akteure, Einflusschancen zu nutzen", zählt zu den Veto-Punkten aber auch formale und
    informelle Verhaltensregeln und stellt die Binnenlogik von Institutionen (Vetopunkte der Kon-
    kordanz) wie auch das Vorhandensein bestimmter Institutionen (Vetopunkte der Delegation und
    der Expertise) auf eine Stufe. Sinnvoll ist allerdings sein Hinweis auf harte und weiche Vetopunk-
    te, je nachdem wie einfach diese geändert oder aufgehoben werden können. „In einer statischen
    Forschungsperspektive, das heißt auf einen Zeitpunkt bezogen, müssen wir diese Unterscheidung
    nicht weiter berücksichtigen. In einer dynamischen Perspektive dagegen kann sie von großer Be-
    deutung sein" (Kaiser 1998: 539).

ten Politikergebnissen ausschlaggebend sind und weniger von Politikblockaden, d. h. Nicht-Ergebnissen. Mit den *partisan players* wird eine bestimmte Gruppe gesellschaftlicher Akteure durch ihren Zugang zu Institutionen infolge des politischen Prozesses mit besonderen Kompetenzen ausgestattet. Die Abgrenzung nach Außen besteht nun darin, dass zunächst nur bestimmte Akteure formal Zugang zu diesen Institutionen haben und wiederum nur ein Teil dieser Akteure im Zuge des demokratischen Prozesses durch Mehrheitsentscheid temporär mit Ressourcen ausgestattet werden. Mit anderen Worten: Nicht jeder einflussreiche politische Akteur ist ein Vetospieler oder kann es werden.

Die Binnenintegration betrifft nun die so über die Ressource Veto verfügenden Akteure. Diese besondere Kompetenz ist bei Tsebelis zunächst negativ definiert, als eine Chance auf Verhinderung von Policies. Wenn aber ein *winset* bei mehreren, nicht absorbierten, sachorientierten Spielern besteht, wird es nach seinen Annahmen zu einer Einigung kommen. Die Analyse von *Sylvia Pannowitsch* (in diesem Band) hat gezeigt, dass es auch in Zeiten des *divided government* in der Empirie nur sehr selten zu einem Veto kommt. Zugespitzt und gegen den Strich gebürstet ist die Vetospieler-Theorie damit eine Theorie der Inklusion von privilegierten Akteuren in einer modernen, auf Verfassungsrecht gründenden Demokratie; die Erklärung konkreter Policy-Outputs und der Reichweite des Policy-Wandels als Ergebnis der *Einigung* dieser Akteure tritt damit gegenüber der allgemeinen Wahrscheinlichkeit eines Policy-Wandels bzw. seiner Verhinderung in den Vordergrund.

Diese Interpretation der Relevanz von Institutionen für die Handlungsmöglichkeiten der Akteure liegt auch dem in diesem Band bevorzugten engen, an Tsebelis orientierten Verständnis von Vetospielern zugrunde. Dieses Verständnis scheint nicht nur den Intentionen Tsebelis grundsätzlich zu entsprechen, sondern das Veto-Recht bietet auch ein klares Abgrenzungskriterium zur Kategorisierung von politischen Institutionen und Akteuren.

„I have deliberately focused on institutional and partisan actors that exist in every democratic system, and ignored other potential veto players, such as courts or specific individuals (influential ministers, possibly army officials) that may or may not exist in particular political systems. […] With respect to other actors, I will consider them as random noise at the level of this analysis, but I claim that they should be included in analyses of specific policy areas, or case studies. For example in corporatist countries the veto players of the political system may be replaced by labor and management, the actual negotiators of specific labor contracts. […] In the case that arguments can be made that certain institutions or individuals have veto powers (whether formally like committees, or informally like in some cases representatives of the armed forces), analyses of decisionmaking should include these veto players and their preferences" (Tsebelis 2002: 81; vgl. Zohlnhöfer 2003: 257).

Es scheint zentral, dass hier durch Tsebelis zwar der Kreis der Vetospieler über die Verfassungsinstitutionen im engeren Sinne hinaus erweitert wird, dass aber zugleich die funktionale Bestimmung der Vetospieler nicht aufgegeben wird. Eine Delegation von Entscheidungsgewalt oder eine informelle, aber materielle Entscheidungsbefugnis (Militär) sind in diesem Zusammenhang Grundlagen für tatsächliche Vetos. Die bloße Einbindung in Netzwerke oder Kommissionen oder die Anhörung von Interessengruppen hingegen kann zwar als Einflussnahme gelten, beeinflusst die Entscheidungsgewalt nicht, da weiterhin für die eigentlichen Entscheider die Möglichkeit besteht, sich über diese Einflüsse hinwegzusetzen.

Die beiden genannten Punkte – Institutionen als strukturierende Elemente und als Machtressourcen für durch demokratische Prozesse privilegierte Akteure – sollen kein Plädoyer für eine erneute „top-down-Perspektive" zur Erklärung von Policies sein, ein Kritikpunkt, die Sabatier (2007: 7) für frühere Phasenmodelle des politischen Prozesses festhält, sondern stellen einen Hinweis darauf dar, dass, wenn es um Politik im Sinne der Herstellung von kollektiv bindenden Entscheidungen geht, sich Diskurse im Zuge von Verhandlungen auf Ja/Nein-Entscheidungen verengen (müssen), also zur Entscheidung gebracht werden müssen und die Entscheidungsmacht bei bestimmten Akteuren in einem institutionellen Rahmen liegt. Ausgehend von dieser Interpretation kann die Politikfeldanalyse nun fragen, wann von welchen notwendig zu beteiligen Akteuren wie unter den Punkten des *winsets* gewählt wird und wem diese Auswahl in einem späteren Stadium zur Entscheidung präsentiert wird.

Ein *dritter* Punkt bringt eine demokratietheoretische Wendung in die Diskussion. Der Fokus auf Institutionen und die in sie eingebetteten und mit speziellen Kompetenzen ausgestatteten Akteure ermöglicht nicht nur die deskriptiv-analytische Frage nach der Entscheidungsgewalt, sondern lässt auch weitergehende Diskussionen nach politischer Verantwortung zu. Dies kann bspw. dazu beitragen, das viel diskutierte „Regieren durch Kommissionen" während der Regierung Schröder etwas ins rechte Licht zurücken. Tatsächlich ist solch eine Strategie aus Sicht einer Regierung eine möglicherweise sinnvolle Möglichkeit, einen Diskurs zu lenken und bestimmte Vorschläge in die politische Debatte hineinzutragen. Allerdings kann eine solche Strategie nicht die Verantwortlichkeit der (im deutschen Fall) Bundesregierung, des Bundestags und des Bundesrats zunichte machen, wenn auch evtl. verschleiern: Die Entscheidung ist weiterhin den legislativen Organen und unter bestimmten Bedingungen der Gerichtsbarkeit vorbehalten. Das Versprechen etwa, die Vorschläge der Hartz-Kommission „Eins zu Eins" umzusetzen, bedeutet keine Machtverschiebung zugunsten der Kommission, sondern eine bewusste inhaltliche Selbstbindung der tatsächlichen Entscheidungsträger. Die Vetospieler-Theorie macht – zumindest in der hier vorgeschlagenen Interpretation – darauf aufmerksam, dass die Macht, eine Entscheidung zu treffen und gegebenenfalls eine Policy auch abzulehnen, exklusiv bei bestimmten Akteuren liegt, die in einer Demokratie eine besondere Legitimität besitzen.[5] Anderen Akteure, die häufig mit Lobbying verbunden werden, fehlt nicht nur diese Legitimität, sie üben auch formal keine Entscheidungsgewalt aus. Eine derartige Rückkoppelung des Verständnisses von Institutionen an Fragen der Legitimation könnte eine Antwort auf die von Schubert (1991: 19) geäußerte Kritik an der Politikfeldanalyse darstellen: „Sicher scheint zu sein, daß die Politikfeldanalyse ein demokratie-endogener Ansatz ist. Das heißt z. B., daß einige demokratie-theoretisch interessanten Fragestellungen, insbesondere Fragen der Machtverteilung und der Partizipationsmöglichkeiten vernachlässigt werden". Klar ist, dass ein solcher Zugang die Frage nicht beantworten hilft, ob die Institutionen eine angemessene Legitimität besitzen oder aus kritischer Sicht den Ansprüchen an eine demokratische Herrschaftsordnung genügen; noch grundlegender wird das Verhältnis von Demokratie und Herrschaft nicht thematisiert. Was der Fokus auf Verfahren ermöglicht, ist die Identifikation von letztverantwortlichen Spielern im politischen Prozess und die Kontrolle eines geregelten Verfahrens, das in rechtsstaatlichen Demokratie einen Eigenwert besitzt, sowie die Prüfung, wer auf die durch Institutionen gegeben privilegierten Ressourcen Zugriff nehmen kann.

Was ergibt sich aus diesen drei Punkten – Institutionen als strukturierendes Element, als Machtressource privilegierter Akteur und als Hinweis auf eine spezielle Legitimität? Sie geben zunächst Hinweise darauf, was ein institutioneller Ansatz für die Analyse politischer Prozesse leisten kann. Die Interpretation von Institutionen als strukturierendem Element ist nicht neu und wird bspw. auch vom akteurszentrierten Institutionalismus verwendet: „Institutionelle Faktoren bilden vielmehr einen – stimulierenden, ermöglichenden oder auch restringierenden – Handlungs*kontext*" (Mayntz/Scharpf 1995: 43). Die hier im Mittelpunkt stehende

---

5 Dieser Argumentation lässt sich entgegenhalten, dass die Gestaltung der Entscheidungsoptionen selber wieder eine Frage von Macht ist und Decision-Maker und Policy-Maker nicht zwangsläufig dieselben sind. Allerdings werden durch diese Arbeitsteilung die Entscheidungsträger letztlich nicht von ihrer Verantwortung entlastet, sondern diese Verantwortung anders gefüllt: Auch die Entscheidung darüber, durch wen die schließlich zur Abstimmung Policies formuliert werden (dürfen), ist Aufgabe der Decision-Maker.

Vetospielertheorie ist aber insofern ein „engerer" Zugang, als dass sie die für eine moderne Demokratie typischen formalen Regeln für den legislativen Prozess in den Mittelpunkt rückt. Es geht hier nicht um die – möglicherweise informelle – Selbststeuerung durch gesellschaftliche Akteure in Politikfeldern, sondern um die demokratisch legitimierte und kodifizierte Steuerung des gesamten Gemeinwesens.

4 Auf dem Weg zu einer Heuristik zur Analyse des politischen Prozesses: Erweiterungen der Vetospieler-Theorie

Die Beiträge in diesem Band haben deutlich gemacht, dass eine direkte Übertragung der Vetospielertheorie auf politikfeldanalytische Fragestellungen an Grenzen stößt. Im vorhergehenden Abschnitt wurden Aspekte der Theorie genannt, die zu einer Weiterentwicklung der Theorie einladen, namentlich die Gliederung des Policy-Prozesses und die Herausstellung relevanter, einzubeziehender Akteure. Welche Ergänzungen lassen sich nun mit dem Ziel einer Nutzung für eine Prozess-Analyse vornehmen, ohne dass die Vetospieler-Theorie ihren Gehalt verliert? Die in diesem Band zusammengestellten Arbeiten nutzen die Theorie und das Vokabular, das die Theorie bereitstellt, produktiv, gehen aber immer auf Probleme ein, die sich aus der spezifisch politikfeldanalytischen Nutzung der Theorie ergeben. Dabei ist der Ausgangspunkt immer die Theorie Tsebelis'. Entsprechend starten viele der Studien mit einer Identifikation der Vetospieler und der Prüfung der sich direkt aus dem Vetospielertheorem ergebenden Annahmen bezüglich der Absorption von institutionellen Vetospielern. Die in diesem Band gesammelten Studien und die in ihnen vorgebrachten Kritikpunkte und Ergänzungen weisen weiter auf den oben genannten, eher statischen Charakter der Theorie hin, die den einzelnen Policy-Prozess ausgehend von für diesen Prozess fixierten Ausgangsbedingungen betrachtet. Sie formulieren die folgenden Erkenntnisse bzw. generieren die folgenden plausiblen Hypothesen auf der Grundlage von Fallstudien:[6]

1. Zunächst lässt sich ohne einen Verlust an analytischer Schärfe die Theorie auf politische Prozesse neben dem reinen Gesetzgebungsprozesses anwenden und damit der Fokus auf die „lawmaking institutions" (Tsebelis 2002: 283) aufbrechen. Dies ist eine der Einsichten, die sich aus der Studie von *Solveig Randhahn* ziehen lässt. Dabei ist aber gerade nicht die Erweiterung der Analyse um „weiche" Steue-

---

6 Die folgenden Überlegungen gehen teils über das von den Autorinnen und Autoren Gesagte hinaus und sind die Interpretation der Ergebnisse durch den Herausgeber.

rungsmöglichkeiten und Instrumente wie Kooperation, Überzeugung oder andere Möglichkeiten der Einflussnahme gemeint (die das Konstrukt der Vetospieler schwächen würden). Eine sinnvolle Ergänzung ergibt sich, wenn neben dem Output „Gesetz" auch der Output „Geld" berücksichtigt wird, denn letztlich springt Tsebelis zu kurz, wenn er sich auf den Gesetzgebungsprozess beschränkt. Das soll nun nicht heißen, dass auch die Policy-Implementation mit berücksichtigt werden sollte, sondern vielmehr, dass Maßnahmen neben (oder unterhalb, wenn eine Hierarchie der Maßnahmen angenommen wird) der Gesetzgebung berücksichtigt werden. Die Analyse von *Randhahn* verdeutlicht, dass bereits die Politikformulierung und Entscheidung nicht ausschließlich als Teil formaler gesetzgeberischer Maßnahmen gedacht werden müssen, sondern auch durch die Verteilung von materiellen Ressourcen berührt werden. Dadurch können auch Spieler wie die exekutiven Organe eine Veto-Rolle zugewiesen bekommen, wenn es in ihrer Macht liegt, eine Policy finanziell zu unterstützen. Wichtig bleibt, dass auch der Geldgeber die faktische Möglichkeit zu einer Blockade eines Politikprozesses behält. Diese Ergänzung beinhaltet damit auch eine Erweiterung des Fokus, wenn es um die Bewertung von Reformfähigkeit geht – das Handeln der Exekutive wird zum Untersuchungsgegenstand, wenn sie im Beschlussprozess, jenseits des rein legislativen Verfahrens, Vetomacht hat.

2.   Bereits Lowi (1972: 299) formulierte: „policies determine politics". In Ergänzung zu der Theorie Tsebelis' lässt sich analog annehmen, dass die verhandelten Policies die Wahrscheinlichkeit der Ausübung eines Vetos beeinflussen können. Hier müssen zwei Ergänzungen zu Tsebelis gemacht werden: Zum einen ist in Erinnerung zu rufen, dass politische Auseinandersetzungen auch Machtressourcen und Institutionen zum Inhalt haben können und damit die formalen – sowohl institutionellen wie auch partisanen – Vetospieler durch legislative Eingriffe berührt werden (s. hierzu *Randhahns* Ausführungen zur Föderalismusreform). Dies wird zwar in der Regel eher selten der Fall sein, ist aber ein sinnvoller Hinweis darauf, dass auch Institutionen einem Wandel unterworfen sind und Vetomacht Gegenstand von Politik ist. Zum anderen sind, wie *Sebastian Nawrat* in seiner Analyse zweier Grundsatzentscheidungen in der deutschen Politik der 1950er Jahre hervorhebt, Policies nicht immer, wie im Raummodell Tsebelis' unterstellt, „verrechenbar", da sie nicht unbedingt ein mehr oder weniger zulassen. Politische Kompromisse können damit nicht unbedingt durch das „Errechnen" eines Mittels zwischen den Vorstellungen der beteiligten Akteure erzielt werden, sondern erfordern entweder eine Übereinstimmung in den Zielvorstellungen oder einen Tauschhandel, in dem für eine Verbesserung in einer Dimension eine Verschlech-

terung in einer anderen in Kauf genommen wird – eine Möglichkeit, die Tsebelis streng genommen nicht zulässt.

3. Die Inkaufnahme einer Verschlechterung in einer Dimension zugunsten einer Verbesserung in einer anderen ist dann am ehesten möglich, wenn die Akteure verschiedene Issues in einem Politikfeld oder verschiedene Politikfelder unterschiedlich gewichten. Damit rücken die Akteure, ihre Präferenzen und Handlungsmöglichkeiten ins Blickfeld. Hier weist *Jochen Dehling* auf eine ganze Reihe von Punkten hin, die die Einigung auf eine Lösung ganz erheblich beeinflussen: Dies betrifft die angesprochene Bewertung der verschiedenen inhaltlichen Policy-Dimensionen durch die Akteure, aber auch so grundlegende Fragen wie die nach der Bestimmbarkeit und Stabilität der Präferenzen. Akteure lernen und definieren ihre Zielvorstellungen neu bzw. passen sie gewandelten Umständen an. Damit werden im Zeitverlauf auch die *winsets* dynamisiert und dies nicht nur aufgrund eines sich wandelnden Status quo.

4. Dass neben den Policy-Präferenzen im engeren Sinne auch andere Motive bei der Suche nach Problemlösungen und ihrer Verhinderung eine Rolle spielen, wird gleich von mehreren Autorinnen und Autoren angesprochen, die u. a. auf *Vote-* und *Office-Seeking* Motive der Vetospieler hinweisen. Offen bleibt hier allerdings, wie sich diese Einsicht in ein Forschungsdesign überführen lässt und durch welche Indikatoren auf die Ausschlag gebenden Motive der Spieler in konkreten Fällen geschlossen werden kann, sofern ein Widerspruch zwischen den verschiedenen Motiven angenommen werden muss. Hinzu kommt, dass die Interaktion der Akteure durch eine Reihe weiterer Einflüsse geprägt werden kann, wie *Sylvia Pannowitsch* hervorhebt. Sie verdeutlicht zudem einen impliziten Aspekt der Theorie Tsebelis: nämlich, dass ein Veto ein Potential mehr noch als eine faktische Handlung darstellt. Im politischen Prozess wird dieses Potential als strategisches (Druck)Mittel genutzt, weniger aber ein Veto auch tatsächlich ausgeübt. Schließlich ist bei der Erklärung einer Entscheidung über die Blockade eines politischen Prozesses, aber auch bei der Entscheidung für eine bestimmte Policy zu beachten, dass Akteure politische Konkurrenten, die nicht über Veto-Macht im hier verwendeten strikten Sinne verfügen, einbinden und damit ausschalten können – die Androhung eines Vetos zu einem späteren Zeitpunkt oder die Rücknahme einer Reform unter gewandelten Machtverhältnissen wird damit unwahrscheinlicher. Eine politische Entscheidung unter Einbezug des politischen Gegners zu einer Frage, bei der der Gegner nicht berücksichtigt hätte werden müssen, kann so auch die Beeinflussung des zukünftigen Akteurssets und des zukünftigen politischen Handelns auch anderer Spieler zum Ziel haben (vgl. *Nawrat* in diesem Band).

5. Jenseits dieser Überlegungen zu Handlungsmotiven sind schließlich Argumente zu berücksichtigen, die sich auf die innere Struktur der Spieler beziehen. Die von Tsebelis diskutierte Kohäsion der Spieler kann als ein flexibles Element behandelt werden, das sich in Abhängigkeit von inhaltlichen Fragen ändern kann. Dem liegt die Einsicht zugrunde, dass die Gliederungen oder Mitglieder von kollektiven Akteuren nicht auf Gedeih und Verderb aneinander gebunden sind, sondern in einem permanenten Prozess der Aushandlung miteinander stehen – was auch dazu führen kann, dass noch während eines laufenden Policy-Prozesses eine Untergliederung ein Veto einlegt. Entsprechend kann von gekoppelten oder verschachtelten Vetospielen und Vetospielern ausgegangen werden, deren Interaktion durchaus unterschiedlichen Logiken folgen kann (s. die Beiträge von *Ahrens/Blum* und *Bogdanski*). Die Frage nach der Stabilität von Akteurskonstellationen betrifft letztlich auch ganze Parteiensysteme. In Verbindung mit den gerade in förderalen Systemen relativ häufigen Wahlen muss eher von einer permanenten Neusortierung der *partisan players* und damit der Neujustierung der Wahrscheinlichkeit eines *policy change* ausgegangen werden, als von einem fixen System (auch wenn dieser Wandel selber natürlich als *stability enhancing* oder *restricting* analysiert werden kann). Diese Möglichkeiten sind mit der Theorie Tsebelis durchaus vereinbar. Sie gehen über sie dann hinaus, wenn darauf abgehoben wird, dass der Wandel des Akteurssets und der Präferenzen der Akteure auch während eines Policy-Prozesses stattfinden kann.

6. Auch die Art des Vetos lässt sich qualifizieren: Wie *Ahrens* und *Blum* hervorheben, ist ein bestimmtes institutionelles Setting für eine bestimmte Art des Vetos ausschlaggebend: Vetospieler interagieren nicht notwendigerweise direkt miteinander, sondern reagieren zeitversetzt aufeinander und zwar aus Gründen, die nicht einfach als Agenda-Setting zu bezeichnen sind, sondern die sich aus dem institutionellen Verfahren ergeben, wenn bspw. ein Gericht erst nach Abschluss eines legislativen Verfahrens angerufen werden kann. In solchen Fällen muss ein Veto nicht als bedingungslose Forderung nach Beendigung eines Entscheidungsprozesses formuliert sein, sondern kann auch als Veto unter Vorbehalt (ein „Ja, aber …“) geäußert werden.

7. Ein letzter Punkt bleibt noch hinzuzufügen, der von den Autorinnen und Autoren in diesem Band nicht eigens hervorgehoben wurde: Das *winset* ist nicht nur

in einem hermetisch abgeschlossenen zweidimensionalen Raum zu verorten, sondern es muss davon ausgegangen werden, dass eine Vielzahl von mit der Umwelt
gekoppelten Prozessen zugleich abläuft, die entsprechend die Verhandlungsmasse
beeinflussen. Politik findet in einer Vielzahl von Arenen oder Subsystemen statt,
die teils permanent, teils auch nur temporär miteinander in Beziehung stehen.
Merkel (2003: 268) spricht hier bezogen auf Mehrebenensysteme von „Parallel-
spielen". Dies wird (im Sinne der ursprünglichen Theorie) noch dadurch verkom-
pliziert, dass die vielen Politikprozesse nicht notwendigerweise synchron ablaufen
und so das sich *policy winsets* gewissermaßen zeitlich strecken (Merkel 2003: 271).
Deals zwischen Verhandlungspartnern können sich durchaus auch auf Wechsel
beziehen, die erst in der Zukunft eingelöst werden. Dies berührt zugleich auch Fragen der Erfahrungen mit Verhandlungspartnern, also Fragen nach Vertrauen und
Gedächtnis. Die Einigung auf bestimmte Punkte im *winset* anstelle einer Blockade wird noch dadurch erleichtert, dass Vetospieler letzten Endes auch lernen, mit
dem Potential ihres Gegenübers umzugehen und den Politikprozess entsprechend
zu steuern (oder dies versuchen; s. Merkel 2003: 258; Burkhart/Manow 2003). Es
muss betont werden, dass Policy-Prozesse hier nicht mehr wie im Policy-Cycle als
Ganzes betrachtet werden, sondern nur die Phase zwischen Agenda-Setting und
Beschluss über Policy-Vorschläge. Nur in diesem Abschnitt ist die Verknüpfung
von inhaltlich sonst voneinander getrennten Prozessen sinnvoll.

Durch die Ergänzung der Theorie Tsebelis' durch die genannten Aspekte lässt sich
eine Forschungsheuristik formulieren, die von einem engen Verständnis von Vetospielern ausgehend, politische Prozesse, d.h. hier konkrete, zu Entscheidungen
führende Akteurskonstellationen und Handlungen, ordnen hilft. Diese Heuristik
lässt sich auch als eine Erweiterung des von Tsebelis (2002: 283) aufgestellten Fra-
genkatalogs verstehen:

a) Wer sind die Vetospieler und werden zunächst Vetospieler absorbiert?
b) Wie ist es um die Kohäsion der Spieler bestellt? Bleibt sie zudem im Prozess
   stabil? Wie, d.h. nach welchen Regeln entscheiden die Spieler?
c) Wie sind die Präferenzen im Hinblick auf die zur Debatte stehenden Fragen
   einzuschätzen? Legen bspw. die Spieler gleiches Gewicht auf die zur Verhandlung stehenden Policy-Dimensionen? Wie gestalten sich ihre Kosten-Nutzen-
   Rechnungen?
d) Sind Präferenzen im Verlauf des durch die Vetomöglichkeiten gegliederten
   Prozesses stabil oder ist bspw. aufgrund von Einflüssen aus der politischen Um-

welt ein partisan player zu einem früheren Zeitpunkt anderer Auffassung als zu einem späteren Zeitpunkt?

e) Wie ist das Verhältnis der Vetospieler zueinander einzuschätzen und wie ihr Verhältnis zu einer Blockade per se? Welche Rolle spielen *Vote*- und *Office-Seeking*?

f) Wie ist die zeitliche Abfolge der Veto-Möglichkeiten, d. h. in welcher Reihenfolge kommen die in die Institutionen eingebetteten Spieler zum Zug? Welche Entscheidungsmechanismen müssen beachtet werden?

g) Welche inhaltlichen Prozesse werden ggf. gekoppelt? Das bedeutet in den Begriffen Tsebelis die inhaltlichen Dimensionen zu benennen, kann aber darüber hinaus auch versetzt verlaufende Prozesse (in verschiedenen Politikfeldern) betreffen.

h) Welche Eigenschaften sind den Policies zuzuschreiben, welche Art von Kompromissen ist möglich?

Diese Leitfragen können nicht nur zur Identifikation eines *winsets* beitragen, sondern können auch zur Klärung der Frage helfen, welche Policies warum gewählt oder blockiert wurden. Sie gehen über die Analyse Tsebelis' insofern hinaus, als dass sie nicht nur das *winset* eingrenzen helfen. Sie helfen stattdessen, den Einigungsprozess und die gefundenen Kompromisse zu analysieren oder aber die Gründe für eine Blockade zu identifizieren.

5 Schluss

In den Beiträgen des Bandes wurde eine Nutzung der Theorie Tsebelis' mit einem von seiner Intention abweichenden Forschungsinteresse vorgenommen. Das ist ohne eine Anpassung im Detail nicht möglich, schärft aber den Blick für die Potentiale, die in der ursprünglichen Theorie liegen.

Die im Schlusskapitel herausgearbeitete Interpretation der Vetospielertheorie sieht diese als eine Theorie der Integration von Akteuren, die durch rechtliche Setzungen und den demokratischen Prozess in bestimmte Institutionen eingebettet sind, die ihnen zum einen Macht verleihen, zum anderen dafür sorgen, dass diese Macht in einem bestimmten zeitlichen Schema genutzt wird. Dies ist der Ausgangspunkt gewesen für eine Auswertung der Fallstudien in diesem Band, die darauf geprüft wurden, wie sie im Zusammenspiel mit dem vorgeschlagenen Verständnis des Vetospielertheorems zu einer Heuristik des politischen Prozesses in

rechtsstaatlichen Demokratien beitragen können. Diese Heuristik hebt zwar bestimmte Akteure hervor und kann dazu beitragen, andere zu vernachlässigen – sie
bildet damit aber die Realität in Parteiendemokratien ab, in denen Rechtsetzung
Parlamenten und teils auch Gerichten vorbehalten bleibt. Sind in manchen politischen Bereichen bestimmte Akteure mit ähnlichen Kompetenzen ausgestattet oder
beliehen, können sie ohne weiteres im Rahmen dieser Heuristik behandelt werden.

Literatur

Blum, Sonja/Schubert, Klaus, 2011: Politikfeldanalyse, Wiesbaden.

Burkhart, Simone/Manow, Philip, 2003: Veto-Antizipation, Gesetzgebung im deutschen Bikameralismus, MPIfG Discussion Paper 06/03, Köln.

Czada, Roland, 2005: Institutionen/Institutionentheoretische Ansätze, in: Nohlen, Dieter/
Schultze, Rainer-Olaf (Hrsg.), 2005: Lexikon der Politikwissenschaft, Theorien, Me-
thoden, Begriffe, Bd. 1 A-M, 381–387.

Immergut, Ellen, 1992: The rules of the game: The logic of health policy-making in France,
Switzerland, and Sweden, in: Steinmo, Sven/Thelen, Kathleen/Longstreth, Frank
(Hrsg.), 1992: Structuring Politics: Historical Institutionalism in Comparative Ana-
lysis, Cambridge, 57–89.

Kaiser, André, 1998: Vetopunkte der Demokratie. Eine Kritik neuerer Ansätze der Demokra-
tietypologie und ein Alternativvorschlag, in: Zeitschrift für Parlamentsfragen, 1998,
3, 525–541.

Lowi, Theodore J., 1972: Four Systems of Policy, Politics, and Choice, in: Public Administra-
tion Review, 32 (1972), 4, 298–310.

Mayntz, Renate/Scharpf, Fritz W., 1995: Der Ansatz des akteurszentrierten Institutionalismus, in: Mayntz, Renate/Scharpf, Fritz W. (Hrsg.), 1995: Gesellschaftliche Selbstre-
gulierung und politische Steuerung, Frankfurt a. M, 39–72.

Merkel, Wolfgang, 2003: Institutionen und Reformpolitik: Drei Fallstudien zur Vetospieler-
Theorie, in: Berliner Journal für Soziologie, 13 (2003), 3: 255–274.

Rüb, Friedbert W., 2009: Multiple-Streams-Ansatz: Grundlagen, Probleme und Kritik, in:
Schubert, Klaus/Bandelow, Nils C. (Hrsg.), 2009: Lehrbuch der Politikfeldanalyse
2.0, München, 348–376.

Sabatier, Paul A., 2007: The Need for Better Theories, in: Sabatier, Paul A. (Hrsg.), 2007:
Theories of the Policy Process, Cambridge, MA, 3–17.

Schneider, Volker/Janning, Frank, 2006: Politikfeldanalyse: Akteure, Diskurse und Netzwerke in der öffentlichen Politik, Wiesbaden.

Schubert, Klaus, 1991: Politikfeldanalyse. Eine Einführung, Opladen.

Schubert, Klaus, 2003: Innovation und Ordnung. Grundlagen einer pragmatischen Theorie der Politik, Münster.

Tsebelis, George, 2002: Veto Players, How Political Institutions Work, New York/Princeton.

van Waarden, Frans, 2009: Institutionen zur Zentralisierung und Kontrolle politischer Macht, in: Schubert, Klaus/Bandelow, Nils (Hrsg.), 2009: Lehrbuch der Politikfeldanalyse 2.0, München, 273–311.

Zahariadis, Nikolaos, 2007: The Multiple Streams Framework: Structure, Limitations, Prospects, in: Sabatier, Paul A. (Hrsg.), 2007: Theories of the Policy Process, Boulder, 65–128.

Zohlnhöfer, Reimut, 2003: Einzelbesprechung von: Tsebelis, George: Veto Players. How Political Institutions Work, in: Politische Vierteljahresschrift, 41 (2003), 2, 255–258.

Neu im Programm
Politikwissenschaft

Elemente der Politik

Hrsg. von Bernhard Frevel / Klaus Schubert / Suzanne S. Schüttemeyer / Hans-Georg Ehrhart

Blum, Sonja / Schubert, Klaus
Politikfeldanalyse
2., akt. Aufl. 2011. 198 S. Br. EUR 16,95
ISBN 978-3-531-17276-7

Dehling, Jochen / Schubert, Klaus
Ökonomische Theorien der Politik
2011. 178 S. Br. EUR 16,95
ISBN 978-3-531-17113-5

Dobner, Petra
Neue Soziale Frage und Sozialpolitik
2007. 158 S. Br. EUR 12,90
ISBN 978-3-531-15241-7

Frantz, Christiane / Martens, Kerstin
**Nichtregierungsorganisationen
(NGOs)**
2006. 159 S. Br. EUR 14,90
ISBN 978-3-531-15191-5

Frevel, Bernhard
Demokratie
Entwicklung – Gestaltung –
Problematisierung
2., überarb. Aufl. 2009. 177 S. Br. EUR 12,90
ISBN 978-3-531-16402-1

Fuchs, Max
Kulturpolitik
2007. 133 S. Br. EUR 14,90
ISBN 978-3-531-15448-0

Jahn, Detlef
Vergleichende Politikwissenschaft
2011. 124 S. Br. EUR 12,95
ISBN 978-3-531-15209-7

Jaschke, Hans-Gerd
Politischer Extremismus
2006. 147 S. Br. EUR 14,95
ISBN 978-3-531-14747-5

Johannsen, Margret
Der Nahost-Konflikt
2., akt. Aufl. 2009. 167 S. Br. EUR 16,95
ISBN 978-3-531-16690-2

Kevenhörster, Paul / Boom, Dirk van den
Entwicklungspolitik
2009. 112 S. Br. EUR 12,90
ISBN 978-3-531-15239-4

Kost, Andreas
Direkte Demokratie
2008. 116 S. Br. EUR 12,90
ISBN 978-3-531-15190-8

Meyer, Thomas
Sozialismus
2008. 153 S. Br. EUR 12,90
ISBN 978-3-531-15445-9

Schmitz, Sven-Uwe
Konservativismus
2009. 170 S. Br. EUR 16,90
ISBN 978-3-531-15303-2

Erhältlich im Buchhandel oder beim Verlag.
Änderungen vorbehalten. Stand: Juli 2011.

www.vs-verlag.de

VS VERLAG

Abraham-Lincoln-Straße 46
65189 Wiesbaden
tel +49 (0)6221.345 - 4301
fax +49 (0)6221.345 - 4229